나는
부동산
투자로
인생을
아웃소싱
했다

나는 부동산 루자로 인생을 아웃소싱 했다

1판 1쇄 펴낸날 2018년 4월 11일
1판 6쇄 펴낸날 2018년 6월 20일

지은이 이나금
펴낸이 나성원
펴낸곳 나비의활주로

디자인 design BIGWAVE

주소 서울시 강북구 삼양로 85길, 36
전화 070-7643-7272
팩스 02-6499-0595
전자우편 butterflyrun@naver.com
출판등록 제2010-000138호
상표등록 40-2017-0095961

ISBN 979-11-88230-28-0 03320

대한민국 1천만 직장인을 위한
'부동산 투자 필독서'!

나는 부동산 투자로 인생을 아웃소싱 했다

이나금 지음

나비의 활주로

"부동산으로 부자의 꿈을 디자인하고, 당신의 시간을 아웃소싱해라!"

내가 막 사회에 발을 들였던 20년 전은, IMF 외환위기로 대한민국 사회 전체가 흔들리는 상황이었다. 너무도 급작스럽게 닥쳐온 위기에 사람들은 어쩔 줄 몰라 했고, 그 후유증은 지금까지도 우리 사회에 영향을 미치고 있다. 서점에 나가 보면 당시와 지금을 비교했을 때 부자가 되는 법을 다룬 책들이 많이 눈에 띈다. 사회초년생 때 그렇게 찾으려 해도 찾지 못했던 부자에 관한 책들이 아예 하나의 코너로 마련되어 자리를 차지하고 있다.

그때만 해도 지금처럼 청년들이 취업하기가 힘들거나, 돈 때문에 하루하루를 막막하게 보내는 직장인이 많지는 않았다. 하지만 외환위기는 대한민국의 경제사를 완전히 뒤바꿔 놓았고 그에 따라 사람들의 일상과 마인드도 변했다. 이제는 개개인 스스로가 더 많은 돈을 벌기 위해 노력하지 않으면 노후 대비는커녕 현재의 삶을 평범하게 유지하는 것조차 힘들다. 행복의 최소 조건이 '부자'가 된 세상. 사람들은 더 이상 속내를 숨기지 않고 주저 없이 한 푼이라도 더 많은 돈을 벌고 싶다고 말한다. 부자가 될 수만 있다면 어디든지 눈을 돌리고 귀를 기울인다. 서점에 넘쳐나는 부자에 관한 책들은 이러한 시대상을 반영하는 것이다. 상황이 이러함에도 여전히 대학교에서는 부자가 되는 법에 대해 직설적으로 가르치지 않는다.

변변한 스펙 하나 없던 내가 13년 전 부동산 시장에 뛰어든 이후, 현재 '부동산 여왕'의 칭호를 얻기까지 가장 큰 힘이 되어 준 것은 바로 '사람'이었다. 오직 내가 소유한 돈과 정보만을 보고 의도적으로 접근한 이들 때문에 받은 상처도 적지 않았지만, 그럼에도 나는 이 세상에서 가장 소중한 재산은 사람이라 믿는다. 내가 사랑하는 가족들과 친구들, 나를 믿어준 투자자들, 직장인부동산투자연구소의 회원들, 책과 강연을 통해 열정을 불어넣어 준 멘토들이 있었기에 지금의 나도 존재한다고 생각한다. 그래서 나 자신은 물론이요, 나에게 애정과 지지를 보내는 모든 이들 또한 돈 때문에 힘들어하지 않고 부자가 되어 행복해지기를 바라고 있다.

내가 이 책을 쓰는 까닭이 거기에 있다. 여기저기 부자가 되는 방법에 대해 다룬 책과 강연이 넘쳐나지만 그 속을 들여다보면 우리 사회의 실정과는 맞지 않거나 허무맹랑한 이야기가 적지 않다. 그래서 한번 제대로 부자가 되는 법을 다루고 싶었다. 부자가 되기 위해 반드시 갖춰야 할 꿈과 마인드, 부자로 만들어 줄 최고의 도구인 '부동산' 투자 전략과 노하우를 풀어낸 것이 바로 '부동산 여왕 이나금의 부자학'이다.

오늘도 얼마 안 되는 월급 때문에 직장에 매달려 일과 씨름 중인, 대한민국 1천만 직장인들이 이 책을 읽고 모두 부자가 될 때까지 '이나금의 부자학'을 널리 알리고 싶다. 학교에서도, 직장에서도, 그 누구도 가르쳐 주지 않는 '부자가 되는 법'을 내 경험과 노하우를 바탕으로 모두 전하여, 그들도 나만큼 행복한 삶을 영위하기를 바라고 있다. 실제로 나와 동고동락하는 멘티들은 그 결실을 보여주고 있다. 이제는 나의 멘티들만이 아닌 우리 국민 모두의 행복이 내 삶의 목표가 된 것이다.

얼마 전 나의 멘토이자 세계적 도시락 기업 스노우폭스 김승호 회장님의 '사장학' 강연을 직접 듣게 되었다. '사장의, 사장에 의한, 사장을 위한' 경영시스템과, 협업이 가능한 플랫폼 구축을 통해 각 업체의 사장들이 서로 도우며 각자의 비전을 달성하게 하는 방안을 다룬 수업이었다. 여기에서 사장으로서 지녀야 할 사명이나 품격 등을 배우며, 참으로 많은 꿈맥들과 귀한 인연을 맺게 되었다. 예전부터 멘토의 소중함을 잘 알고 있었지만, 이번에 수업을 들으며 다시 한번 멘토의 중요성에 대해 깨닫게 되었다. 현대사회에는 어떠한 일이든지 혼자 하려고 하면 힘들고 목표 달성이 쉽지 않다. 그래서 협업이 성행하고 아웃소싱이 대세가 된 것이다. 지식이나 깨달음을 줄 멘토의 존재는 돈으로 살 수도 없다. 김승호 회장님을 비롯하여 수많은 멘토들이 내 삶의 버팀목이자

길잡이가 되어 줬듯, 나 또한 이 책을 읽는 모든 독자들에게 부자의 길로 가는 이정표가 되어 줄 것이라고 다짐을 해 본다.

사실 그 누구나 부자를 꿈꾸며 살아가지만 실제로 부자가 되는 사람들의 비율은 여전히 20%가 채 안 된다. 나머지 이들의 실패 요인은 무엇일까? 그것은 바로 부자가 되려고 노력하기에 앞서 '대전제'로 갖추어야 할 '인생목표인 비전 즉 꿈'의 부재이다. 아무리 머릿속에 지식을 집어넣어도 가슴이 열정으로 충만하지 못하다면 좋은 결과를 내기란 쉽지 않다. 다시 말해 확실한 동기 부여 없이는, 하나의 꿈은 그저 꿈으로 남을 가능성이 높다.

나는 사실 다른 이들이 생각하는 것보다 훨씬 더 많은 실패와 좌절을 겪었다. 하지만 이를 하나씩 이겨내면서 나만의 부동산 투자 노하우를 쌓을 수 있었고, 마침내 꿈을 완성할 수 있었다. 그렇게 스스로 성장을 도모하는 과정에서 하나 깨달은 것이 있다. 부동산 투자에서는 관련 지식 공부와 실전도 중요하지만, 그에 앞서 부자가 되기 위한 마인드를 먼저 갖춰야 한다는 사실이다. 모든 성공은 아주 작은 생각의 전환과 습관의 변화에서 시작되기 때문이다.

그러한 까닭에 부자가 되는 방법을 먼저 전하는 것이 아니라 부자가 되기 위한 전제조건, 즉 부자가 되기 위해 반드시 갖춰야 할 자세들을 상세히 소개하였다. 이렇게 독자들에게 동기 부여를 한 후, 부동산을 도구 삼아 투자에 나설 때 먼저 숙지해야 할 도시기본계획, 핵심 투자 지역 등 빅픽처에 대해 다루었다. 그리고 각자의 환경에 맞는 투자 방법이나 정보편집 그리고 종잣돈 편집 등을 알려 줌으로써, 누구나 부동산 투자를 통해 월세 500만 원을 받고 이 월세로 자신의 시간을 아웃소싱하고 자신은 진짜 하고 싶은 일을 하면서 살아가는 일이 실제로 가능하다는 점을 강조하였다. 그리고 이것이 우리 1천만 직장인들을 부자로 만들어 줄 가장 현실적인 방안이다.

당신이 부동산으로 부자가 되는 데에는 이론으로 완전무장한 박사가 될 필요도 없고 마라톤을 완주할 만큼의 체력이 필요한 것도 아니며 엄청난 돈이 있어야 하는 것도 아니다. 공인중개사 자격증을 따야 할 필요도 없으며 반드시 서울과 수도권에 살아야 할 필요도 없으며 전국의 부동산 현장을 다 가 볼 필요도 없다. 우리 독자들이 해야 할 일은 오직 부자가 되기 위해 필요한 마인드를 갖춰서 투자에 나설 동기 부여를 하고, 이 책이 소개하는 부동산 투자 방안을 열정을 가지고 실천하기만 하면 된다.

부동산은 움직이지 않는 자산이 아니다. 부동산은 주변 환경에 따라 늘 움직이고 있으며, 살아 숨 쉬는 생명체와도 같다. 부동산은 시간과 시스템을 사는 것이고, 현대사회에서는 최고의 레버리지 수단이자, 자산을 기하급수적으로 불려주는 유일한 도구이다. 지식과 경험이 쌓일수록 안목이 높아지고 더불어 수익도 높아지는, 결과적으로 '부'가 뒤따르는 최고의 자기계발이 부동산 공부와 투자다. 투자의 대상을 넘어 직접 사용의 가치까지 갖춘 재테크 수단은 부동산이 유일하다. 이 모든 것들이 내가 13년 동안 부동산 투자를 해 오며 깨달은 부동산에 대한

정의다. 그리고 나의 열렬한 멘티들이 이를 스스로 증명해 내고 있다.

이 책을 쓰면서 여름과 가을, 겨울을 보내고 이제 봄이 왔다. 이 책 한 권으로 여러분의 인생에도 봄이 오길 진정으로 바란다. 끝으로 책을 집필하는 데 집중하라고 나의 많은 일을 알아서 해 주고 있는 우리 직부연 박순덕 이사님과 직원 분들 그리고 나의 열렬한 팬인 직부연 까페 회원 분들, 또 나의 일을 적극 지지하며 늘 배려를 아끼지 않는 남편과 언제나 나에게 기쁨을 주는 아들에게 지면을 빌려 사랑한다고 말하고 싶다.

CONTENTS

PART 1

나는 부동산 투자로 인생을 아웃소싱했다

우리들은 부자가 되어야 한다. 부자가 된다는 것은 행복한 삶의 최소 조건일 뿐이며, 부자가 되어야만 그때부터 조금씩 행복한 삶을 실현시켜 나갈 수 있다. 여러분의 행복한 현재와 노후를 위해, 여러분 자녀들의 올바른 성장을 위해 지금 부자가 되어야 한다. "하지만 저같이 평범한 사람도 부자가 될 수 있을까요?"라고 누군가는 물을 것이다. 나의 대답은 하나다. "나도 부자가 됐으니 여러분도 될 수 있습니다!"

13년 전, 나는 아이의 분유값을 걱정하는 아줌마였다

"세상 모든 일은 당신이 무엇을 생각하느냐에 따라 일어난다."
- 오프라 윈프리 *Oprah Winfrey*

"지금 행복하게 살고 있습니까?"

나는 이 책의 내용을 본격적으로 다루기에 앞서 모든 독자들에게 위와 같이 묻고 싶다. 아마도 자신 있게 "나는 지금 충분히 행복합니다."라고 말할 수 있는 사람은 별로 없을 것이다. 물론 다양한 이유가 있겠지만 가장 큰 이유는 하나다. 바로 지금 나 자신이 '부자'가 아니기 때문이다.

우리는 왜 부자가 되어야 하는가? 대답은 간단하다. 바로 '행복한 삶'을 위해서다. 무조건 돈만 많으면 행복하냐고 반문할지 모른다. 하지만 여러분들이 삶의 목표로 두고 있는 것 중 돈이 필요하지 않은 것이 얼마나 될까? 아예 부자가 되는 것 자체를 삶의 목표로 두고 있는 사람도 적지 않다. 진정으로 하고 싶었던 일을 하고, 죽을 때까지 행복한 삶을 누리기 위해 부자가 되어야 한다는 사실을 우리는 너무도 잘 알고 있다.

행복한 삶은 바라지도 않는다고 하는 사람들도 있다. 적어도 평범하게, 남들처럼 살고 싶다고 말한다. 그런데 그 또한 쉽지 않다. 평생 안정적으로 직장을 다니며 차곡차곡 월급을 모아 집도 사고 아이들도 키우고 노후도 대비할 수 있으면 무척 좋겠지만, 현실은 무척 냉혹하다. 대한민국 1천만 직장인들은 늘 사표를 품 안에 넣고 회사를 다닌다는 말이 있다. 누군가에게는 우스갯소리이겠지만 이것이 현실이다. 월급을 쥐꼬리만큼 주는 회사이지만, 해고당하지 않기 위해 늘 최선을 다해야한다. 그렇게 아득바득 월급을 모으지만 내 집 마련의 꿈은 늘 멀어 보인다. 그렇게 먹을 거, 입을 거 다 아껴가며 모았는데 통장 잔고는 늘어날 기미가 안 보이고 자라나는 아이들을 보면 한숨만 늘어간다. 이러한 상황에서 노후대비는 아예 엄두를 내지 못한다.

그래서 우리들은 부자가 되어야 한다. 부자가 된다는 것은 행복한 삶의 최소 조건일 뿐이며, 부자가 되어야만 그때부터 조금씩 행복한 삶을 실현시켜 나갈 수 있다. 여러분의 행복한 현재와 노후를 위해, 여러분 자녀들의 올바른 성장을 위해 지금 부자가 되어야 한다. "하지만 저같이 평범한 사람도 부자가 될 수 있을까요?"라고 누군가는 물을 것이다. 나의 대답은 하나다.

"나도 부자가 됐으니 여러분도 될 수 있습니다!"

13년 전, 나는 갓난아이를 품에 안은 평범한 주부였다. 그토록 소중한 아이가 태어났지만, 당시의 나는 행복하지 않았다. 아니 더 정확히 말해 불행했다고 해야 할 것이다. 창밖 아래를 내다보며 끔찍한 생각을 떠올릴 만큼 늘 우울하고 모든 일에 지쳐 있었다. 지금 사회적으로 문제가 되는 산후우울증이었을 수도 있지만 더 큰 문제는 경제적인 측면이었다. 직장인 시절, 비슷한 나이대의 여자로서는 적지 않은 연봉을 받았지만 결혼과 출산을 위해 모든 걸 포기하고 남편의 월급에만 매달려야 했다. 내 마음대로 먹는 것과 입는 것에 돈을 쓰는 일은 꿈도 꿀 수 없었다. 아이의 분유값을 걱정해야 할 만큼 형편이 어려웠기 때문이다.

아이를 낳기 전 나는 조금이라도 생활에 보탬이 되고자 부업에 뛰어들었다. 열심히 하면 일주일에 20만 원은 받을 수 있다는 말에 임신한 와중에도 종일 부업에 매달렸다. 그런데 정작 돌아온 결과는 처참했다. 처음 받아든 봉투에는 겨우 7만 원이 들어 있었다. 평생 이렇게 살 수는 없었다. 변하지 않으면 안 되었다. 그래서 나는 부자가 될 계획을 세웠고 이를 실행에 옮겼다.

아이의 분유값 걱정에 하루하루를 보내던 그 평범한 주부는 13년이 지난 현재, 돈과 시간의 구속에서 벗어나 마음껏 삶을 누리고 행복한 삶을 영위하고 있다. 그렇다. 이 책을 읽는 모든 독자들보다 조금도 잘 날 것이 없었던 나는 부동산이라는 도구를 통해 가만히 있어도 여러분이 받는 연봉 이상의 수입을 매월 벌어들인다. 부동산 시행 및 컨설팅 법인회사를 운영하며 발생하는 사업소득은 따로 있다. 또한 '부동산 여왕 이나금'이라는 브랜드를 내세운 강연으로 적지 않은 강연료 수입을 올리고 있으며, 아직은 미약하지만 작가라는 명함 아래 인세도 들어온다. 다시 강조하지만, 지극히 평범했던 내가 했다면 그 누구든 할 수 있다고 믿는다. 믿음을 넘어 반드시 그렇다고 확신한다. 다만 차이는 할 수 있느냐와 할 수 없느냐가 아니라 '했느냐, 안 했느냐'의 차이일 뿐이다.

근래에 들어 나는 특별한 사명감이 하나 생겼다. 내가 이 책을 쓰는 까닭이기도 하다. 지금 내가 누리는 이 행복한 삶을 다른 사람들도 함께 공유했으면 하는 바람이다. 우리 대한민국의 1천만 직장인들이 13년 전 내가 그랬던 것처럼, 돈 때문에 우울해하거나 힘들어하지 않고 시간이 주는 속박에서 벗어나 인생을 아웃소싱하여 진정으로 행복한 삶을 누렸으면 좋겠다고 늘 생각했다. 그래서 이 책 안에 내가 13년이 걸려 부자가 되었던 방법을, 다른 이들은 3년 안에 완성할 수 있도록 나의 모든 투자 노하우와 최신 정보를 담아 두었다. 그러니 적어도 이 책을 읽는 동안만큼은 나의 목소리에 귀 기울여 주기를 간곡히 당부한다.

마지막으로 내가 매일 아침 수행하는 '의식 수업'과 나의 '비전 선언문'을 소개한다. 아침에 나는 기상하자마자 이제 막 떠오르는 태양을 향해 두 팔을 쭉 벌려 손가락 끝으로 대자연의 기운을 끌어 모은다. 모든 생명의 근원인 태양의 강렬한 기운은 그렇게 내 몸과 마음으로 스며들어 '열정'으로 재탄생한다. 눈이 오든 비가 오든, 이 수업은 멈추지 않는다. 구름 너머에는 이글거리는 태양이 반드시 존재하기 때문이다. 이렇게 내 몸에 활력을 충만히 한 후 나는 크게 비전 선언문을 낭독한다.

"나는 천억 자산가 '부동산 여왕 이나금'이며, 33권의 베스트셀러 작가이다. 1천만 명 직장인들을 부자로 만들어 줄 멘토이며, 나의 멘티들과 꿈의 하우스인 리치드림빌리지를 만들어 함께 산다. 또한 수입의 10%를 나보다 운이 덜 있는 이웃들을 위해 후원한다. 수입이 기하급수적으로 늘어나는 부자들의 비밀독서단 '부비독'을 통해 당신의 잠재력을 깨우는 최고의 인생역전전문 동기부여가이다. 나의 존재가치가 최고이기에 삶은 늘 풍요로우며, 선하고 높은 수준의 의식을 갖춘 사람 그리고 꿈이 있는 사람들과 함께한다. 그들 모두는 나를 사랑하는 사람들이며 나도 그들 모두를 사랑한다. 이 모든 일을 가능케 해준 우주에 늘 감사를 보낸다!"

누군가는 감탄하고 누군가는 비웃을지 모를 이 허무맹랑한 리스트를, 나는 실제로 이루었거나 이루어 가고 있다. 그리고 이것이 가능했던 이유는, 나의 꿈을 철저히 믿었기 때문이다. 또한 하루에도 수백 통의 감사 문자와 카톡을 보내오는 직부연의 회원들과 멘티들 그리고 독자들의 존재가 있었기 때문이다. 부동산을 시작한 이후 사람 때문에 힘들었던 순간이 수도 없이 많았지만, 그래도 나는 늘 사람이 가진 능력과 존재의 가치를 가장 위대하게 생각한다. 내 가족과 내가 사랑하는 모든 사람들이 나를 살아가게 하는 원동력이자 버팀목이다.

그래서 나는 이 책을 읽는 모든 이들이 부자가 되기를 바란다. 그리고 반드시 부자가 될 것이라고 자신 있게 말한다. 앞서 언급했듯 할 수 없는 게 아니라 안 했을 뿐이다. 일하지 않고도 월세 500

만 원을 벌어다 주는 당신의 아바타, 즉 생산도구를 갖고 싶은가? 그래서 몸이 아프거나 훌쩍 떠나고 싶으면 언제든지 회사를 박차고 나올 수 있을 만큼 삶의 여유를 갖고 싶은가? 그렇다면 지금 부자가 되기 위한 노력을 시작하라! 지금 나이가 얼마가 되었든, 어떤 상황에 처했든 부자가 되기 위한 노력을 시작한다면 그 자체만으로 삶은 긍정적으로 뒤바뀌고 모든 일상은 두근거리는 설렘으로 다가올 것이다. 대한민국 1천만 직장인 모두 부자가 되어 행복하게 사는 그날까지, 나는 계속 이렇게 책으로 강연으로 함께 할 것이다.

02

놓치고 싶지 않은
나의 꿈 나의 인생

"무엇과도 바꿀 수 없는 존재가 되기 위해서는 언제나 남과 달라야 한다."
- 가브리엘 샤넬 Gabrielle Chanel

꿈이 없는 삶은 무의미하다. 꿈이 있기에 우리의 삶은 가치가 있으며, 꿈이 있기에 인간은 그 어느 생명체보다 위대하다. 꿈은 자신의 삶을 행복으로 이끌 뿐만 아니라, 내가 사랑하는 사람들의 삶 또한 함께 행복으로 이끌어 준다. 인류가 이룩해 놓은 현대사회는 오랜 기간 꿈에 매달렸던 사람들이 행한 노력의 산물이다. 그렇다면 인생이란 무엇일까? 꿈을 현실로 이루어가는 과정 그 자체가 바로 '인생'이다.

누군가는 꿈에 대해 이야기하면 현실을 파악하라고 조언한다. 그런 사람들에게는 배울 점이 아무것도 없다. 과감하게 말하건대, 아무리 좋은 사람이라 하더라도 꿈의 가치를 낮잡아 보는 사람이라면 함께할 필요가 없다. 현실을 파악한다는 것은 가능성의 범위를 좁힌다는 의미고 이는 곧 자신의 이익만을 따지는 결과로 이어진다. 내가 잘되는 것은 물론이요, 나를 둘러싼 모든 이들의 삶까지 행복으로 뒤바꾸는 것이 '진정한 꿈의 의미'다.

그렇다면 여러분의 꿈은 무엇인가? 그 누구에게 물어봐도 아마 십중팔구는 "부자가 되고 싶다."고 답할 것이다. 설령 다른 대답이 나오더라도 그 꿈은 부자가 된 이후에 이룰 수 있는 것이 대부분이다. 시대가 시대인 만큼, 부자가 되지 않고서는 꿈을 이루기가 쉽지 않다. 그래서 우리는 최소한 부자가 되어야 한다. 우선 빠른 시간 안에 부자라는 꿈을 이루고, 그 성과를 기반으로 새로운 꿈에 도전해야 한다. 앞서 이야기했듯 그것이 우리가 삶을 행복하게 누릴 수 있는 최소한의 조건이기 때문이다. 하지만 부자라는 목표를 이룰 때까지 꿈을 마음 깊이 간직하기란 쉽지 않다. 꿈을 꾸는 한 고난은 늘 찾아오기 때문이다.

아이 분유값을 걱정하던 시절, 나폴레온 힐의 『놓치고 싶지 않은 나의 꿈 나의 인생』은 나도 할 수 있다는 용기와 부자의 꿈을 심어 주었다. 그 꿈은 순식간에 간절한 마음으로 뒤바뀌어 계획을 세우고 실행에 옮겨졌다. 그렇게 부동산 중개업을 시작해서 내 집과 10억의 종잣돈도 마련하고 더 큰 꿈을 착실히 준비하며 승승장구하던 중, 나는 리먼 사태를 정면으로 맞이했다. 무엇이든 준비되지 않은 만남은 서툴기 마련이다. 우왕좌왕 어찌할 줄 모르는 사이 나는 추락할 틈도 없이 밑바닥까지 떨어지고 말았다. 오색찬란한 음식을 먹으려고 며칠을 굶으며 럭셔리한 뷔페에 초대를 받아 줄을 기다리고 있는데, 내 앞에서 순서가 딱 잘려 입맛만 다시다가 돌아설 때의 미칠 듯한 배고픔, 그 비참함이랄까?

성공을 목전에 두고 난 그렇게 주저앉고 말았다. 즉 분유값을 걱정하던 당시로 돌아가고 말았다. 당시 난 어떤 이유를 막론하고 재도전을 해야 했다. 갓난쟁이를 떼어놓고 일만 하는 매정한 엄마였던 내가, 이렇게 실패자가 돼서는 다시 아이의 얼굴을 마주할 수는 없었다. 그래서 밤이면 바닥이 난 용기를 억지로 끄집어내어 중구난방으로 계획서만 여러 장의 노트에 작성을 했지만, 다음 날 아침 깨어나면 그놈의 용기는 눈 녹듯 사라지고 말았다. 지금까지 완성시킨 꿈은 모조리 무너졌고 앞으로 새로운 꿈을 꾼다는 건 더 어려운 일처럼 느껴졌다. 어쩌면 13년 전 분유값을 걱정했을 당시보다 더 큰 위기가 삶에 찾아온 순간이었다.

작은 힘이 될 만한 누군가의 위로가 필요했지만 누구도 나에게 선뜻 힘내라고 말해 주지 않았다. 겉으로 보이는 나의 모습은 실패자가 아니었기 때문이다. 당시 난 자존감만이라도 지켜내야 한다고 매순간 스스로를 다스렸다. 다행히 처음에도 그랬듯이 당시 나를 다잡아 준 것은 사람이 아니라 바로 '책'이었다. 그렇게 닥치는 대로 읽으면서 카네기의 『인생경영론』에 심취한 나머지 인천 카네기라는 최고경영자 과정에도 입문했다. 누구도 거기에 가라고 하지 않았고 고액의 수업료를 낼 수 있는 형편도 아니었지만 부동산을 시작하면서 꾸었던 나의 꿈을 위해,

당당하게 내 아이를 마주보기 위해 다시 도전을 해야만 했다.

　지금 어떤 것도 할 상황이 아니더라도 나는 내 꿈을 잠시 지나간 실패의 기억으로 남겨두고 싶지 않았다. 어떤 일이 있어도 내 꿈을 놓치고 싶지 않았다. 아무것도 없이 시작해서 어느 정도 자산을 모아봤던 나에게 예전 목표였던 10억은 너무 작았다. 꿈의 크기부터 다시 정립해야 했다. 그때의 꿈은 정원이 있는 단독주택 지어서 살기, 수입의 10% 후원하기, 꼬마빌딩 건물주 되기, 책을 써서 나 같은 사람들에게 희망을 전하는 동기부여가 등으로 기록되어 있다. 이는 그 당시 읽었던 책에도 고스란히 적혀있는 목록이었다.

　이렇게 구체화된 꿈 목록이 만들어지니 얼마를 벌어야 하는지, 어떤 방법으로 해야 하는지 계획이 서기 시작했고 그날 해야 할 일들의 목록이 나오기 시작했다. 그렇게 명확한 투두리스트(to-do list)가 생기니 자신감이 조금씩 붙기 시작했다. 그러나 간간이 일이 잘 안되거나 좀 느리게 갈 때면 잘 해낼 수 있을까란 의심이 고개를 삐죽 내밀곤 했다. 그럴 때마다 닥치는 대로 책을 읽었다. 책은 나에게 할 수 있다는 자신감과 끊임없는 열정을 주는 긍정 마인드의 원천이었다. 소소한 실수가 몇 번 있었지만 그렇게 몇 년이 지난 후 나는 그 꿈을 전부 이루었다. 이렇게 꿈 하나를 이룰 때마다 난 주체할 수 없는 기쁨의 눈물을 흘리곤 했다. 이제는 꿈 너머 또 다른 꿈을 꾼다. 그 드림리스트는 매년 30가지를 유지한다. 하나씩 꿈을 이루면 또 다른 꿈을 그 자리에 채워 도전하고 있다. 인간은 살아있는 생물이고 현실 역시 늘 변화한다. 그러니 우리의 인생도 늘 새로운 무엇인가를 위해 도전하며 살아야 하는 것이 우주에 대한 인간의 예의 아니겠는가!

전 보건복지부장관이자 현재는 방송인으로 맹활약 중인 유시민 작가는 젊은이들에게 "인생은 생각보다 짧다. 그러니까 자신이 무엇을 원하는지 먼저 아는 게 중요하다."라고 말했다. 하지만 많은 청년들이 자신이 진정으로 원하는 것이 무엇인지 모른 채 고시학원과 도서관에서 청춘을 낭비하고 있다. 돈을 안정적으로 벌고 싶어 공무원 시험에 매달리고, 돈을 많이 벌고 싶어 대기업 입사 준비에 매달린다. 비단 청년들뿐이겠는가. 사회생활을 하는 직장인 중에도 단순히 돈을 벌겠다고만 생각하는 이들이 적지 않다.

한번 생각해 보라. 이 세상에 나 자신보다 더 귀한 존재가 있는가? 내가 존재하기에 이 세상이 존재하고 우주가 존재한다. 어떻게 태어난 인생인데 이 천금과도 같은 시간을 좁은 닭장 안에서 허비하고, 간신히 삶을 유지시켜 줄 돈 몇 푼에 매달려야 한다는 말인가. 우리는 꿈을 키워야 한다. 목표를 저 높이 두고 도전을 습관화해야 한다. 단순히 돈을 번다는 생각을 넘어, 자신만의 원대한 꿈을 가졌을 때 삶은 가치 있게 변한다. 더불어 자신의 행복만이 아닌, 가족과 친구 그리고 모든 이웃들의 삶까지 행복으로 이끌 수 있을 때 비로소 꿈은 완성된다.

그러한 꿈이 확고하다면 그 어떤 시련도 이겨낼 수 있는 의지와 인내심이 생긴다. 그리고 그 꿈을 이루어 줄 도구를 제대로 선택해야 한다. 나의 경우 부동산이라는 도구는 한두 가지가 아닌, 여러

가지의 꿈을 동시에 이루게 해 주었다. 내가 부자가 되어 꿈을 이루었던 것처럼, 여러분도 누구나 부자가 되고 여러 가지 꿈을 이룰 수 있다. 그리고 반드시 부동산이 그 꿈을 이루어 줄 것이다.

03

부동산 공부,
인생 최고의 선택

:
:

"시작할 때 위대할 필요는 없다. 그러나 시작하면 위대해진다."
- 지그 지글러 Zig Ziglar

부모들이 늘 입에 달고 사는 말이 하나 있다. 바로 "공부 좀 해라."이다. 그런데 이제 공부는 아이만 하는 것이 아니다. 어른이 되고 사회인이 된 후에도 지속적으로 공부를 해야 한다. 좋은 직장에 들어간다고 끝이 아니다. 이제는 그 어느 회사도 정년을 보장해 주지 않는다. 경제적으로 조금이라도 위기 상황이 찾아오면 기업들은 인원 감축부터 시작한다. 그런 상황에서도 살아남을 수 있는 경쟁력을 갖추려면 학교에 다닐 때보다 더 많은 공부를 해야 한다. 그러한 까닭에 공무원 시험이 청년층 사이에서 최고 인기다. 월급은 많지 않아도 정년을 보장해 주고, 연금을 챙길 수 있기 때문이다. 그런데 너도 나도 다 공무원 시험에 매달리다 보니 이제 공무원은 하늘의 별 따기가 되었다. 어느 집안이든, 공무원 시험 준비를 하는 청년이 한둘은 꼭 있을 정도다.

이런 경우 '공부'는 그저 경쟁의 도구로 전락하고 만다. 하지만 공부는 즐거워야 한다. 공부의 본질이란 무엇인가? 경쟁의 도구가 아닌, 삶을 더욱 풍성하게 하고 행복하게 만드는 도구여야 한다. 설사 경쟁으로 국한시켜도 공부는 즐거워야 한다. 일찍이 공자는 다음과 같이 말했다.

"지지자불여호지자, 호지자불여락지자 知之者不如好之者, 好之者不如樂之者."

즉 어떤 사실을 아는 사람은 그것을 좋아하는 사람만 못하고, 좋아하는 사람은 즐기는 사람만 못하다는 이야기다. 그냥 어떠한 지식을 머리로만 외우려 노력하는 사람은, 그 지식을 자신의 것으로 만들어 가는 과정이 너무 즐거운 사람을 이길 수 없다. 몰입도 자체가 다르기 때문이다.

즐기기 위한 공부를 하고자 한다면 그 대상을 잘 선택해야 한다. 재미도 없고 성과도 없는 공부를 하면 의미가 없다. 누가 시키지 않아도 공부에 몰입하려면 공부 자체가 재미있어야 함은 물론 그 공부를 통한 성과가 눈에 확연히 보여야 한다. 나의 경우는 그 대상으로 부동산을 선택했고 지금에 이르렀다. 부동산만큼 공부의 성과가 명확히 나타나는 분야는 흔치 않다. 그리고 공부의 양에 비해 최대한의 성과를 거둘 수 있는 분야가 부동산이다. 즉 효율의 극대화를 이끌어 낼 수 있다.

누군가는 공부를 통해 의사나 법조인이 되기도 하고, 공부를 해서 주식으로 큰돈을 벌기도 하고, 전문 분야를 파고들어 사업을 번창시키기도 한다. 하지만 고시 수준의 공부를 사회인이 된 지금에서야 시작할 수도 없는 노릇이다. 주식 역시 수퍼 개미들이 존재하지만 극히 소수의 이야기다. 대한민국에서 사업을 해서 성공하는 비율이 얼마나 되는지는 여러분들도 잘 알고 있다. 다만 부동산은 다르다. 고시를 통과해야 할 필요도 없고 주식처럼 매일 차트에 매달리지 않아도 되며 사업처럼 리스크가 크지도 않다. 일정 수준 이상의 공부를 통해 부동산을 정확히 평가하고 시대의 흐름을 읽어내는 눈만 키운다면 얼마든지 커다란 수입을 얻을 수 있다.

시작은 미약해도 된다. 부동산 분야는 끝이 창대하기 때문이다. 적은 양의 공부만으로도 수십만 원, 수백만 원의 성과를 내게 되면 더더욱 공부가 즐거워진다. 그때까지는 그저 알기 위해 했던 공부가, 하는 것만으로도 즐거운 공부가 된다. 나 역시 부동산을 도구로 선택한 이후, 하루도 공부를 하지 않은 날이 없다. 보통은 2, 3년 걸린다는 공인중개사 자격증을 6개월 만에 따낸 후 바로 사무실을 오픈했다. 이제 막 태어난 아이의 엄마가, 31살의 나이에 자신의 이름을 걸고 사업을 시작한 것이다.

부자가 너무나도 간절했던 당시 내 인생을 바꿔놓은 책 『놓치고 싶지 않은 나의 꿈 나의 인생』을 만났고 그 책에서 제시하는 로드맵을 착실히 따른 결과, 내 삶의 목표였던 10억을 3년 만에 벌 수 있었다. 살고 있던 집은 제외하고 통장에 찍힌 액수만이니 실제로는 더 많은 돈을 번 것이다. 아마도 다른 분야였다면 그러한 성과를 거두기 힘들었을 것이다. 부동산 분야였기 때문에 가능했고, 성과가 보이기 시작하면서 부동산에 대해 알아가는 게 즐거웠고, 부동산이 가져다주는 큰 수입에 행복했다.

이후에도 나는 자기계발을 위해 더욱 노력했다. 더 높은 수준을 갖춘 공인중개사로 거듭나기 위해 법률을 공부하고, 토목과 건축 분야 또한 공부했다. 리더로서의 자질을 갖추기 위해 대학교 최고경영자 과정까지 이수했다. 그뿐만 아니라 단순히 투자를 넘어 컨설팅까지 사업의 폭을 확장할 수 있었다. 그 모든 과정이 즐거웠고, 즐거웠던 이유는 공부가 내 삶에 가져다주는 것이 바로 우리가 그토록 원하는 부자였기 때문이다. 지금 당신이 하는 공부는 무엇을 위한 공부인가? 한번쯤 생각해 볼 문제이다. 직업을 위한 공부인가? 자기만족인가? 돈으로 바꿀 수 있는, 그런 가치 있는 공부인가?

물론 부동산으로 성과를 얻고자 한다고 해서 모든 사람들이 나처럼 공인중개사 자격증을 딸 필요는 없다. 부동산 책을 수십 권 독파하거나 관련 법안을 공부하고, 매일매일 발품을 팔지 않아도 된다. 가장 좋은 방법은 자신이 감당할 수 있는 한도 내에서 즐겁게 공부하여 부동산에 관한 기본적인 지식을 쌓아 놓고, 이를 구체화시켜 줄 최신 정보를 갖추고 투자를 현실적으로 진행시켜 줄 부동산 전문가와 함께하는 것이다. 이것이 가능하다면 5년이 아니라, 3년 안에 10억을 벌 수도 있다. 한 번 잘 사 놓은 부동산은 알아서 가치가 올라가고, 월세 수익 또한 가져다주기 때문이다.

무작정 부동산에 대해 공부를 해서 부동산 투자에 뛰어든다고 해도 모두가 부자가 되지는 않는다. 부동산 투자의 성패를 결정하는 공부는 고시 공부와는 다르다. 때로는 적절한 투자 시기를 기다릴 줄 알아야 하고, 좋은 부동산을 골라내는 눈을 키워야 하고, 정부 정책이나 시장의 흐름에 민감하게 반응하고 대처할 수 있어야 한다. 이를 돕기 위해 전문가가 존재하지만, 전문가와 힘을 합쳐 투자에 나서려면 그만큼의 비용 또한 반드시 소요된다. 하지만 그 비용은 자신의 성공을 위한 기본적인 대가임을 인지해야 한다. 나는 자기계발에 쓴 비용만 억대가 넘어간다. 그러나 그 돈은 전혀 아깝지가 않다. 오히려 배움의 참된 의미를 알려준 그분들께 감사한 마음이 앞선다. 예를 들어 '한영협 심길후' 회장님이나 '한책협 김태광' 총수님 그리고 좀처럼 앞에 나서길 싫어하시는 몇 분의 멘토가 그렇다. 왜 그럴까? 혼자서 했더라면 10년 이상이 걸렸을 일을 단기간에 이룰 수 있도록 시간을 벌게 해주었기 때문이다. 그런데 어찌 감사하지 않을 수가 있을까?

어떤 사람들은 공부 자체가 귀찮아 아예 자신의 감만 믿고 투자에 뛰어든다. 혹은 공부를 충분히 했더라도 너무 자신을 과신한 나머지 독단적으로 모든 결정을 내리기도 한다. 그래서 부동산 투자에 성공할 수만 있다면 얼마나 좋을까마는, 세상 모든 이치가 다 그렇듯이 감나무 아래서 입 벌리고 있다고 감이 입안에 쏙 들어올 일은 없다. 자신의 힘만으로 부동산 시장에서 큰돈을 벌고자 한다면 생업을 포기하고 뛰어들어도 모자랄 판이다. 상황이 이러하니 당연히 전문가와의 상담은 필수적이다.

　누군가는 나름대로 전문가를 찾는다면서도 컨설팅에 소요되는 비용이 아까워 전문성이 전혀 검증되지 않은 주변 지인의 말이나, 이름만 부동산 전문가인 사람의 그럴싸한 속삭임에 귀를 기울이곤 한다. 안 그래도 사기꾼이 곳곳에서 횡행하는 곳이 바로 부동산 시장이다. 이런 사람들은 사기꾼들의 먹잇감이 되기 딱 좋은 대상이다. 시간과 열정을 쏟아부어 부자가 되고자 노력을 했는데, 부자가 되기는커녕 힘들게 모아놓은 종잣돈을 한순간에 날리는 일도 발생한다. 그래서 부동산을 공부할 때는, 관련 지식을 쌓는 것뿐만 아니라 사람을 볼 줄 아는 눈도 키워야 한다.

　지금은 평생학습 시대다. 게다가 부동산처럼 공부의 성과가 명확하고 재미까지 있는 분야도 찾기 힘들다. 죽을 때까지 나를 즐겁게 해 줄 공부거리 하나 생긴다면 그것보다 행복한 삶이 또 있을까? 하면 할수록 재밌고, 그래서 벌어들이는 돈은 점점 불어나고, 사람 보는 눈도 덩달아 키우는 까닭에 인간관계까지 향상시키는 게 바로 부동산 공부다. 무엇을 공부하든 자신의 삶에 가치를 가져다주는, 즉 돈으로 바꿀 수 있는 그런 공부를 하기 바란다.

부동산
1만 시간의 법칙

"꾸준한 노력이 함께하지 않는 꿈은 몽상에 불과하다. 꿈에는 지름길이 없다."
- 이나모리 가즈오 *Inamori Kazuo*

직장인들이 가장 많이 하는 핑계가 하나 있다. 바로 "시간이 없다."이다. 말은 그렇게 하는데, 막상 일상을 들여다보면 또 다르다. 가슴에 손을 얹고 대답해 보자. 정말 회사에서 일과 내내 죽어라 일만 하는가? 출퇴근 시간에 스마트폰만 들여다보고 있지는 않은가? 평소 기상시간보다 30분만 더 일찍 일어나서 자신의 삶을 바꿔볼 노력은 하였는가? 주말에는 오로지 잠만 자고 있지는 않은가? 밤늦게까지 텔레비전만 보거나 술에 취해 있지는 않은가?

이 패턴을 깨지 못하면 평생 그렇게 살 수밖에 없다. 이 징글징글한 악순환의 고리를 끊어 내고 일과 시간으로부터 자유로워지는 게 우리의 목표다. 근데 당장의 삶도 바꾸지 않으면서 어떻게 부자가 될 수 있겠는가? 시간이 없다는 말은 이제 그만하자. 시간이 없는 게 아니라 '의지'가 없을 뿐이다.

말콤 글래드웰이 쓴 『아웃라이어』라는 책에는 '1만 시간의 법칙'이라는 말이 나온다. 이는 미국 콜로라도 대학교의 심리학자 앤더스 에릭슨이 1993년에 발표한 논문에 실린 것으로, 여러 전문가들을 추적한 결과 한 분야에서 정상에 오르기 위해서는 최소 1만 시간 정도의 훈련이 필요하다는 것이다. 이는 쉽게 계산해 보면 하루 3시간 정도씩 약 10년에 이르는 기간에 해당한다. 즉 10년간 한 분야를 파고들어야 그 분야에서 성공할 수 있다는 이야기다.

나 역시 그랬다. 누군가는 내가 이뤄놓은 결과만 보고 '애초에 출발점부터 남달랐을 것이다.' 혹은 '로또를 맞은 것처럼 하루아침에 운이 좋아서 부자가 된 것이다.'라고 생각할 수도 있다. 하지만 나는 분유값을 걱정해야 하는, 그야말로 가장 밑바닥에서 시작했고 어느 한순간에 어마어마한 돈을 번 것도 아니다. 분명 나에게도 1만 시간의 '노력'이 있었다. 비단 나뿐만이 아니다. 성공을 거둔 이들 중 많은 이들이 1만 시간의 법칙을 성과로 증명하고 있다. 하지만 1만 시간의 법칙을 실행한다고 해서 누구나 그에 걸맞은 성과를 내지는 못한다. 실제로 성공하는 사람은 확률적으로도 적은 편이다. 왜 이런 일이 발생할까?

나 역시 다른 이들이 평생 영어 공부에 매달리듯, 부동산 투자에 1만 시간의 노력을 기울였다. 하지만 그 1만 시간이라는 것은 하루에 3시간씩 '집중'을 했을 때 내가 쟁취하고자 하는 '구체적인 목표'에 도달할 수 있는 기간이 바로 10년임을 의미한다. 다시 말해서 그 시간 동안 집중하지 못하고 단순히 매달리기만 한다면 목표에 도달하는 시간이 1만 시간이 아니라 5만 시간, 10만 시간이 될 수도 있는 것이다.

우리가 영어 공부를 실패하는 이유가 여기에 있다. 학교에서 가르친다고, 무작정 좋은 성적을 내기 위해 영어를 배우기 때문이다. 영어를 배움으로써 우리가 얻게 되는 명확한 성과는 성적표가 아닌, 사회생활 속에서의 제대로 된 활용에 있다. 이를 망각하고 남이 가르치는 대로만 머릿속에 담으려 하니 아무런 의욕도, 집중력도 생기지 못하는 것이다. 귀한 시간을 들여 무언가를 해야 한다면 지금 하는 일이 내 삶에 실질적으로 어떻게 도움이 되는지를 명확히 인식해야만 집중할 수 있다. 이렇듯 집중하지 못하고 막연히 시간만 투자하다가는 중간에 방향을 잃거나, 혹은 시작만 하고 끝은 없는 도전이 돼 버릴 수도 있다. 그래서 우리는 하나의 목표를 위해 계획을 수립했다면 반드시 집중해야 한다. 그리고 그 집중은 단순한 집중에 그치면 안 된다.

처음 10억 벌기를 목표로 삼은 후 남들이 10년에 이뤄낼 것을 나는 3년 만에 10억을 만들어냈다. 남들은 10년(1만 시간)이 걸린 것을 나는 반으로 줄인 것이다. 왜 이런 차이가 생겼을까? 나는 그저 집중만 한 것이 아니다. 완전한 몰두, 즉 '몰입'했기 때문이다. 필자가 독자들에게 3년 안에 월세 500만 원을 받고 시간을 아웃소싱하라고 하는 이유 또한 몰입이 있기에 가능한 것이다. 몰입한다는 것은 내가 어떤 상태에 푹 빠져서 100% 열정을 쏟는다는 것이다. 부동산에 몸담은 후 나는 매순간 부동산을 떠올리며 생활했다. 부동산 책에 파묻혀 하루를 보낸 적도 있었고 때로는 현장에서 발품을 팔면서 남들이 놓치거나 남들보다 한 발빠른 정보를 얻고자 했다. 또한 현장에서 만나는 사람들과의 관계나 이미 성공한 수많은 부동산 자산가들과의 관계에도 몰입함으로써 소중한 정보들을 얻을 수 있었고 그것이 나의 자산이 되어 재산을 불릴 수 있었던 것이다.

목표를 수립하고 거기에 몰입하기 위해 우리는 한 가지 키워드를 늘 머리가 아닌 마음속에 지니고 있어야 한다. 바로 '애정'이다. 애정이 없다면 목적의식이 약해지고 몰입도 역시 당연히 떨어지게 된다. 나는 부동산에 투자하여 큰돈을 벌었지만 그에 앞서 부동산 자체에 대한 애정이 남달랐다. 그저 좋은 집에 살고 싶다, 부동산으로 많은 돈을 벌 수 있다가 아니라 부동산 자체를 나의 피붙이처럼 생각했다. 내가 살 집을 찾아 나서는 일이 그 무엇보다 즐거웠고, 내가 컨설팅한 부동산으로 다른 사람들에게 수익이 나서 그들이 행복해하는 모습이 좋았다. 부동산으로 그 무엇이든 할 수 있고, 부동산으로 그 누구에게나 기쁨을 줄 수 있다는 사실 자체가 나에게는 축복이었다.

매번 얘기하듯이 부동산은 우리에게 커다란 부를 안겨주고 꿈을 이루게 해줄 도구이지만, 그 도구를 사용할 줄 아는 전략적 기술을 갖춰야 한다. 이를 위해 우리는 부동산에 남다른 애정을 쏟아부으면서, 명확한 목표를 세우고 이에 몰입해야 한다. 그렇게 1만 시간이 지나고 나면 그 누구나 부동산이라는 도구를 능숙하게 활용할 수 있게 된다. 여기서 1만 시간은 필자가 강조하는 3년이란 시간이다. 하루 3시간 완전히 몰입하면 3년 안에 월세 500만 원을 달성하지 못할 까닭이 없다. 핵심지식과 교통축 그리고 트렌드와 정책을 명확히 숙지하고 저평가된 콘텐츠를 볼 줄 아는 안목을 키워 투자에 임한다면 딱 3년이면 된다는 이야기다.

누군가는 1만 시간이 너무 길다고 할지 모른다. 직장에 다니느라, 가정을 돌보느라 실제로 부동산에 투자할 수 있는 시간이 적은 것도 사실이다. 하루 3시간씩 10년을 투자해야 하는데 3시간은커녕 2시간, 1시간도 힘들다는 사람이 대부분이다. 3년 안에 10억도 벌어야 하고, 월세 500만 원도 받아야 하는데 언제 1만 시간을 투자할 수 있겠느냐며 투정을 부릴지 모른다. 어찌 보면 변명으로 들릴 수도 있지만, 충분히 이해할 수 있다. 하지만 10년이어도 안 된다고 생각하는 사람은 20년 동안 해도 안 되기 마련이다.

현대사회는 속도와의 싸움이다. 누가 먼저 방대한 양의 지식과 정보를 자신의 것으로 만들어 투자 가치가 높은 상품을 선점하느냐에 따라 성공의 여부가 결정된다. 하지만 자기 혼자서 모든 것을 이루려고 노력하면 분명 1만 시간 정도의 투자는 필수다. 이는 다양한 분야에서 성공한 사람들이 몸소 증언하고 있으며, 그러한 까닭에 1만 시간의 법칙은 여전히 최고의 자기계발 기법으로 남아 있다.

방법은 있다. 1만 시간을 1천 시간, 아니 1백 시간으로 줄이고 싶다면 이를 가능하게 할 조력자를 찾으면 된다. 찾고자 한다면 실은 부동산 전문가는 많다. 나 또한 13년에 걸쳐 체득한 부동산 투자 노하우를 아낌없이 책에 담으려고 노력했고, 강의를 통해 직접 전하고 있다. 그리고 직부연을 찾는 사람들의 꿈을 실현시키고 있다. 혼자서 모든 것을 해낸다는 것이 얼마나 힘든지 잘 알고 있기에 여러분들은 혼자가 아니었으면 좋겠다. 그리고 이 책을 읽는 모든 독자들이 부자가 되고 꿈을 이룰 때까지, 끝까지 함께하고 싶다. 그러나 그 시간은 딱 '3년'이었으면 좋겠다.

05

기하급수적으로
돈을 벌어라

"'나는 변화를 원하는가?' 이런 질문은 무가치한 것이다.
단지 '변해서 무엇이 되고 싶은가, 그리고 어떻게 그렇게 될 수 있는가?'라는
질문만이 진정한 질문이다."

-스티븐 호킹 *Stephen Hawking*

나는 부동산과 관련된 일을 하고, 내 삶의 중심에 부동산이 있지만 다른 분야에도 늘 관심을 기울인다. 부동산도 결국은 우리 삶을 구성하는 수많은 요소 중 하나일 뿐이며, 그 어떤 분야가 되었든 시대의 흐름과 사회적 분위기를 재빨리 캐치해 내는 데 일의 성패가 달렸다고 생각하기 때문이다. 비록 당장은 내가 하는 일과 직접적인 관련이 없더라도, 시대를 선도하는 트렌드에 대해서는 공부를 게을리해서는 안 된다. 그러한 노력들이 어느 순간 자신을 위기에서 건져 내고 성장의 밑거름이 되어 주기 때문이다.

지금 세계가 주목하고 있는 것은 '4차 산업혁명'이다. 미디어에서 어찌나 많이 떠드는지, 일반 사람들도 4차 산업혁명에 대해서 한마디씩 내놓는다. 사실 4차 산업혁명은 '인공지능, 사물 인터넷, 빅데이터, 모바일 등 첨단기술이 경제와 사회 전반에 융합되어 혁신을 이끈다'는 데 그 요지가 있다. 그 속도와 파급력도 엄청나서 예측 또한 쉽지 않다. 『특이점이 온다』라는 책으로 유명한 미래학자 레이 커즈와일Ray Kurzweil 은 2030년이면 인간의 의식을 컴퓨터에 업로드하는 것이 가능해지고, 2045년경이면 인간 뇌와 결합한 인공지능이 모든 인간의 지능을 합친 것보다 강력해질 것이라는 예측을 내놓았다. 나아가 인간은 인공지능의 힘을 빌려 영원한 삶을 누리게 된다고 주장한다.

정말 영화에서나 볼 법한 이야기들이지만 더 놀라운 사실은 이 허무맹랑해 보이는 예측이 하나둘씩 현실이 되어간다는 점이다. 물론 학자들의 예측이 100% 다 맞지는 않다. 예측은 예측일 뿐이며, 그러한 일들이 현실이 되더라도 20년 후가 될지 200년 후가 될지는 아무도 알 수 없다. 다만 이러한 논란에도 불구하고 4차 산업혁명은 분명 하루가 다르게 세상을 뒤바꾸고 있다. 특히 기술에 민감한 경제 생태계는 기존의 질서가 무너지고 새로운 개념들이 주된 흐름으로 자리 잡기 시작했다.

'기하급수적 성장'에 대해 들어보았는가? 4차 산업혁명의 메카, 실리콘밸리에서는 오늘도 수많은 스타트업(start-up : 1990년대 후반 닷컴버블 시기에 실리콘밸리에서 생겨난 용어로 혁신 기술과 아이디어를 보유한 창업기업으로 생겨난 지 얼마 되지 않은 신생기업)이 문을 열고 닫기를 반복한다. 우리나라에도 벤처 붐이 일었던 적이 있지만 그중에서 살아남은 기업은 극소수다. 미국을 비롯한 전 세계의 스타트업 역시 마찬가지인데, 그중에서 몇몇 기업은 기하급수적 성장을 통해 불과 몇 년도 안 되어 유니콘(1억 달러, 즉 1조 원 이상 기업 가치를 지닌 스타트업)의 자리에 오른다.

지난 세기의 전통적 경제 환경에서는 한 기업이 유니콘의 자리에 오르려면 보통 20년 정도의 시간이 걸렸다. 그런데 인터넷 환경을 바탕으로 첨단 기술을 내세우는 근래의 스타트업은 1조 클럽에 진입하는 시간이 점점 짧아지고 있다. 예를 들어 구글은 8년, 페이스북은 5년, 테슬라는 불과 4년 만에 유니콘의 지위를 얻었다. 요즘 들어 주춤거리기는 했지만 우버의 경우 2년밖에 안 걸렸고, 스냅챗과 오큘러스리프트는 이보다 더 짧은 기간에 1조 클럽에 도달했다.

이처럼 기존의 질서로는 설명할 수 없을 만큼 급속하게 성장을 이루는 기업을 '기하급수 기업exponential organizations'이라고 한다. 4차 산업혁명이 가져오는 혁신 기술에 힘입어 기존의 시장을 파괴하고 새로운 시장을 스스로 열어 고도의 성장과 성과를 이룩해 내는 것이다.

이 책을 읽는 사람 중 적지 않은 이들이 '그것이 나와 무슨 상관인가?' 할지 모른다. 하지만 그러한 생각은 시대의 흐름을 전혀 체감하지 못하는 낡은 사고방식이다. 과연 기술의 혁신이, 4차 산업혁명이, 기하급수적으로 성장하는 기업들이 나의 삶과는 전혀 상관없는 먼 나라의 이야기일까?

세계에서 손에 꼽히는 전자 상거래 기업 아마존Amazon은 '아마존 고'

라는 무인상점을 일반인들에게 공개했다. 기업 직원들을 대상으로 비공개 테스트를 해 오다가 드디어 시장에 선보였다. 아마존 고는 우리가 아는 흔한 식료품점과 차이가 없다. 다만 아마존 고에는 계산원이 없다. 누구든지 가게로 들어와 물건을 골라 담아 계산대를 거치지 않고 밖으로 나가면 된다는 것이다. 상식으로는 말도 안 되는 이야기이지만, 인공지능과 첨단 센서 기술을 통해 이를 가능하게 만들었다.

아마존 고의 콘셉트는 '멈춤 없는 쇼핑Just Walk Out Shopping'이다. 얼마나 편리한가? 길게 줄을 늘어서서 계산을 할 필요 없이 바로 집에 가기만 하면 된다. 지금은 비록 가게 하나만 열었을 뿐이지만, 단점을 보완하여 상용화된다면 이 기술을 도입하지 않을 유통기업은 없다. 기술의 혁신에 고객들은 환호를 보낼 테고, 기업 입장에서는 부담스러운 인건비를 최대한 줄일 수 있기 때문이다. 만일 아마존 고와 같은 가게가 한국에 문을 연다면 불야성을 이룰 것이다. 우리나라 사람들만큼 성격 급한 민족이 또 없기 때문이다. 그만큼 우리의 삶은 편리해지겠지만, 반대로 생각하면 계산원을 직업으로 삼고 살아가는 사람들은 순식간에 직장을 잃게 될 것이다.

이렇듯 우리는 기하급수적으로 성장하는, 기하급수 기업들이 주도하는, 기하급수의 시대에 살아가고 있다. 예로 든 아마존 고가 점포를 늘려 나갈수록 일반 슈퍼마켓은 점점 설 자리를 잃고 사라져 갈 것이다. 그렇게 기하급수 기업들은 시장을 독차지하여 기하급수적인 성장을 이룬다. 결국 생긴 지 오래된 기업이든, 얼마 되지 않은 기업이든 스스로가 기하급수적으로 성장하지 못한다면 다른 기업들에게 밥그릇을 빼앗긴다는 이야기다.

과연 기하급수적 성장은 기업만의 이야기일까? 개인의 삶에도 기하급수적 성장을 적용할 수 있지 않을까?

보통 사람들은 산술평균의 삶을 따른다. 그리고 산술평균은 '월급'으로 대표된다. 그래서 우리는 기를 쓰고 좋은 대학에 들어가고, 조금이라도 더 연봉을 많이 주는 대기업에 들어가기 위해 노력한다. 치열한 경쟁은 필수이며, 끝내 경쟁을 이겨내고 대기업에 들어가더라도 정년이 보장되지 않는다. 그럼에도 불구하고 남들이 생각할 때는 그 많다는 연봉을 아무리 모으고 모아봤자, 평생 가야 아파트 한 채 마련할까 말까다.

하지만 산술평균을 넘어 기하급수적으로 돈을 벌 수 있는 방법이 있다면, 몇 년 만에 서울 시내, 그것도 강남권에 내 집 한 채 마련하는 일이 현실이 된다. 그리고 분명 방법은 있다. 다만 우리는 산술평균의 삶에 너무 익숙한 나머지 기하급수적 성장에 대해서는 고려하지 않고, 시도하지 않을 뿐이다.

나도 처음에는 산술평균의 삶을 따랐다. 남들과 똑같이 노력하고 경쟁하여 행남자기라는 기업에 입사했다. 거기서 직원으로 일하면서 홈쇼핑 등에도 나서며 남부럽지 않은 연봉을 받았다. 하지만 그뿐이었다. 아무리 많이 번다고 해도 미래는 여전히 불안했고 내가 꿈꾸는 제대로 된 내 집 하나 마련하기 힘들었다. 더 이상 이렇게 살 수 없다고 생각한 그 순간, 나는 모든 것을 다 버리고 부동산 시장에 뛰어들었다.

당시에는 몰랐지만 지금 뒤돌아보니 그게 바로 기하급수적인 삶이었다. 우리가 실리콘밸리 유니콘 기업의 CEO가 될 수는 없겠지만, 산술평균으로 살아가는 사람들과 비교했을 때는 충분히 기하급수의 삶을 살아갈 수 있다. 이를 위해 미국의 스타트업은 4차 산업혁명을 도구로 활용하지만 우리에게는 '부동산'이라는 도구가 있기 때문이다.

세상이 만들어 놓은 고정관념을 넘어서면 산술평균의 삶을 벗어날 수 있다. 언제까지 지금 받는 월급을 쪼개고 쪼개어 집을 사고, 삶의 질을 향상시키고, 노후대비 자금을 만들 수 있겠는가? 부동산을 통해 기하급수적 성장을 이룬다면 하루에 3시간만 투자해도 몇 년 안에 월세 500만 원을 받는다. 고정적인 월세 수입 500만 원이면 이를 바탕으로 또 종잣돈을 불려 더 많은 수익을 만들어 낼 수 있다. 한 달에 500만 원, 천만 원 아니 1억을 벌어들일 수도 있다.

이는 우리가 기하급수의 시대를 살고 있기에 가능한 이야기다. 하지만 산술평균의 삶에서 벗어나지 않고 기하급수적으로 벌지 못한다면, 기하급수적으로 벌고 있는 다른 사람의 배만 불려줄 뿐이다. 실리콘 밸리에 인공지능과 사물인터넷과 빅데이터가 있다면 대한민국에는 부동산이 있다! 그 사실을 깨달았다면 지금 당장 기하급수의 삶을 시작해야 한다. 13년 전에는 분유값을 걱정하고 1년에 천만 원도 저금하지 못했던, 어떤 평범했던 아줌마가 그때보다 100배, 200배 이상을 버는 것처럼!

06

나는 부동산 투자로 인생을 아웃소싱했다

"하나의 성공을 다음 성공의 지렛대로 활용하라."
- 엘론 머스크 Elon Musk

삶은 둘 중 하나다. 부자가 되든가, 부자들이 돈을 버는 데 이용만 당하든가. 당신은 무엇을 선택할 것인가? 백이면 백, 부자가 되는 길을 선택할 것이다. 그런데 쉽지만은 않다. 쉽지 않은 정도가 아니라 불가능하다고 생각하는 사람도 부지기수다. 그래서 부자가 되는 것은 이루기 힘든 '꿈'이라고 불린다.

내가 이룬 꿈과 목표에 대해 이야기를 하면 많은 사람들이 잠깐은 그 꿈의 목록을 마치 자신이 이룬 것과 같은 표정으로 나를 바라본다. 하지만 이내 의기소침해진다. 그리고 내게 이렇게 말을 건넨다. "저는 나이가 많아서 그만한 노력과 시간을 투자할 여력이 없습니다.", "지금까지도 열심히 살아왔지만 특별히 달라진 것이 없는데 밤잠까지 줄여가면서 더 노력해야 할까요?", "아직까지 모아놓은 종잣돈이 얼마 없습니다.", "자신이 없습니다." 등등. 그렇다. 나를 찾아오는 많은 사람들은 대부분 종잣돈이 별로 없고, 시간도 없고, 투자를 하려니 더 잃게 될까 봐 두려운 기색 먼저 내비친다.

왜 사람들은 큰 목표를 이루는 데 망설이고 두려워할까? 왜 도전이 먼저가 아니고 두려움과 자신에 대해 의심이 먼저일까? 아이러니하게도 우리나라 사람들은 지나치게 근면 성실하기 때문이다. 이는 '한강의 기적'으로 이미 증명된 바 있다. 한국 전쟁 후 반세기 동안 급격한 경제 성장을 이룬 덕에 원조를 받던 나라에서 원조를 하는 세계 최초의 나라, 국민들이 밥 한 끼 제대로 못 먹던 최빈국에서 2017년 GDP 기준 경제 규모로 세계 11위에 올라선 나라가 바로 우리나라다. 세계 어떤 나라도 해내지 못한 것을 이룬 비결은 바로 우리 국민들의 땀이었다. '의지의 한국인'이라는 말처럼 오로지 의지와 노력으로 일구어낸 것이다. 합리적이고 효율적인 노동 시간 보장 따위는 없었다. 그저 더 많이 일하고 더 많이 노력하여 최대치로 쥐어짜 낼 수 있는, 어쩌면 한계를 넘어서는 노력을 기울였을 것이다.

그래서 우리나라 사람들의 머릿속에는 노력과 성공은 비례한다는 생각이 박혀 있다. 하지만 시대가 달라졌다. 그땐 모든 시간을 쏟으며 일차원적으로 노력하면 나라도 일으켜 세울 수 있었지만 지금은 다르다. 앞서 이야기했듯, 4차 산업혁명으로 인해 더 이상 노력과 시간을 많이 투자한다고 해서 미래가 보장되지는 않는다. 인간의 실수는 줄이고 효율은 높일 수 있는 인공지능 로봇들이 인간을 대신할 준비가 되어 있는 시대에 더 많은 노력과 그저 열심히 하는 것만으로는 경쟁에서 앞설 수 없다. 더더욱 그런 노력만으로 미래의 성공을 쉽게 잡을 수 없다.

하루가 다르게 기술이 변하고 있다. 몸뚱이로 가치를 창출하는 것은 시대를 거꾸로 사는 것이다. 이제 창의적으로 능력을 발휘하고 성공을 쟁취해야 한다. 그리고 창의적으로 능력을 발휘한다는 것은 남들이 10시간을 꼬박 투자해야 할 일을 나는 1시간 만에 해낼 수 있다는 이야기가 되기도 한다. 그리고 그런 꿈이 실현 가능한 분야가 바로 부동산이다.

시간은 금이다. 이 말은 학생들도 아는 단순한 진리다. 그러나 평범한 사람은 이것을 듣고 가슴에 새기지만 성공한 사람들은 이 말을 실천한다. 『이솝우화』에는 '개미와 베짱이'이야기가 나온다. 이 이야기가 주는 교훈은 베짱이처럼 자신이 좋아하는 것만 즐기고 놀다가는 결국 묵묵히 일하고 노력하는 개미를 이길 수 없다는 것이다. 하지만 그 이야기는 오늘날 다양하게 재창조되고 있다. 예를 들어 여름 내내 일만 하던 개미는 겨울을 날 만큼 많은 식량을 모았지만 과로사로 죽고 말았다는 이야기 혹은 여름 내내 노래만 부르고 일을 하지 않았던 베짱이는 그 노래 재능을 살려 백만장자가 되었다는 이야기가 만들어졌다.

이는 우리가 어떤 시대를 살아가고 있는지 가장 잘 보여주는 이야기라고 할 수 있다. 어떻게 살아가고 싶은가? 시간 대비 가치가 적은 일에 매달려서 과로사할 것인가, 그렇지 않더라도 겨우 먹고살 만큼의 돈만 버는 데 만족할 것인가. 아니면 베짱이처럼 자신이 즐겁게 잘할 수 있는 일에서 최고의 가치를 창출해낼 것인가. 누군가는 베짱이가 우연히 돈을 벌게 된 것이라 말할지도 모른다. 하지만 베짱이는 개미처럼 여름 내내 땀 흘리지 않았지만 자신의 재능을 살려 여유롭게 능력을 키운 것이다.

우리에게는 모두 똑같이 24시간이 주어진다. 내가 감당할 수 있는 시간은 한계가 있다. 그럼에도 우리는 성공하려면 더 많은 시간을 투자해 더 노력해야 한다고 믿는다. 그래서 더 높은 목표를 감히 꿈꾸지 못한다. 결국 시급에 연연하며 시간 노동자로 살아가게 되거나 월급이 오르지 않아도 과감하게 직장을 그만두지 못하고 오히려 투잡, 쓰리잡을 뛰면서 몸을 망치고 돈의 노예가 되고 만다. 그래서 직장인들은 더 쉬우면서도 재미가 있고, 그래서 효율적이고 성과를 극대화할 수 있는 재테크를 찾아나서야 한다.

'쇼핑' 하면 무엇이 떠오르는가? 백화점이나 대형마트 혹은 시장에 가서 하는 쇼핑이 떠오를 것이다. 가정주부라면 홈쇼핑을 떠올릴 테고, 젊은 층은 인터넷 쇼핑을 떠올릴지 모른다. 그 어떤 방식이 되었든 공통점이 있다. 돈만 있으면 누구나 할 수 있고, 누구나 하고 싶어 하는 게 바로 쇼핑이라는 사실이다.

내가 부동산을 쇼핑에 비유하는 까닭은 부동산이 그만큼 재미가 있고, 쉽고, 매력적이라는 점을 강조하고 싶어서다. 부동산에 대한 잘못된 시각 중 하나는 부동산은 너무 어렵고 부담스럽다는 편견이다. 부자의 돈놀음이라는 인식이 워낙 오랫동안 대중의 인식에 박혀 있어서인지, 부동산이라고 하면 겁부터 내는 사람이 제법 많다. 특히 회사에서 순한 양처럼 회사가 시키는 일만 하는 직장인들은 더욱 그런 경향을 보인다.

하지만 지금까지 말한 몇 가지 사항들만 잘 따라 줄 수만 있다면 부동산 투자는 쇼핑보다 쉽고 쇼핑보다 재밌다. 부동산 공부와 전문가와의 컨설팅을 통해 부동산 1만 시간의 법칙을 최대한 빠른 시간 안에 자신의 것으로 만들고, 이를 바탕으로 3년 안에 3억이라는 종잣돈을 모을 수만 있다면 월급 말고 월세만 매월 500만 원씩 받는 '부유한' 월급쟁이가 될 수 있다. 그리고 이를 기반으로 500만 원을 넘어 천만 원 그리고 그 이상의 수입원을 새로 창조해 낼 수 있다. 그 후 우리를 기다리는 것은 그토록 진정으로 원했던 '행복한 삶'이다.

그 이름만으로도 버거웠던 내 집 마련은 물론이거니와 나만의 드림카도 한 대 장만하고 일 년에 몇 번씩 꿈에 그리던 해외여행도 떠날 수 있다. 은퇴하신 부모님께 얼마든지 용돈을 드릴 수 있고, 자녀들의 교육에 걱정할 일 또한 사라진다. 회사를 그만두고 싶을 때는 언제든지 그만둘 수도 있다. 일하는 시간보다, 일하지 않는 시간이 훨씬 많아지지만 그럼에도 수입은 점점 늘어만 간다. 드디어 인생 아웃소싱이 완성되는 것이다.

나 역시 지금 부동산 쇼핑으로 많은 시간을 아웃소싱하고 산다. 읽고 싶은 책을 맘껏 읽고 책도 쓰고 투자 스케줄과 강연 스케줄을 내가 스스로 결정한다. 즉 삶에 있어 모든 선택에 '자기결정권'을 가지고 산다. 이것이 우리 모두가 추구하는, 나답게 사는 삶이 아닐까 생각해 본다.

부동산 투자는 쇼핑만큼 쉽고 쇼핑보다 재밌다. 다만 부동산 쇼핑에 앞서 3년에 3억이라는 종잣돈만 모으면 된다. 그것은 대한민국 천만 직장인 누구에게나 충분히 가능한 일이며, 그보다 즐거운 자기계발은 없다. 월세 500만 원은 꿈이 아니라 현실이다. 벌써 책을 여기까지 읽은 당신에게는 더욱 그렇다. 부동산에 대한 두려움은 사라졌는가? 정말로 부자가 될 마음이 생겼는가? 당신의 인생을 아웃소싱할 진정한 부동산 투자는 지금부터 시작이다.

PART 2
빠르게 부자되는
8가지 부의 공식

자본주의를 내 편으로 만들기 위해서는 자본과 시간을 레버리지 할 수 있어야 한다. 특히 직장인이라면 더욱 공동투자로 자금을 레버리지 하고 훌륭한 멘토를 만나서 귀한 정보를 획득함으로써 시간을 레버리지 할 수 있어야 한다. 투자를 한번 잘못하게 되면 원금을 회복하는 데 걸리는 시간만 평균 3년 이상이다. 그래서 시간을 레버리지 한다는 것은, 특히 부동산 투자에서는 가장 중요한 원칙이 된다.

모든 힌트를 제시하는
도시기본계획

"나무를 베는 데 한 시간이 주어졌다면, 나는 도끼를 가는 데 45분을 쓰겠다."
- 에이브러햄 링컨 *Abraham Lincoln*

소위 '트렌드'가 주도하는 시대다. 요새는 유행에 뒤처지면 촌스러운 사람으로 취급을 받기도 한다. 투자의 세계도 마찬가지다. 무언가 하나의 트렌드가 새로 등장하면 그쪽으로 수많은 사람들이 몰리고, 그 분야가 속한 시장은 급속도로 성장한다. 최신 정보의 수급이 투자의 성패를 결정짓기도 한다. 그런데 이러한 방식을 그대로 부동산 투자에 적용하는 사람들이 적지 않다.

100명의 사람들이 부동산 투자를 한다고 했을 때 이들 중 80%는 군중심리에 의해 이리저리 쏠려 다니고, 변덕이 죽 끓듯 늘 새로운 것만 쫓으며, 장기적 관점이 아니라 초단기적 관점으로 투자를 한다. 그러다

보니 매번 부동산 정책이 나올 때마다 마음만 급해지고 벙어리 냉가슴 앓듯 초초하게 시간을 보낸다. 3년쯤 후 이들에게 투자수익률을 물어보면 다들 같은 대답을 한다. "여기저기 묶여 있다."고 말이다. 그리고 하나같이 투자하는 물건도 아파트인 경우가 대부분이다. 이쯤 되면 대부분은 투자에 대한 시각이 부정적으로 돌아서며 이자를 갚느라 전보다 경제적 상황은 더 안 좋아지게 된다.

그러면 나머지 20%의 사람들은 어떨까? 부동산 투자를 함에 있어 핵심 전문 이론을 공부하고, 자신에게 맞게 정보를 편집하고, 그 정보에 맞게 종잣돈을 편집하여, 환경개선 등의 발전 가능성 때문에 앞으로 5억이 될 부동산을 지금 3억으로 매입한다. 그들은 쉬이 기분이 들뜨거나 자신이 하는 일에 대해 함부로 입 밖에 내지 않으며, 웬만한 부동산 정책에는 흔들림이 없다. 그들의 3년 후 대답은 "오늘도 나의 아바타가 나 대신 돈을 벌고 있다."라는 것이다.

'밴드왜건 효과Band wagon effect'라는 말이 있다. 축제 등에서 악대차band wagon는 악단을 선도하며 요란한 연주로 사람들을 끌어 모은다. 사람들은 눈과 귀가 가는 그 악대차 주변으로 몰려들어 따라가게 된다. 이렇게 밴드왜건을 따라 사람들이 우르르 몰려가듯이, 타인들과의 관계에서 소외되지 않으려 사람들이 트렌드를 따르는 현상이 바로 밴드왜건 효과다. 정치 분야에서는 선거를 앞두고 실시하는 사전 여론조사나 유세 운동 등에서 우세해 보이는 후보 쪽으로 표가 집중되는 현상을 의미한다. 소비시장에서도 널리 쓰이곤 하는데, 어떤 상품이 하나 있다고 하면 폭발적으로 수요와 인기가 증가하는 행태를 가리킨다. '이 사람 저 사람 다 산다는데 나만 가만히 있을 수 없지.'라는 마음에 기호는 둘째로 하고 우선 구매하고 보는 것이다. 그러한 상품들은 인기가 너무 높아 금세 매진이 돼 버린다. 지금은 그 인기가 차갑게 식었지만 꼬꼬면이나 허니버터칩이 좋은 사례라 할 수 있다.

헌데 부동산은 우리가 즐겨 먹는 과자나 라면이 아니지 않은가? 현재의 자산을 몇 년 후 배로 불려줄, 나의 분신이 되어야 할 만큼 우리 인생에서 가장 중요한 투자 대상인데, 유행에 따라 너도 나도 다 달려들어 성공할 수 있다면 말이 되지 않는다. 그러한 까닭에 부동산 투자는 기본이 되는 원칙을 알아야 하고, 그 방대한 정보 역시 나에게 맞게 편집이 되어야 하며, 이 정보에 맞게 자금 역시 편집된 상태에서 시작되어야 한다. 그중에서도 핵심이 되는 기본이론을 제대로 숙지하는 게 중요하다.

우선 이해하기 쉽게 핵심 기본 이론을 '상수'라고 하고 정책이나 트렌드 등을 '변수'라고 하자. 물론 이 책에서 상수는 시간적으로 약 10년간을 의미하며 변수는 시시때때로 나타나는 상황들을 의미한다. 부동산 투자는 먼저 기본적인 '상수'가 되는 '원칙'을 이해해야 한다. 그 원칙에 정책이나 트렌드, 환경 등 변수를 대입해서 나에게 맞게 투자를 해야만 어떤 상황에도 흔들림 없는 투자가 가능하다.

그 상수 중 첫 번째가 바로 도시기본계획이다. 지금부터 소개할 내용들은 평택시(2035도시계획) 등 일부를 제외하고 전부 2030도시기본계획에 의거, 설명될 것이다. 부동산 시장에서 가격에 크게 영향을 주는 것이 인구 변화와 교통의 개선이다. 즉 공급 대비 수요가 얼마나 있냐에 따라 가격은 올라가기도 떨어지기도 하고 보합하기도 하며, 교통축이 강남이나 판교냐, 혹은 시청 및 여의도 등 직장을 많이 두고 있는 도심으로 뻗어갈 수 있느냐 등에 따라 가격이 우상향할지가 결정된다. 물론 이 두 가지가 가격을 결정하는 모든 요소라고 할 수는 없지만 대체로 인구 변화와 교통에 의해 크게 영향을 받는다는 건 '팩트'다. 신도시일 경우 자족기능을 하는 산업단지의 유무가 중요하며 도심권으로 교통축 접근이 30분 이내인지에 따라 가치가 결정된다. 모든 부동산은 '선 계획 후 개발'이다. 도시에 맞게 효율성 있는 계획을 하고 그 다음 개발이 진행된다. 개발이 되어야 환경이 바뀌고 바뀐 환경에 의해 수요가 몰린다. 수요가 몰려야 가치가 올라가고 가격 또한 올라가서 수익이 나는 투자로 연결이 되는 것이다.

도시의 인구, 산업, 교통까지를 포함한 이런 선 계획을 각 특별시 또는 지자체별 도시기본계획이라고 이해하면 된다. 보통 계획이라고 하면 구도심 개발만 떠올리기 쉽다. 신도시도 대도시의 근교에 인구 과밀, 교통 체증, 주택난 등을 해소하기 위해 만들어지며 이 또한 도시별 기본 계획에 의거한다. 부동산은 움직이는 자산이다. 특히 환경에 많은 지배를 받는다. 그렇다고 전국 도시별 기본 계획을 다 알아야 할 필요는 없으며 핵심 지역의 기본계획을 바탕으로 투자에 임한다면 정책에 일희일비하는 일은 없을 것이다. 우리가 기본계획을 이해해야 하는 이

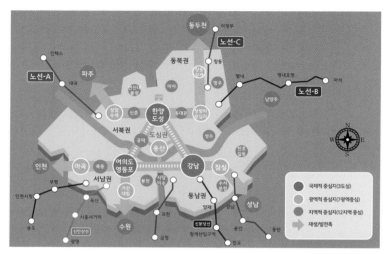

서울 2030 플랜

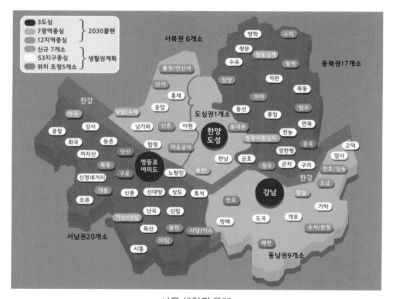

서울 생활권 플랜

유는 집을 장만하든 수익형 부동산을 장만하든 가치가 올라가야 제대로 된 투자이기 때문이다.

왜 어느 지역은 가격 변화가 거의 없고 어느 지역은 폭등하는 일이 발생할까? 누구나 의문을 가지지만 왜 그런지 알아보려 하진 않는다. 왜? 부동산은 그저 어려우니까! 그러나 부동산의 빅픽처만 제대로 이해하면 아주 단순해진다. 직장인들이 근로자로 15년 근무하면서 받는 평균월급이 약 세금 공제 후 300만 원 정도라고 한다. 그러나 직장인들은 이 15년의 기간을 결코 쉽게 보내지 않는다. 이 정도의 기간이면 자신이 맡은 직무를 능숙하게 해냄은 물론, 외국어 하나쯤은 능통할 수 있을 수준이 된다. 그렇게 직장 내에서 좀 더 인정받기 위해 고생한 것에 비하면 도시기본계획 공부는 쉬운 수준이다. 즉 빅픽처를 머릿속에 완벽히 구현하고 투자에 임한다면 제대로 된 내 집을 마련하고 자산을 늘리고 계획 단계에 미리 들어가 투자를 함으로써 적금의 수십 배에 이르는 종잣돈을 만들 수 있다. 하루 3시간 제대로 공부한다면 15년 걸려 받을 수 있는 월세 300만 원쯤은 딱 3년 만에 누구나 받을 수 있게 된다. 물론 나는 월 500만 원은 받아야 한다고 가르치지만 어쨌든 인생에 큰 비중을 차지하는 시간을 벌 수 있다는 이야기다. 이것이 투자의 매력이 아닌가? 돈을 벌고자 회사에 매달리는 대신, 정말로 내가 하고 싶은 일에 시간을 쓰고 인생을 즐기기 위해!

우리 인생은 무작정 흘러가지 않는다. 그때그때 수많은 변수가 생기지만, 우리가 생각하는 대로 흘러가기 마련이다. 그래서 미래를 멀리 내다보고 완벽한 계획을 세워야 삶도 어느 정도 원하는 방향으로 흘러갈 수 있다. 정부가 국가의 기틀을 닦고 국정을 운영해 나가는 방식도, 그 안에 속해 있는 도시기본계획도 마찬가지다. 무언가 일이 닥치면 하는 것이 아니라, 빅피처를 그려놓고 거기에 맞춰 국정 시스템을 운영하는 것이다. 국가만이 아니다. 모든 기업과 다양한 종류의 단체들, 하물며 작은 등산 모임 하나도 마찬가지다. 세상의 이치가 이러한데 사람의 인생이라고 다를까?

이처럼 한 지역의 도시기본계획은 우리네 인생 계획과 같다. 인생을 살아감에 있어 중요한 터닝포인트가 몇 차례 오지만 그중에서도 배우자의 선택은 단연 첫손에 꼽을 수 있다. 부동산에 투자할 때 도시기본계획을 아느냐 모르느냐의 차이는, 인생에서 배우자를 선택함에 있어 그의 외모만 보고 자신의 인생을 한 사람에 거느냐 마느냐와 다름없다. 물론 외모도 중요하지만 배우자의 인성과 가족관계, 그의 꿈과 비전, 열정과 실행력 등이 훨씬 중요하다는 사실을 누구나 잘 알고 있다. 그 모든 사항들이 만족되어야만 비로소 자신의 남은 인생을 그와 함께하겠다고 결정할 수 있다. 이러한 삶의 지혜는 부동산 투자에도 그대로 적용된다. 단 한 채의 똑똑한 내 집을 찾아낼 수만 있다면, 얼마든 남은 인생을 행복하게 보낼 수 있다. 그리고 도시기본계획에 대한 공부가 바로 그 첫걸음인 것이다. 지역별로 자세한 도시기본계획에 대한 이야기는 뒤에서 차차 알아보도록 하자.

02

교통축이라 쓰고
황금축이라 읽는다

"성공의 80%는 제 시간에 가야 할 곳에 가는 것이다."
- 우디 앨런 *Woody Allen*

누군가가 물었다. 대체 부동산은 무엇인가요? 나는 대답했다. "부동산은 움직이는 자산입니다." 물론 이론상 부동산은 움직이지 않는 고정자산이다. 그러나 21세기는 이론과 지식만으로 먹고살 수 있는 시대가 아니다. 변화에 능동적으로 대처할 수 있어야 하며, 어떤 계획이든 해낼 수 있는 실행력이 있어야 한다. 특히 학교를 졸업하고 사회에 막 나온 직장인들이라면 이 말의 의미에 대해 누구보다 공감할 것이다. 20년 가까이 학교에서, 교과서를 통해 배웠던 지식들이 사회에서는 얼마나 무용지물에 불과한지 뼈저리게 느끼곤 한다. 그래서 나이만 먹었지, 제대로 된 어른이 되지 못하는 청년들이 적지 않다.

어른이 된다는 것은 자신을 책임져야 한다는 의미다. 자신을 책임진 다는 것은 바로 어떤 형태로든지 자립함을 뜻한다. 그중 가장 큰 것이 바로 경제적 자립이다. 그런데 경제적 자립이 말처럼 쉽지가 않다. 많은 사회초년생들이 자산을 불리기는커녕 욜로를 한답시고 과소비를 일삼거나 섣부른 투자로 그나마 얼마 되지도 않는 종잣돈을 전부 까먹기도 한다. 그래서 어른이 된 이후에도 우리는 끊임없이 공부해야 한다. 그 배움은 바로 지식을 돈으로 바꿀 수 있는 공부여야 한다.

부동산 투자와 상관이 없을 때는 단순히 이론적 지식으로 대답을 해도 좋지만 전문 투자가로의 과정에 뛰어든 순간 '부동산은 움직이는 것'으로 바꿔야 한다. 그럼 무엇이 움직일까? 어디를 향해 움직이며 무엇이 덩치 큰 철근 콘크리트로 되어있는 것을 움직이게 할까? 바로 '교통'이다.

나는 전국의 지리를 훤히 꿰고 있다. 직장생활을 하며 전국 각지로 차를 몰고 영업을 하러 다닌 덕분에 길눈이 제법 밝은 편이다. 더구나 그때는 네비게이션이 없던 시절이라 오로지 지도에 의존하여 목적지를 찾아야 했다. 그러한 노력 덕분에 서울과 수도권은 물론이요, 지방 구석구석까지 거의 파악하고 있다.

특히 한번 간 길을 다음에 갈 땐 지름길이나 차량이 적은 뒷길로도 갈 수 있을 만큼 방향감각이 뛰어나다. 이런 나를 두고 지인들이나 직원들은 '타고났다'라고 말한다. 그런데 그 말은 틀렸다. 난 지리감각이 그리 탁월한 것도 아니고, 태생적으로 지리에 밝은 것도 아니다. 다만

난 부동산을 워낙 좋아해서 어디를 가나 공사현장만 보이면 그냥 지나치지 못하고 살펴본다. 어디로 가는 길목인지, 무슨 고속도로인지, 무슨 대교를 설치하는 것인지를 드라이브한다는 생각으로 주변을 돌면서 다 파헤쳐야 직성이 풀린다. 지하철 공사장을 지나면 차를 세워놓고 한참 그곳을 서성이는 건 기본이다. 그러다 보니 골목을 잘못 들어가 한참을 헤매기도 하고, 어떤 운 없는 날에는 일방통행로에서 조폭을 만나 거친 말을 받아내며 짠 내 폴폴 나는 진땀을 흠뻑 흘리기도 했으며, 주정차 위반 딱지를 한 달에 30개 이상을 받은 적도 있다. 나의 뛰어난 길눈은 오로지 노력의 산물이라 할 수 있다.

내가 그렇게 교통에 대해 관심을 기울인 까닭은 부동산은 그 어느 분야보다 교통과 밀접하기 때문이다. 부동산은 물리적으로 자체 이동이 안 되는 부동성과 위치에 따라 성격이 다른 개별성을 갖고 있다. 투자자 입장이라면 이 두 가지를 해결할 수 있어야 하는데, 그 해결책이 되는 시스템이 바로 '교통'이다. 그래서 교통이 어디를 향하느냐에 따라 부동산 가격은 상승하기도 정체하기도 한다.

도시계획에 의거 신규도로축이나 전철축의 계획을 알고 있었다 해도 관심을 두지 않으면 잊어버리기 쉽다. 부동산 투자는 한발 앞서게 되면 수요가 뒷받침을 못 해주기에 실패하고, 한발 뒤처지면 이미 가격이 올라서 이득이 없다. 그래서 딱 반 발자국만 앞서서 딱 반만 선점해야 한다.

그런데 교통축, 특히 전철은 계획은 되었지만 예비타당에 미치지 못

하거나 시행처의 문제로 계획보다 늦어지는 경우가 많다. 그래서 교통
축을 미리 공부해놓고 현장을 다니면서 공사장을 그냥 지나치지 말고
무슨 공사를 하는지 직접 눈으로 확인하고, 도로라면 각 톨게이트를 빠
져나가 현장을 살펴보고, 전철 공사지라면 반경 500미터 이내를 걸어
다니며 주변을 훑어보는 노력이 필요하다. 경제신문의 아파트 분양공
고를 잘 보면 분양지역의 개발에 대한 소개가 잘되어 있는데 이 또한
놓쳐서는 안 된다. 더불어 모델하우스를 방문해 필요한 자료를 스크랩
해도 좋고 지역 공인중개사 사무실을 방문해서 그 지역의 교통축에 대
한 기간이나 단계 등을 공부해도 좋다.

　난 지금까지 이렇게 공사현장을 직접 찾아가 공사의 진행 속도를 보
며 매입 타이밍을 잡은 경우가 많았다. 이렇게 해서 딱 반 발짝만 앞서
가는 투자가 가능했고, 그 공사현장이 완성될 때쯤이면 어김없이 매입
가격 대비 최소 30%는 더 올라갔다. 특히 물건이 아파트일 경우에는 하
루가 다르게 올라 매일 밤 아직 손에 들어오지 않은 돈을 계산하며 김
칫국을 미리 퍼마시곤 했다.

　예를 들면 분당선 개통 시 수원 영통과 망포동 소형아파트는 2년 만
에 1억 8천이었던 시세가 2억 7천이 되었고 전세가는 2억 6천선이 되었
다. 지금은 갭투자로 많은 사람들이 몰려드는 지역이 되었으며 망포동
의 경우 신규분양 아파트 역시 수천만 원까지 프리미엄이 붙어 있다.
신분당선의 개통 효과로 광교신도시는 현재 분양가 대비 거의 두 배 이
상 오른 아파트도 나오고 있으며, 용인 상현동과 성복동 등도 30평형대

기준으로 꾸준히 우상향하고 있으며, 판교는 테크노밸리의 영향 및 입지 프리미엄과 더불어 강남의 전철노선으로 인해 웬만한 서울 아파트 가격을 넘어섰다.

경간선이 개통되기 전 광주 일부 지역은 미분양이 많았지만 지금은 역세권 아파트들의 경우 엄청난 프리미엄을 자랑하고 있다. 수서-평택 간 SRT개통으로 평택 지제역의 토지 가격은 천문학적으로 올랐다. 도로 개통의 경우 강남순환도로 개통 시 금천구의 부동산 가치가 올랐고, 구리-포천 간 고속도로 개통으로 의정부 및 양주의 아파트가 그랬으며, 서울 지하철 9호선 개통 때는 2단계였던 종합운동장역까지 라인 전체가 상승했다.

그렇다면 예를 들어 앞으로는 어디가 황금축일까? 청량리역을 한번 보자. 서울 동북부 지역 관문으로 지하철 1호선을 비롯해서 경원선, 경춘선, 경의 중앙선이 운행 중이며 최근 경강선이 개통이 되어 강릉까지 88분 만에 도착할 수 있게 되었다. 또한 올해 연말 분당선 연장선이 개통이 된다. 수도권 광역교통인 GTX B, C 노선도 예비타당성 조사를 하고 있으며 이 노선이 개통이 되면 서울 황금축인 용산과 여의도로 빠르게 이동이 가능하다.

이러한 교통 발달과 더불어 청량리역 주변 개발에 속도가 붙고 있다. 오랫동안 노후불량 지역이었던 곳이 교통 개선과 도시정비사업에 힘입어 부동산 가격이 빠르게 움직이고 있다. 도로는 신체로 따지면 혈관이라 할 수 있다. 혈관 내에 늘 산소가 풍부하고 동경맥은 물론이요 말초

혈관까지 피가 잘 순환되어야 건강을 유지할 수 있다. 혈관 건강이 나빠지면 각종 성인병에 노출되고 급기야 심혈관계 질환 때문에 사망에 이를 수도 있다. 한 나라의 경제와 국민들의 생활수준도 다르지 않다. 쾌적한 교통 환경은 그 나라의 경제를 발전시키는 디딤돌이자, 국민들의 삶의 질을 평가하는 척도가 된다. 그래서 부동산의 가치는 그 교통축을 따라 움직이는 것이다.

이처럼 부동산 투자에 있어서 이전에 설명한 도시기본계획과 더불어 교통축 공부는 필수사항이다. 돈으로 바꿀 수 있는 부동산 공부의 기본에 해당된다. 우리는 왜 직장에 다니는가? 돈을 벌기 위해서다. 하지만 더 많은 돈을 기하급수적으로 벌고 싶다면 부동산 공부가 필수다. 진정으로 부동산을 공부하여 돈을 벌고 싶다면, 핵심부터 제대로 알아야 한다. 교통축을 따라 임장도 나가 보고 그 지역의 변화를 샅샅이 기록하며 공부를 해야, 그 공부가 반드시 돈으로 환산이 되어 자산으로 쌓인다는 사실을 명심해야 한다.

03

보이지 않는 것에
투자하라

:
:

"목표와 방향 없이는 노력과 용기가 있더라도 충분하지 않다."
-존 F. 케네디 *John Fitzgerald Kennedy*

지금의 부동산 여왕이 될 때까지 난 크고 작은 성공과 실패를 반복하여 왔다. 그러나 지금의 나는 어쨌든 시간의 자유를 얻었으니 성공한 인생인 셈이다. 지금의 내가 존재하는 가장 큰 이유는 바로 자주 실패한 과거에 얽매이지 않았다는 것이다. 만약 내가 늘 과거에 얽매였었다면 아마 지금쯤 어느 작은 부동산 사무실이나 운영하며, 주변의 부동산 사무실과 치열한 경쟁 속에서 아등바등 살고 있을지도 모른다.

그러나 난 과거에 집착하지 않았다. 그러기엔 그 과거가 너무 아팠고 비참했으며 떨어진 자존감으로 자신감마저 없었으며 한순간의 잘못된 선택들을 후회하느라 한 발자국도 앞으로 더 나아가지 못했을 것이다.

과거는 하나의 교훈으로만 존재해야 한다. 그리고 앞으로 한발 내디뎌 미래의 나를 생각하고 그 스케줄대로 오늘을 사는 것이 현명하다.

성공이든 실패든 우리가 잘 저지르는 실수는 순탄치 못했던 자신의 과거에 너무 집착한다는 것이다. 그러니 더욱 미래가 암울해지는 것이다. 과거가 아닌 미래의 모습을 생각하며 현재를 살아가야 지금 무엇을 해야 할지가 구체적으로 나온다. 그렇기에 행동이란 걸 할 수가 있는 것이다. 부동산도 마찬가지다. 부동산이란 도구를 활용하면 생활비를 버느라 하루 8시간 이상을 소비해야 하는 그 시간을 아웃소싱하고 투자할 수 있는 것이다. 그러면 어떤 상태에 있는 부동산에 투자를 해야 하는가?

많은 사람들이 눈에 보이는 상가를 사고 이미 완성이 된 실체가 있는 아파트 등의 부동산을 충분한 가격을 주고 산다. 그러면서 투자라고 믿어버린다. 그런데 투자란 싸게 사서 시장가격에 되팔아서 수익을 내거나 평가이익을 높게 내서 지렛대 원리로 그 자금을 활용하여 또 다른 부동산에 투자를 함으로써 아웃소싱할 대상을 늘려가는 것이다. 과거의 가격으로 현재를 평가하고 그 현재는 언제나 눈에 자주 보이는 대상이라면 그것은 투자라기보다는 소유의 형태에 가깝다. 그러니 가격 상승은커녕 소유하면서 세금 내느라 골치가 아픈 것이고 소유 자체가 고통인 것이다.

우리가 직주근접의 아파트를 분양받는다고 생각해보자. 예를 들어 위례신도시의 랜드마크 아파트라 가정해보자. 처음에 분양을 받을 때 실체가 있는 아파트를 본 적이 있는가? 아파트 조감도를 멋지게 그려 넣은 전단지와 그럴듯하게 꾸며놓은 샘플하우스를 보고 우린 2, 3년 후에 지어질 그 아파트를 산다. 자, 무엇에 투자한 것인가? 눈에 보이는 것에 투자를 한 걸까? 그게 아니다. 지금은 그 실체가 눈에 보이지 않지만 미래의 어느 순간, 환경의 개선으로 인해 더 가치가 올라갈 아파트에 투자한 것이다.

또 준공이 난, 눈에 보이는 아파트를 사는 사람도 있다. 최초 분양 가격에 웃돈 2억을 얹어 주고 말이다. 보이지 않는 부동산을 산 사람은 투자한 사람이고, 완성된 부동산을 보고 산 사람은 소유한 사람이다.

도시가 형성이 되면 편의시설들이 필요하다. 그중 상권을 예로 들어 보자. 상가가 지어지려면 우선 상업시설이 들어설 토지가 필요하다. 그 토지는 한정적으로 계획된다. 요즘 2기 신도시들의 주택 대비 상권 비율은 약 2.5% 정도로 계획된다. 그래서 인기 좋은 지역의 상업시설 토지들은 그 경쟁률이 실로 어마어마하다. 얼마 전 다산신도시 역세권 예정 상업지 낙찰가율은 예정 공급가 대비 300% 이상도 나왔다. 즉 300평 토지의 예정 가격이 30억이라면 낙찰가격은 90억이라는 이야기가 된다. 이 토지들은 분명 전부 상가가 들어설 토지들이다. 상가라는 실체는 없지만 이들은 그 상가의 미래 가치를 보고 '지금' 투자한 것이다. 하지만 어떤 이들은 이 토지 위에 들어선 실체가 있는 상가를 사기도 한다. 눈에 보이는 것은 다 안전하다고 믿는 것이다. 이것이 투자의 세계에서는 함정일 경우가 많다.

부동산에는 리스크가 존재한다. 그럼 여기에서 말하는 리스크는 대체 무엇일까? 바로 불확실성이다. 그러면 실체가 있는 부동산은 불확실성, 즉 리스크가 없는 것인가? 실체가 없는 것은 전부 불확실하다는 말인가? 그렇지 않다. 어느 중심상업지에 편의점이 들어가 있는 부동산을 산다고 가정해보자. 매입가는 5억이고 편의점 임차인의 조건은 보증금 3천만 원에 월세 250만 원이다. 이렇게 따박따박 월세가 나오는 것을 확인하고 본 물건을 샀다고 가정할 때 이 부동산에는 과연 리스크가 없을까를 따져봐야 한다.

결론부터 말하면 "무조건 리스크는 있다."이다. 세입자가 장사를 못해서 월세를 제때 내지 못한다거나, 또는 악의적인 마음으로 월세를 조정하고자 몇 달씩 건너뛰면서 줄 수도 있다. 경쟁업체가 생겨나서 수익이 줄어 도저히 그 월세를 감당하지 못하는 경우 등 수많은 리스크가 존재한다. 이렇듯 실체가 보인다고 해서 리스크가 없는 것은 아니다. 만약 이 점포에서 50만 원의 월세 조정이 생겼다면 평가가 약 1억 정도 떨어진 셈이다. 많은 사람들이 여기까지는 생각을 하지 못한다.

사람도 부동산도, 보이지 않는 미래를 보고 현재에 투자를 해야 한다. 아무것도 없는 허허벌판의 점포택지를 사서 3년 후에 시세차익 3억을 벌고 싶다면 말이다. 아니면 4억짜리 아파트를 분양받아서 2년 후 입주할 때는 시세가 6억이 되는 경험을 하고 싶다면 말이다. 2억짜리 투룸 오피스텔을 분양받았는데 2년 후 전세가 2억 5천이 되어 잔금 시 오히려 충분한 여유자본으로 다른 투자를 할 수 있는 기회를 만들려면 말이다. 15억짜리 근린생활시설 토지를 입찰 받아서 그 계약금으로 1억 5천을 냈는데 대출받아 잔금을 하고 1년 더 보유했더니 프리미엄을 5억 받으려면 말이다. 점포주택 짓는데 레버리지로 자기 자본 5억이 들어갔는데 월세를 받다 매매하여 3년 안에 그 차익을 10억 이상 내면서 진정으로 인생을 아웃소싱하고 삶의 자유를 얻으려면 말이다.

'촉견폐일蜀犬吠日'이라는 고사성어가 있다. 촉나라는 자주 흐리고 비가 오는 지역에 위치해서 이곳의 개들은 이따금 해가 구름 사이로 내비치면 짖는다는 데서 유래했다. 즉 식견이 좁은 사람이 선하고 어진 사람을 비난하고 의심한다는 뜻이다. 투자도 마찬가지다. 우리 인생을 밝고 따뜻하게 만들 해가 당장 눈앞에 안 보인다고, 즉 지금 눈앞에 보이는 모든 부동산만이 투자 환경의 전부인 것처럼 생각하는 경우다.

당장 눈에 보이는 것 중에도 물론 좋은 물건은 많다. 그러나 투자자금 대비 실현할 수익은 대부분 낮은 것이 사실이다. 또한 필요 자금이 많이 들어가니 기회적인 측면에서도 제약을 많이 받는다. 지금은 보이지 않는 것에 투자할 수 있는 용기와 지혜가 필요한 시점이다. 뛰어난 잠재력과 가치를 지닌, 보이지 않는 투자대상에 대해 3장부터 자세히 소개하였으니 충분한 공부를 통해 반드시 여러분의 꿈을 실현해 나가길 바란다.

04

레버리지 원리를
철저히 이용하라

*"인내심을 가지고 단순한 일을 완벽하게 하는 사람만이
어려운 일을 쉽게 할 수 있다."*
- 프리드리히 실러 Johann Christoph Friedrich von Schiller

여기 김 사장과 박 사장이 있다. 둘은 같은 업계에서 일하고 있으며, 본인들이 소유한 회사의 매출도 비슷한 편이다. 일 년에 몇 억씩 버는, 남 부럽지 않을 것 같은 인생. 그런데 두 사람의 삶을 자세히 들여다보면 많이 다르다.

우선 김 사장을 보자. 그는 오늘도 새벽 5시에 일어나 그 어떤 직원보다 먼저 회사에 도착했다. 치솟는 인건비가 걱정되어 얼마 전에 직원을 줄였기 때문이다. 부족한 인력을 자신이 메꾸려는 심산이다. 특히 영업은 도맡아 하는 편이다. 직원들의 능력이 영 맘에 들지 않는 까닭이다. 아침에 일찍 와서 사무실을 둘러보고 자재 수량을 직접 체크하고 일과

시간을 넘어 밤 10시까지 이어지는 영업 일정을 다시 확인한다. 그러는 와중에 정기검진을 받으라는 병원의 문자를 보고 맘이 급해진다. 몇 달 전 너무 무리한 나머지 쓰러진 적이 있어 검진을 미룰 수도 없다. 결국 점심도 먹는 둥 마는 둥 대충 샌드위치 하나 입에 우겨넣고 그는 병원으로 향한다. 그리고 택시 안에서 노심초사 회사의 미래에 대해 고민한다. '아, 지금 매출을 유지라도 할 수 있으면 다행일 텐데….'

박 사장도 평소와 달리 오늘은 조금 일찍 일어났다. CEO 조찬 모임에 참석해야 하기에 매일 8시에 가던 헬스는 거르고 시내에 있는 호텔로 향한다. 이 모임에 참석한 지 일 년 정도 되니 아는 사람도 많아지고 업계의 최신 동향을 한눈에 파악할 수 있게 되었다. 오늘은 몇 번 골프 모임에서 만난 한 업체 사장이 함께 일을 하고 싶다며 인사를 건넨다. 이렇게 협력사와 거래처를 늘리게 된 게 올해에만 벌써 다섯 번째다. 더군다나 중국에서 실시한 품평회에서 새로 개발한 제품이 호평을 받아 수출의 길도 열린 터였다. 기분 좋은 마음으로 회사에 돌아온 그는 직원들을 이끌고 근처에 있는 맛집을 찾았다. 화기애애한 분위기 속에서 이번 분기 매출이 전년도 대비 2배 성장했음을 알린다. 그리고 직원들에게 섭섭하지 않은 보너스를 약속했다. 식사 직후 간단하게 업무 보고를 받은 그는 서둘러 집에 돌아갈 채비를 한다. 한 달 후에 떠날 북미 대륙투어를 위해 와이프와 상의해야 하기 때문이다. 집으로 돌아가는 차 안에서 그는 생각한다. '앞으로 일이 더 바빠질 텐데, 직원을 더 뽑아야겠는걸?'

과연 몇 년 후에 이 두 회사의 모습은 여전히 똑같을까? 분명 다른 길을 걷고 있을 것이다. 그리고 두 명의 사장 중 누가 더 행복한 삶을 살아가고 있을지는 군이 따져보지 않아도 눈에 보이지 않는가? 이렇게 극명히 대비되는 삶의 모습은 회사를 이끄는 리더에게만 국한되지 않는다. 한 회사의 직원으로서 평범하게 살아가는 직장인들 또한 반드시 자신의 선택에 따라 두 가지 삶의 모습 중 하나의 길을 걷게 된다. 그리고 대다수는 김 사장의 길을 걷고, 소수의 누군가는 박 사장의 길을 걸으며 진정으로 행복을 누리게 된다.

만일 이 책을 읽고 있는 당신이 평범한 생활인 산술평균을 좋아하는 사람이라면 지금 그대로 직장생활을 통해 급여생활을 하면 된다. 그러나 평범함을 거부하고 지금 당장 하고 싶은 일을 할 자유를 얻는 삶을 살고 싶다면 '레버리지' 원리를 이용해 기하급수적으로 돈을 벌어 그 자유를 쟁취해야 한다. 김 사장은 현재의 소득을 유지하기 위해, 자신의 모든 여가 시간을 포기하고 오로지 회사에 매달린다. 이 경우 앞으로의 회사 매출은 아무리 잘해도 '유지'하는 데 그칠 것이다. 하지만 박 사장은 CEO 모임을 통해 큰 힘 들이지 않고 거래처를 늘려 나간다. 몸담은 업계의 전통적인 운영 방식에서 벗어나 기술 투자에 집중한 결과 해외 시장으로 나가는 루트 또한 열렸다. 매출이 2배, 3배, 아니 몇 십 배로 뛰어오를 가능성을 만들어 낸 것이다. 그리고 실제로 이를 통해 일에서 벗어나 진정으로 행복한 삶을 만끽하고 있다.

롭 무어Rob Moore의 『레버리지Leverage』에서는 레버리지에 대해 다음과 같이 정의한다. 레버리지란 "과학에 기반을 둔 사고법"으로서 "더 적은 것으로 더 많은 것을 성취하는 것, 더 적은 돈으로 더 많은 돈을 버는 것, 더 짧은 시간을 투자해서 더 많은 시간을 얻는 것, 더 적은 노력으로 더 많은 성과를 얻는 자본주의 속 숨겨진 공식"을 일컫는다. 즉 한마디로 하면 '최소 노력의 법칙'이다.

우리 사회가 정해놓은 성공의 기본법칙은 바로 "열심히 공부해서 그럴듯한 회사에 입사를 해서 자신의 시간을 통째로 희생하며 일을 하고 적금 붓고 저축하며 사는 것"이다. 이로 인해 남들과 끊임없이 비교 및 경쟁하는 사회에서 더 오래, 더 늦게, 더 많은 스펙과 싸우는데 많은 시간을 써 버린다. 누구나 나름대로의 기준을 세워 그에 부합하는 부자가 되고 싶다고 한다. 그러면서 정작 본인의 생활방식은 점점 더 가난해지는, 무조건 열심히 일하는 방식에서 벗어나지 못하고 있다.

부동산으로 부자가 되는 것은 또 어떠한가? 부동산은 돈을 버는 하나의 도구다. 세상은 4G LTE 시대를 넘어 5G의 속도로 변하고 있다. 이렇게 속도가 승부를 결정짓는 시대인데, 부자가 되기 위해 언제까지 기초만 다지고 있을까? 부동산 역시 기초 이론부터 전부 다 알아야만 투자에 나설 수 있는 것은 아니다. 시간을 레버리지 할 수 있어야 하고 자금을 레버리지 할 수 있어야 한다. 여기서 시간을 레버리지 한다는 것은 경험 많은 멘토의 어깨에 올라타야 한다는 것이고, 자금을 레버리지 한다는 것은 은행과의 동업 또는 뜻이 맞는 사람들끼리 공동투자 한다는 뜻이다. 즉 멘토 및 은행, 또는 동료의 힘을 빌려 내가 가진 조건의 한계를 넘어서고 기하급수적인 돈을 버는 것이 부동산 투자의 궁극적인 목표이다.

많은 직장인들에게 투자 강연을 하고 이들에게 지정해 준 특별한 지역들을 임장하게 하면 열이면 열 모두가 공통적으로 하는 푸념이 있다. 바로 "할 것은 너무 많은데 자본의 한계에 절망한다."라는 말이다. 이런 분들을 위해 내가 소개해 주는 것이 바로 '공동투자'다. 갈수록 우상향하고 갈수록 경쟁이 치열해져 가는 현재의 상황들을 가장 잘 극복해 내기 위해 마련한 투자 방식이다. 바로 비슷한 상황에 있고 목적이 같은 사람들끼리 철저히 뭉쳐 힘을 키운 후 자신의 꿈을 실현하는 것이다. 물론 이를 구체화하고 조직력을 극대화하기 위한 투자약정서 등 필수 서류들의 철저한 마련은 기본적 사항이기에 자세히 다루지 않겠다.

필자의 멘티들 중 실전반 5기 12명의 실전투자 이야기를 한번 해 보겠다. 이들은 모두 직장인이었고 담보대출 등으로 적극적으로 모은 종잣돈이 처음에는 5억 정도였다. 이 중 지분이 많은 분도 있었지만 대부분은 몇 천만 원이 전부인 상태에서 똘똘 뭉쳐서 투자를 시작했다. 그 첫 번째가 남양주의 한 점포주택지였다. 당시 점포주택지는 추첨으로 누구나 신청이 가능한 방법이었기에 전국 경쟁으로 인해 치열했지만 이들은 각자 한 필지에 집중 신청함으로써 당첨될 수 있었다. 더 자세히 설명하면 총 20개 필지 중 이들은 한 필지에 각자의 이름으로 신청을 해서 경쟁을 낮추고 당첨률을 높이는 방법으로 도전한 것이다.

당시 분양가는 1억이 채 되지 않는 금액이었고 계약금으로 10%만 입금하는 방식이었기에 총 자본금 5억 중 일부였던 약 1천만 원만을 투자했다. 이들이 이 토지로 실현한 이득은 실투자금 대비 500% 이상이다. 이를 시작으로 원주, 김해 등 점포에서 계속 공동투자로 수익을 실현했으며 2년이 채 되지 않은 지금은 각자의 종잣돈만으로도 여유롭게 투자를 할 수 있을 정도로 대부분 삶의 반전을 이루었다. 강남에서 똑똑한 내 집 장만을 하신 분도 있고, 일부는 이미 500만 원 월세 받는 시스템을 거의 구축할 만큼 성공적으로 투자를 해 나가고 있다. 이분들이 아무 도움 없이 오직 자기 힘으로만 몇 천 정도의 종잣돈으로 부동산 투자를 하려 했다면 아마 시도조차 못했을 터였다. 하지만 공동투자로 여러 개의 부동산에서 많은 수익을 내고, 내 집 장만을 하고, 평생의 꿈인 월세 500만 원 받는 시스템으로 한 발 두 발 내디디고 있는 중이다.

　나는 이렇게 직장인들이 하나의 믿음 안에서 조직력과 자본력을 바탕으로, 내 집 장만과 월세 받는 시스템으로의 꿈을 실현할 수 있도록 플랫폼을 계속 제공해주고 있다. 아무리 조직력과 자본력이 있다 해도 투자 콘텐츠가 없거나 실익이 없는 물건이 대상이라면 이들처럼 단기간에 엄청난 성과를 거두기 어렵다. 수많은 부동산이 있지만, 그중에서도 '미완성 부동산인 분양권에 투자'를 강조하는 이유가 바로 적은 자본으로도 큰 이득을 볼 수 있는 장점이 있기 때문이다. 또한 이런 지역은 시간이 갈수록 환경이 좋아져서 수요가 늘어나기 마련이며 이런 이유로 그 가치가 점점 올라가기에 프리미엄 또한 실로 엄청나다. 어떤 지역에서는 계약금으로 약 2천만 원을 냈는데 프리미엄은 세금을 공제하고도 억대 이상 남은 곳도 많다. 이것 역시 레버리지 원리인 것이다. 하지만 적지 않은 직장인 투자자들이 완성이 된 부동산을 보고 투자를 하려니 턱없이 자금이 부족해 미리 포기하게 되는 것이다.

자본주의를 내 편으로 만들기 위해서는 자본과 시간을 레버리지 할 수 있어야 한다. 특히 직장인이라면 더욱 공동투자로 자금을 레버리지 하고 훌륭한 멘토를 만나서 귀한 정보를 획득함으로써 시간을 레버리지 할 수 있어야 한다. 투자를 한번 잘못하게 되면 원금을 회복하는 데 걸리는 시간만 평균 3년 이상이다. 그래서 시간을 레버리지 한다는 것은, 특히 부동산 투자에서는 가장 중요한 원칙이 된다. 푼돈 아끼려다 큰돈을 잃고 투자를 아예 하지 못하는 대부분의 사람들은 투자를 마치 리허설이 있는 연극쯤으로 생각한다. 그렇게 선 공부가 되어 있지 않은 상태에서 선 투자를 하고 자본과 시간을 몽땅 버리는 경우가 대부분이다. 부동산은 거래되는 재화 중 단위가 가장 큰 편이고, 특히 직장인들이라면 수년 동안 적금으로 모은 종잣돈이 대부분이다. 투자를 하기 전 시간과 자금을 레버리지 할 수 있는 방법과 콘텐츠 등 선 공부를 통해, 절대 실수하는 투자는 하지 말아야 한다.

앞서 언급한 예에서 박 사장 또한 레버리지의 사고법을 경영과 자신의 삶에 적용했다. 우선 다양한 CEO 모임을 통해 사업을 올바른 길로 이끌어 주는 최신의 지식과 경영 멘토를 찾은 덕분에 급변하는 경영 환경 속에서도 우왕좌왕하지 않고 올바른 길로만 나아갈 수 있었다. 그래서 잘못된 선택은 줄이고 그만큼 시간을 아낄 수 있었다. 또한 모임을 통해 뜻을 함께할 동료 즉, 협력사와 거래처를 얻었다. 영업이라는 측면에서 최선의 효율을 얻은 것이다. 그리고 해외 수출이라는 목표를 이루기 위해 필요한 자금은 은행 대출로 마련할 수 있었다.

이는 사업에 관한 이야기이며 어떤 측면에서 바라보면 리스크가 크다고 볼 수 있다. 비싼 돈 들여 CEO 모임에 나갔더라도 아무 성과 없이 돌아올 가능성도 높고, 기술 투자에 회사의 명운을 걸었다가 사업 자체가 위태로워질 수도 있다.

하지만 부동산은 다르다. 부동산이야말로 레버리지 개념에 가장 잘 어울리는 투자 도구이다. 특히 대한민국 사회에서는 더욱 그렇다. 부동산의 그래프는 오늘도 우상향하고 있기 때문이다. 부동산이라는 도구를 잘 활용한다면 얼마든지 적은 시간과 자본으로도 기하급수적으로 돈을 벌고, 인생을 아웃소싱할 수 있다. 남들이 레버리지 하는 데 보태주기만 할 것인가, 스스로 레버리지를 이끌 것인가. 지속적으로 우상향하는 부동산 가격 그래프를 따라 자신의 삶 또한 가치를 끌어올려야 하지 않겠는가? 이는 오로지 자신의 선택과 노력이 결정해 줄 것이다.

소비자 가격이 아닌
생산자 가격으로 매입하라

"연은 순풍이 아니라 역풍에 가장 높이 난다."
- 윈스턴 처칠 Sir Winston Churchill

필자처럼 중개업을 거처 투자자가 된 사람들은 경매를 거의 하지 않는다. 보통 경매를 통해 투자를 하는 이유는 시장가격보다 낮게 살 수 있다는 것과 대출을 많이 받음으로 자가 투자자금이 적게 들어간다는 점 때문일 것이다. 투자를 통해 남겨질 이익이 크다는 장점도 있는 반면 해결해야 하는 하자 처리 역시 많다. 그래서 잘못된 한 번의 경매 경험으로 커다란 곤란을 겪은 후 투자라면 고개를 흔들게 되는 일도 비일비재하다.

　세상사가 다 그렇다. 무엇이든 첫 경험이 가장 중요하다. 특히 요즘과 같은 시대는 더욱 그렇다. 잘못된 판단으로 금전적 손해가 발생하게 되면 이를 메꾸는 데는 그만큼의 금전을 모았을 때보다 배 이상의 시간이 들어간다. 그러한 경험들은 트라우마까지는 아니어도 충분히 투자에 대한 두려움을 가지게 만든다. 그리고 이러한 경험을 한 사람들은 자신이 겪은 실패 사례를 타인들에게 부풀려 말하곤 한다. 부동산 투자는 어렵고 돈이 많이 들고 리스크가 크다는 대중의 편견은 이렇게 잘못된 투자 사례가 꼬리에 꼬리를 물고 이어지는 행태도 한몫을 한다. 그리고 이러한 소문들이 만들어 놓은 심리적 장벽 때문에, 당장 일을 레버리지 하고 삶을 아웃소싱해야 할 대한민국의 1천만 직장인들이 그저 회사에만 매달리고 있다. 하지만 우리는 최소한의 여유 자금으로 최대한의 소득을 내는 레버리지에 대해 배우지 않았는가?

앞서 이야기했듯, 소유와 투자는 다르다. 지금 당장 대한민국에서 작은 상가나 오피스텔 하나 내 명의로 하려고 해도 몇 억 혹은 최소한 몇 천만 원이 들어간다. 하지만 투자는 훨씬 적은 금액으로도 가능하다. 그렇다면 무엇에 어떤 방식으로 투자를 하면 부동산 투자 레버리지가 가능할 수 있을까?

부동산 투자의 대상은 아파트에서부터 오피스텔, 상가, 토지에 이르기까지 분양권을 획득하거나 물건의 직접취득 등 다양하다. 부동산이 소비재가 아니라 투자재라는 개념으로 접근한다면 결국 부동산 투자 또한 "싸게 사서 시장가격에 되팔아 그 차익을 남기는 것"이다. 그렇다면 가장 싸게 사는 방법은 무엇일까? 우리가 사용하는 모든 생필품들은 일정한 수준에서 가격대가 형성되어 있다. 그런데 거기에 들어가는 원가는 그 가격에 비해 한참이나 낮은 경우가 많다. 설사 시장에 나오더라도 최초로 시장에 나오는 시점, 즉 생산자 가격 또한 시세와는 차이가 많다.

우리나라 사람들은 정말 치킨을 많이 먹는다. 식사 혹은 간식으로, 술안주로 온 국민의 사랑을 독차지하고 있다. 맛도 있고 먹기도 간편하거니와 더불어 가격도 적당한 편이다. 그런데 이 치킨이 가끔 말썽을 일으킨다. 특히 프랜차이즈 업체들이 대대적으로 가격을 인상할 때 문제가 생기곤 한다. 치킨 가격이 오른다고 하면 치킨의 제조 원가부터 기사에 오르내린다. "아니, 내가 지금까지 이렇게 싼 치킨을 이 돈을 주고 먹었단 말이야?" 하면서 국민들은 분노하고 불매운동이 벌어진다. 업주들은 죽는 소리를 하며 반발에 나선다. 조목조목 제조 원가를 공개하며 사실은 남는 것도 없다고 항변한다. 이러면 화살은 업체에게 돌아간다. 당신들이 업주는 물론이거니와 고객들까지 농락하는 것 아니냐며 원성은 더욱 커진다. 급기야 정부가 한두 마디 던짐으로써 가격을 다시 원래대로 돌려놓고 나서야 상황은 진정된다.

누구든 안 그렇겠는가? 다른 외식거리에 비해 아무리 저렴하다고 해도 더 싼 가격에 구매할 수 있으면 당연히 그렇게 할 것이다. 누군가 치킨을 생산자 가격으로 판매한다고 하면 그 가게는 문전성시를 이루지 않겠는가. 물론 얼마 못 가서 망하겠지만…. 결국 판매자나 구매자나 효율이 문제다. 조금이라도 더 비싸게 팔려는 사람과 조금이라도 더 싸게 사려는 사람들의 팽팽한 줄다리기 속에서 시세는 형성된다. 치킨이든 부동산이든 싸게 사려면 최대한 생산자 가격에 가깝게 매입을 해야 한다. 그러면 어떤 부동산 물건들이 이에 해당될까?

첫째, 부동산 사무실에만 나오는 '급매' 물건이 해당이 된다. 이 급매라는 말에는 경매 나가기 일보 직전의 물건부터 이혼 중인 부부의 물건, 현금은 없고 부동산만 소유한 사람들의 상속물건, 공매처리 될 가능성의 물건 등 다양하다. 관심 지역 공인중개사와 친해져야 하는 이유다.

둘째, 시공사나 시행사의 대물 물건이다. 분양상가나 오피스텔 투자에서 많이 볼 수 있는 방법으로, 사업을 하는 시행사에서 공사 대금을 시공사에 주지 못하는 일이 발생할 때 어쩔 수 없이 사업진행 중인 물건으로 대체할 경우가 많은데 이 물건들은 시공사 사정상 빨리 현금화해야 하는 경우가 많다. 그래서 시장가격보다 낮게 살 수 있는 기회가 투자자들에게 온다. 물론 가만히 기다리기만 한다고 나에게 오지는 않는다. 찾고자 하는 사람에게 더 많은 기회가 온다.

셋째, 사업을 하는 회사, 즉 시행사에서 분양을 하고 일부 남은 물건들이 있다. 회사는 이렇게 남은 물건을 빨리 처분하고 다음 사업을 진행해야 하는 경우가 많은데 이때 우리같이 컨설팅을 하는 회사에 많은 의뢰가 들어온다. 소형아파트부터 오피스텔, 특히 상가의 의뢰가 많은 편이다. 따라서 지역 부동산에만 의지하여 좋은 물건이 나오기만 기다리지 말고, 목표가 같은 사람들끼리 모여 있는 곳에 네트워크나 커뮤니티를 형성하면 운 좋게 이런 물건들을 만날 수 있다.

넷째, 시행처, 예를 들어 한국토지주택공사나 경기도시공사 혹은 각 지자체 산하기관들에서 입찰 또는 추첨을 통해 물건을 취득하는 방법이다. 추첨 물건에는 신도시별 점포 겸용 단독주택이나 주거 전용 단독주택이나 근린생활시설을 포함하여 상가를 지을 수 있는 토지들이 있다. 아파트 분양권처럼 당첨 시 총 분양가의 10%를 계약금으로 치르고 분기별로 중도금을 납부하는 것으로 초기 부담을 덜 수 있으며 시간이 지날수록 가치가 올라가 많은 프리미엄을 얻을 수 있다. 아파트 부대시설인 단지 내 상가는 LH나 민영 건설사에서 최고가 경쟁 입찰을 통해 물건들을 공급하며 전자입찰을 통해 진행된다. 일반 민영 건설사는 자체 모델하우스 등에서 현장 입찰을 통해서 공급을 한다. 전자입찰과 다르게 현장입찰은 자칫 분위기에 휩쓸려 높은 가격에 낙찰을 받는 경우가 있기에 전문가의 컨설팅과 함께 진행해야 시행착오를 줄일 수 있다.

다섯째, 목적이 같은 사람들끼리 힘을 뭉쳐서 하는 공동구매를 통해 시장가격보다 낮은 가격으로 매입하는 방법이다. 사람들은 자주 공동구매를 통해 재화를 구입한다. 홈쇼핑이 그렇고 인터넷에서도 자주 그러한 풍경을 목격할 수 있다. 이 방법을 부동산에 똑같이 적용해 보는 것이다. 필자는 수익형 물건인 오피스텔이나 도시형 생활주택은 거의 공동구매를 통해 회원들에게 제공한다. 월세 500만 원을 받기 위해 통상적으로 12억의 시장가격을 가진 부동산을 보유해야 하지만, 이 방법이라면 자기자본 약 3억 5천에서 4억 정도만 있어도 가능해진다. 직장인들은 돈이 없다. 그래서 부동산 투자를 위해서는 뭉쳐야 한다. 뭉치면 자본력과 조직력이 갖추어져 생산자 가격으로의 접근이 쉬워진다.

여섯째, 아파트 분양권 투자다. 물론 투기수요 억제책인 8·2대책으로 인해 열기가 뜨거운 지역, 이른바 투기지역이나 투기과열지구 조정지역에서는 분양권 전매 제한으로 기회가 많이 줄었다. 하지만 광역교통망이나 지역개발을 통해 가치가 올라갈 수 있는 수도권이나 지방에는 가능한 투자다. 당장 눈앞의 가치를 보는 것이 아니라 최소 3년 정도 긴 안목으로 투자할 경우 적은 금액으로 투자할 수 있는 지역은 아직도 많다. 예를 들어 영종도나 김포, 혹은 서해축 개발지역들인 시흥이나 수원, 그리고 용인 등이 해당이 된다. 우리가 각 지역의 도시기본계획을 반드시 알아야 하는 이유다.

일곱째, 가장 보수적이며 가장 일반적인 투자 방법인 재건축이나 재개발을 통한 아파트 투자나 상가 투자다. 투자의 모범답안인 서울의 경우는 시간이 갈수록 수요에 비해 턱없이 부족한 공급으로 인해 그 가치는 더욱 올라갈 테지만 직장인들이 투자하기에는 자금 투입이 높고 시간이 오래 소요가 된다. 특히 강남4구는 접근하기가 아주 어렵다. 그래서 필자는 강북 광운대 역세권 주변, 노원 및 창동 역세권개발지 주변, 수색역세권 개발축 등을 공부하라고 강조한다. 이번 정부의 도시재생사업과 맞물려 반드시 높은 가치를 형성할 지역들이기 때문이다.

여덟째, 신도시 조합원의 권리를 매입하는 것이다. 신도시에서는 기존에 거주하던 원주민들에게 생활대책의 일환으로 보상 외에 신도시가 형성될 지역에 점포 겸용 단독주택을 감정가격으로 받을 수 있는 자격을 부여해 준다. 이 중에는 자금이나 기타 여러 가지 이유로 매매로 나온 물건들이 있다. 조합원일 경우 한 번의 전매를 허용하기 때문에 관심이 있는 지역이나 뒷장에 나오는 성장 가능성 높은 신도시를 선택하여 지역 부동산과 네트워크를 형성해놓았다가 매입이 가능한 시기가 오면 적극적으로 구입한다면 꼬마빌딩 소유주가 될 수 있다.

아홉째, 도시개발사업의 일환인 지역주택 조합의 자격이 되어 아파트를 낮은 가격에 구입하는 방법이다. 장점으로는 시세보다 저렴하고 청약통장이 필요 없으며 동, 호수 지정까지 가능하다. 단점으로는 토지 확보가 되지 않은 상태에서 무리하게 사업을 진행하면 사업 기간이 오래 걸리기 때문에 당초 분양가는 낮다 하더라도 사업비가 올라 투자의 기회비용이 많이 들어갈 수 있다. 그래서 필자는 구도심의 지역주택조합방식보다는 신도시에서 가끔 이루어지는 지역주택방식으로 분양 시 적극 청약하라고 한다. 예를 들면 송도나 평택 지제역 주변 등 도시개발로 진행되는 지역은 향후 전망이 밝다.

기회는 누구에게나 있을 수 있고, 누구에게도 없을 수 있다. 문제는 기회를 찾아 나서려는 의지다. 잘못된 소문 때문에, 혹은 사회적 편견 때문에 오늘도 부동산 투자의 기회를 놓치고 회사생활로 하루하루를 힘겹게 살아가는 이들이 참 많다. 물론 그 사람의 탓은 아니다. 하지만 기회를 얻고자 했을 때 기회를 놓치는 건 그 사람의 탓이다. 레버리지 하고자 공부를 하고, 전문가를 찾아 나서고, 생산자 가격으로 물건을 구매하려면 반드시 의지와 그에 따르는 실행이 필요하기 때문이다. 마음 깊은 곳에서 잠든 의지를 열정의 불길로 일깨워줄 방아쇠를, 지금 당장 당겨야 한다.

종잣돈이 적다면
종잣돈을 키우는 투자부터 시작하라

"군자는 자신에게서 구하고, 소인은 남에게서 구한다(君子求諸己 小人求諸人)."
- 공자 孔子

이 책을 읽고 있는 당신이 지금 부자가 아니라는 사실에 실망할 필요는 없다. 왜냐면 우리 직장인들은 부자라서 부동산에 투자하는 것이 아니라 '부동산에 투자해서 부자가 될 것'이기 때문이다.

내가 평범한 직장인들에게 부동산이라는 도구로 자신의 시간을 아웃소싱하는 방법을 알려주려는 이유는 단 하나다. 우리 직장인들이 평생 생존을 위해 개미처럼 일을 해서 모은 돈을 노후에 병원비로 탕진하지 않았으면 하는 마음 때문이다. 그 대신 빠른 시일 내에 부자가 되어 나름대로 행복한 삶을 누리고, 노년에 접어들어서는 저무는 노을을 보면서 "인생은 살 만했고 그래도 희망은 있었다."라고 다음 세대에게 말하는 사람들이 많아지기를 바라기 때문이다. 다음 세대가 바로 지금 중학교에 다니는 우리 아들이고 친구고 이웃이기 때문이다. 이들에게 인생은 즐거움과 도전의 기회로 가득했으면 좋겠고 그들이 세상을 긍정적인 시선으로 바라보기를 원하기 때문이다. 그 자체가 대한민국의 희망 아닐까? 이는 내가 아들을 사랑하는 방식이기도 하다.

그런 까닭에 애초부터 금수저로 태어난 사람들이나 많은 돈을 물려받은 사람은 나에게 관심대상이 아니다. "5년 모은 종잣돈이 겨우 3, 4천만 원입니다."라고 말하는 평범한 직장인들에게 애정을 담아 나의 모든 경험과 노하우를 전하는 데 주력한다. 내가 13년간 고생 끝에 이루었던 인생 아웃소싱, 부를 통해 찾은 행복한 삶이라는 노하우를 그들은 조금 더 빨리 가져가길 바라는 마음에서다. 그런데 그렇게 노하우를 알려주려고 해도 쉬이 행동에 나서는 사람은 많지 않다. 거기에는 한 가지 이유가 있다.

보통 직장인들이 자신의 집을 제외하고 투자 가능한 종잣돈의 규모는 평균 5천만 원 이내였다. 그래서 선뜻 투자를 할 수 없다고 말하고 이것마저 잃게 될까 봐 노심초사하고 두려워한다. 결국 "투자는 아무나 하는 것이 아닌, 부자들만의 리그"라고까지 말한다. 그런데 돈이 많으면 굳이 투자까지 할 필요가 있을까? 우리는 부자들만큼 돈이 없으니까 투자라는 것을 통해 부자가 되고자 노력하는 거다. 일하는 데 많은 시간을 할애하니까 빠듯하게라도 개인적인 시간을 내어 투자를 준비하는 것이고, 투자의 세계가 두렵기 때문에 투자 세계에서 반드시 알아야 할 핵심사항을 공부하는 것이다.

핵심공부를 하다 보면 "부동산 투자는 돈만으로 하는 것은 아니다." 라는 사실을 알게 된다. 즉 종잣돈만큼 정보의 힘 또한 크다. 예를 들어 3천만 원밖에 없는 사람이 투자를 할 수 있는 부동산은 한계가 있다. 그러나 이는 잘못된 생각이다. 완성된 부동산만 안전하다고 믿는 사고로 인해 접근을 못할 뿐이다. 미완성 부동산은 때에 따라 자기 자본 1천만 원만 있어도 할 수 있는 것이 있다.

회원 중 공무원 은퇴를 앞두고 계신 충남에서 오신 분이 계셨다. 당시 종잣돈이 딱 1천만 원이라 하셨고, 은퇴하고 연금 이외 한 달에 150만 원의 월세를 받을 수만 있다면 소원이 없다고 하셨다. 이분 입장에서는 월세 150만 원을 받는 부동산만 보시니까 자신이 할 수 있는 것이 없는 것이었다. 본인에게 종잣돈은 1천만 원이 전부였기 때문이다.

필자의 투자방식에 의거하여 월세 150만 원을 받으려면 자기자본이 약 8천만 원에서 1억 정도 있으면 가능하기에 일단 종잣돈을 키우는 전략으로 투자에 임하라고 권했다. 이후 미완성 부동산을 공략했고, 그중에서 신도시 점포 겸용 단독택지와 주거전용 다세대를 지을 수 있는 분양권에만 집중한 결과 파주 운정의 점포가 당첨이 되었다. 대부분 초보 투자자처럼 이분도 당첨된 후의 계약금(토지 가격의 10% 필요)을 걱정했지만 필자는 일단 당첨이 되면 계약금 마련은 얼마든지 할 수 있다고 팁을 주고 지역별 단독주택지에 집중했다. 우린 1천만 원의 종잣돈을 약 1억까지 불려야 했으니까 말이다.

이분은 본 필지를 매도함으로써 1천만 원의 종잣돈을 1년 정도 기간을 거쳐 1억이 넘는 자금으로 만들었다. 혹시 모를 여윳돈을 위해 지금도 종잣돈을 더 늘리는 투자를 하고 있고 이제는 월세 150만 원이 아니라 월세 300만 원을 향해 투자를 하고 있다. 많은 사람들이 종잣돈을 늘리는 것을 적금으로 해결하려고 한다. 또는 투자의 목적이 내 집 마련인지 종잣돈 늘리는 것인지 월세를 받기 위함인지의 세부계획조차 없이 무작정 투자를 한다. 그래서 경쟁률이 높은 아파트 분양권으로 주로 몰리고, 적당한 매도타이밍조차 잡지 못해 때를 놓치는 경우가 많다.

종잣돈 늘리기는 자기자본이 최소로 들어가는 미완성 부동산에서 하는 것이 가장 효율이 높다. 자기자본은 조금 들어가고 시간이 지남에 따라 완성으로 개발이 가시화되어 가치는 급상승하기 때문에 소액투자치고 아주 높은 수익이 보장이 되는 것이다. 물론 이분은 뜻이 같은 분들과 공동계약을 통해 투자 및 목표를 완성할 수 있었다. 정보력과 자금이 합쳐져서 이루어낸 아주 좋은 사례였다.

버진 그룹의 창시자 리처드 브랜슨Richard Branson 회장은 전 세계에서 손에 꼽힐 만큼 영향력이 막강한 기업인이다. 하지만 그가 난독증을 가진 고교 중퇴자이자, 정규교육을 제대로 못 받아 재무제표조차 읽지 못했던 사람이었다는 사실이 문제가 되지는 않는다. 그 불리했던 환경을 끝내 극복하고 자신의 꿈을 이뤄낸 것은 물론, 전 세계 수많은 이들과 행복한 삶을 공유할 수 있었던 비결은 과연 무엇일까?

그는 "많은 사람들이 생각하고 느낄 시간을 갖지 못하고 있다."라고 강조하면서 "꿈을 꾸기 위한 자신만의 시간을 정해야 한다."라고 이야기한다. 실체가 불분명한 꿈을 실체가 있는 현실로 이뤄내기 위해 아무리 바쁘더라도 하루에 한두 시간은 아낌없이 투자하라는 말이다. 그의 자서전 제목마저『내가 상상하면 현실이 된다』이다. 브랜슨 회장이 그랬던 것처럼, 비록 지금은 눈앞에 보이지 않지만 미래의 가치를 늘 마음속에 담아 두고 자신의 목표에 한걸음씩 나아가다 보면 세계 최고 기업의 사장님은 아니더라도 한 달에 월세 500만 원 받는 부동산 부자가 될 수 있지 않을까?

그렇다. 눈앞에 높이 세워진 아파트나 으리으리한 상가 건물이 전부가 아니다. 종잣돈이 부족하다고 해서 부동산 투자가 불가능한 것도 아니다. 남들이 몰려드는 시장이 아닌 '미완성 부동산'을 통해 투자를 레버리지 한다면 얼마든지 종잣돈을 불릴 수 있고, 이를 기반으로 1천만 원을 1억 원으로 만드는 것은 물론 꿈에 불과했던 똑똑한 내 집 마련을 현실로 이룰 수 있다. 어디 그뿐이겠는가. 직장에 다니면서도 월세 500만 원 받는 일이 가능해질 수도 있다. 시간이 없고, 종잣돈이 없다는 말은 핑계에 불과하다. 브랜슨 회장이 우리에게 보여줬던 의지와 열정, 그 두 가지 무기만 있으면 충분하다.

월세보다 시세차익형으로
접근하라

"성공하려면 먼저 자기 자신에게 불을 지펴야 한다."
- 레기 리치 Reggie Leach

필자를 직접 만나려면 일대일 미팅을 하거나 일일 특강을 듣거나 직부연의 실전반 수업을 들어야 한다. 이렇게 사람들을 만날 경우 가장 많이 받는 질문이 바로 약 1억의 종잣돈으로 오피스텔을 사서 월세를 받고 싶은데 어떤 지역이 좋으냐와 약 3, 4억이 있는데 어떤 지역의 상가를 사서 월세를 받아야 하느냐이다. 이렇게 질문을 하는 대다수가 직장인들이다. 이런 분들에게 퇴직 전에 얼마의 월세를 받고 싶냐 되물어보면 대부분 약 300만 원 이상이라 대답을 한다.

근래에 들어 수익형 부동산이 큰 인기를 끌었다. 몇 년간 지속된 저금리 기조와 맞물려 월세시장이 급속도로 덩치를 키웠고, 시세차익형

090

에 비해 비교적 적은 종잣돈으로 투자가 가능하다는 점에서 직장인들에게 큰 관심을 끌었다. 한 가지 간과하지 말아야 할 사실이 있다. 수익형 부동산을 굴려 월급 이상의 월세 수익을 얻고자 한다면, 늘 강조하는 '똑똑한 내 집 마련'이 선행되어야 한다는 사실이다. 그러한 여건이 갖춰지지도 않은 채, 무턱대고 월세 시장에 뛰어든다면 거기에 들어가는 시간과 노력에 비해 훨씬 적은 수입에 만족해야 할지 모른다.

자, 1억의 종잣돈으로 1억 5천만 원짜리 원룸오피스텔을 샀다고 가정해보자. 물론 약 30% 정도 대출을 받아서 매입을 한다는 전제가 있다. 이 정도의 오피스텔은 지역과 상관없이 대부분 보증금 1천에 약 55만 원의 월세를 받을 수 있다. 내 돈 1억을 투자해서 대출 이자를 제외하고 한 달에 약 40만 원 정도의 월세를 받을 수 있다. 이 40만 원을 1년 저축하면 500만 원 정도가 모인다. 이렇게 해서 언제 또 다른 오피스텔 매입자금 1억을 모을 수가 있겠는가?

그렇다고 한 달에 40만 원이 더 들어온다고 해서 생활에 여유가 생기는 것도 아니다. 3억이라는 자금으로 단지상가를 구입했다고 해 보자. 이 정도의 자금이면 약 120만 원의 월세를 받을 수 있다. 이 경우 매달 300만 원의 월세를 받으려면 대출 이자를 제외하고 이런 규모의 상가를 2개나 더 매입해야 받을 수 있는 월세인데 한 달에 120만 원이면 일년에 저축할 수 있는 돈은 고작 1,400만 원이다. 언제 3억이라는 돈을 모아서 이런 상가를 2개 더 살 수 있겠는가?

이래서 우리는 부동산을 통해 최종적으로 달성하려는 목적을 정확히 알고 투자에 임해야 한다. 직장인들이 종잣돈을 키울 수 있는 방법은 적금 저축이 아니다. 대부분의 사람들이 한 달에 한 번 나오는 월급처럼, 월세에 치중하느라 정작 큰돈을 모으지 못하고 있다. 충분히 자금이 있다면 상관없겠지만, 제대로 된 아웃소싱을 위해서는 월세에 치중하지 말고 과감하게 '시세차익형'으로 시선을 돌려야 한다.

예를 들어 1억의 종잣돈이 있다면 1년 안에 그 돈으로 500만 원이 아니라 3천만 원, 5천만 원을 벌어야 한다. 좋은 지역에 오피스텔 분양권을 받아서 차익을 실현하고 되팔 수 있어야 하며, 단지 내 상가 입찰을 통하여 임대를 완성하고 시세차익을 보고 되파는 투자를 해야 한다.

필자가 추천하는 투자 방식은 다음과 같다. 약 800세대 이상인 아파트 단지상가 중 코너나 2층에 입찰을 받든가, 1층인 경우 슈퍼나 편의점으로 임대를 놓은 다음 그 수익률에 맞게 되팔게 한다. 다시 그 자금을 기반으로 비슷한 방식의 투자를 1년에 1번 이상을 하여 종잣돈의 규모를 점점 키우게 한다. 단지상가 2층인 경우도 마찬가지이다. 1억의 자금이 있다면 외형이 작은 2층 상가를 받아 우량임차를 놓은 후 수천만 원의 프리미엄을 받고 되팔게 한다. 세금 걱정은 안 해도 좋다. 얼마든지 세금을 해결하고도 충분한 시세차익이 남는다.

이렇게 종잣돈의 몸집부터 불려나간 후, 충분한 자금이 마련되었을 때 월세 500만 원을 받기 위한 시스템을 마련하는 것이다. 하지만 당장 몇 십만 원의 이익을 위해 적지 않은 직장인들이 우선 월세 시장을 먼저 두드린다. 그리고 앞서 얘기한 것처럼, 들어가는 시간과 노력에 대비하여 형편없는 수익에 실망을 한다. 경험해 본 사람은 알겠지만 월세 받는 집주인은 그만큼의 책임이 뒤따른다. 늘 공실을 걱정하고 세입자 관리에 성실히 임해야 한다. 공실이 나든, 악성 세입자가 들어오든 그에 따르는 리스크 또한 만만치 않다.

이런 일이 발생하는 이유는 의욕만 앞선 나머지 일의 순서를 망각했기 때문이다. 평가이익이 높아질 똑똑한 내 집 장만을 잘하는 것이 첫 번째이고, 이후 1억 대비 몇 천만 원을 1년 안에 벌어다 주는 투자를 통해 종잣돈을 더 크게 키워 자금의 규모와 운용이 안정적인 상황이 되어야만 비로소 월세 500만 원 받는 시스템 구축이 가능해지는 것이다.

우리의 목표는 당장 손에 떨어지는 월세 50만 원이 아니다. 나의 행복과 내 가족의 행복을 위해 매달 일정하게 나올 월세 500만 원이 목표다. 그 전에 해야 할 일이 있다. 월세 500만 원의 시스템을 갖추기 위한 종잣돈의 마련이다. 그리고 시세차익형 부동산 투자라는 레버리지 기법을 통해 대한민국 직장인 누구나 몇 천만 원으로도 3년 안에 몇 억이라는 수익을 낼 수 있다. 여러분은 지금 종잣돈을 더 벌어 당신의 시간을 아웃소싱하기 위해 투자를 하는가, 아니면 당장 50만 원의 월세를 받기 위해 투자를 하는가? 이 질문에 대해 어떠한 대답을 하느냐에 따라 인생길 역시 확연히 다른 방향으로 나아갈 것이다.

'3년 3시간 3줄' 법칙

"목표를 설정하고, 그것을 성취하기 위한 계획을 세우고,
날마다 그 계획을 실천하기 위해 노력하십시오."
- 브라이언 트레이시 *Brian Tracy*

사람들은 개개인마다 모두 다른 모습으로 살아간다. 하지만 큰 틀에서 자세히 들여다보면, 인간군상은 대개 비슷한 양상이다. 하나의 목표가 있고, 그것을 이루기 위해 계획을 세우고, 그 계획을 우선적으로 실천하기 위해 하루하루 살아가는 것이다. 지금 이 책을 읽고 있는 모든 이들도, 이 책을 직접 써 내려간 나 자신도 마찬가지다. 현재 처한 상황과 하고 있는 일이 다를 뿐 '목표의 설정 - 계획의 수립 - 지속적 실행'이라는 일상의 모습은 다르지 않다. 다만 이러한 삶의 모습이 지속적으로 이루어지느냐 그렇지 않느냐에 따라 성공의 여부가 결정된다고 볼 수 있다. 나는 목표 성취 과정을 가장 잘 보여준 사례로 늘 이순신 장군을 꼽는다.

『난중일기』는 국보 제67호로, 이순신 장군의 1592년부터 1598년 마지막 전투까지 임진왜란 7년 동안 자신이 처한 상황을 기록한 책이다. 자신의 삶과 생각 그리고 전쟁에 관한 기록이 빼곡히 담겨 있다. 그는 나라의 역경을 슬퍼하고 장수로서 겪어야 했던 고뇌와 가족 걱정에 매번 밤을 새웠다. 그리고 어머니를 그리워하는 자식으로 인간적 감정들을 날짜와 날씨까지 함께 기록하며 일기로 써 내려갔다.

나는 영화 〈명량〉에서 "신에게는 아직 12척의 배가 있습니다."란 말에 큰 위로를 받고『난중일기』를 읽었다. 모두가 패배할 것이라고 생각한 전쟁에 뛰어들어 끝없는 두려움과 싸워야 했을 장군 이순신의 글을 읽으면서, 사업과 투자에 실패하고 지인이나 가족조차 나의 재기에 의심을 품었을 때가 떠올라 눈물이 흘렀다. 그때 나는 '괜찮아 나에겐 아직 이루지 못한 꿈이 있고 나는 아직 젊다.'란 말로 스스로를 위안하고 마음을 다잡았고, 수시로 찾아오는 두려움을 희망과 용기로 바꾸기 위해 무던히도 애썼었다.

『난중일기』는 국보로서만이 아니라 세계에서도 가치를 인정받아 2013년 유네스코세계기록유산에도 등재가 되었다. 전쟁 중에 쓴 일기의 가치가 이렇게 큰 것인가 생각하며 읽어 내려간 그 책들에서 필자는 아주 큰 보물을 발견했다. 바로 현재 우리가 쓰는 일기는『난중일기』에서 비롯되었다는 것이다. 물론 어디까지나 나의 생각이다.『난중일기』의 시작은 보통 이렇다. (임진일기)1592년 1월 1일 맑음, 그리고 내용이 이어진다. 자, 어떤가? 우리가 초등학교에 들어가면 일기를 쓴다. 딱 이렇게 날짜를 쓰고 날씨를 쓰고 자신의 하루 일과와 그날의 느낌을 쓴다. 물론『난중일기』에서 날씨는 당시 전쟁에 아주 중요한 전략 자산으로써 큰 비중을 차지했었기에 반드시 기록해야 할 사항이었지만, 어쨌든 오늘날 우리가 쓰는 일기 형식과 똑같다. 열악한 전쟁에서도 일기를 써 가며 하루를 정리하고 전략을 짠 것이다. 이순신의『난중일기』가 국보가 된 것도 주어진 현실보다 생각의 힘이 크다는 것을 보여주었기 때문이며 그것이 오늘날 우리에게 주는 교훈이 아닐까?

나는 회원들이나 나를 찾아오는 많은 분들에게 항상 강조하는 것이 있다. 바로 '3년 3시간 3줄' 법칙이다. 우리들의 목표는 크게 보면 대부분 행복한 부자가 되어 자신이 정말 하고 싶은 것을 하며 여유롭게 살 자유를 찾는 게 대부분이다. 그런데 왜 소수들만 행복한 부자가 되는 걸까? 왜 대다수는 죽을 때까지 평생 생존을 위해 일만 하고 사는 걸까?

'3년 3시간 3줄'은 3년 동안 하루 3시간씩 부동산 공부를 하고 이를 이루기 위한 구체적 행동을 일일 3줄을 적어 그대로 실천하는 것이다. 즉 부자의 기틀을 만드는 시간을 3년이라고 설정하고 하루 10시간이 아닌 딱 3시간을 부동산에 투자하고 자신이 목표를 이루기 위해 하루 동안 반드시 해야 할 일 3가지(이것을 나는 투두리스트라고 한다)를 그대로 따르기만 하면 된다. 즉 부동산으로 부자가 될 습관을 들이는 것이다. 투두리스트가 없다는 것은 생각한 대로 살고 있는 것이 아니라는 것이고 생각대로 살지 못한다는 것은 꿈이 없다는 것이다. 즉 되는대로 사는 것이 되어 평생을 시간과 돈에 쫓기며 살게 된다는 뜻이다. 그렇다면 '3년

'3시간 3줄'을 구체적으로 활용하려면 어떻게 해야 할까?

예를 들어 현재 종잣돈 5천만 원이 있는 당신이 3년 안에 종잣돈 3억을 만들고자 한다면 다음의 과정을 거쳐야 한다. 먼저 기간을 정한다. 2021년 1월. 이 날짜가 되면 무조건 3억이라는 돈이 통장 잔액에 찍혀야 한다. 하루, 일주일, 한 달의 단위가 아니라 3년 후 완성되어 있어야 할 목표를 이미 이루었다고 가정하는 것이다. 그리고 행동은 시간을 거꾸로 역산해서 2020년, 2019년, 2018년으로 돌아와서 지금 중요하게 해야 할 일을 매일 3줄씩 적어보는 것이다. 2018년은 아마 부동산을 공부해야 하고 종잣돈을 편집해서 종잣돈 5천만 원을 7천만 원으로 만드는 계획이 나온다. 그러면 올해 딱 2천만 원만 더 벌면 되니까 가능한 계획이라는 확신이 들 것이다. 그러면 2019년에는 종잣돈 7천만 원으로 시작을 하는 것이 된다. 7천만 원을 1억 2천으로 만든다고 계획하면 2019년에는 5천만 원만 벌면 되는 것이다. 이제 이해가 되었는가? 3억을 한번에 벌라고 하면 엄두가 나지 않지만, 이렇게 단계를 쪼개어 보면 이룰 수 있는 목표가 되고 행동이 나오고 행동이 습관으로 굳어져 목표한 것들을 다 이룰 수 있게 되는 것이다.

공부를 예로 들어보자. 지금 수학을 50점밖에 못 맞는 아이가 1년 후 수학 100점을 목표로 두고 공부에 대한 시간을 거꾸로 역산을 해서 2개월에 10점씩만 올린다는 목표로 하면 대부분 100점을 받을 수 있게 된다. 그런데 대부분은 한번에 100점으로 가려니까 힘든 것이다. 물론 가장 먼저 해야 할 일은 1년 후 나는 100점을 맞는다고 결론을 낸 상태에서 실력이 좋은 강사를 찾든지, 수학책에 있는 공식을 모조리 외우든지, 아니면 수학의 정석을 일주일에 한 번씩 끝내서 한 달 안에 네 번을 보든지 자신에게 맞는 방법을 먼저 정해야 한다. 부동산 또한 핵심 이론을 먼저 공부한 후, 종잣돈 편집을 완료하고, 진정한 투자에 나서듯이.

한 권의 책 안에서 가장 앞에 있는 쉬운 파트부터 정복하겠다고 하면 그것이야 쉽겠지만 목표치가 작은 만큼 의욕과 추후의 실행력은 떨어지기 마련이다. 목표가 정해졌다면 시행 초기부터, 그 기간 안에 끝내야 할 일들을 커다란 단위로 나누고 이를 성큼성큼 큰 걸음으로 신속하게 끝내야 한다. 이것이 레버리지고, 효율의 극대화다.

부동산 또한 이와 닮아 있다. 당장 눈앞에 보이는 월급 2, 3백만 원이 아닌, 몇 천 혹은 몇 억을 벌어다 줄 수 있는 최상의 레버리지 도구이다. 그리고 자신의 자산을 올려줄 전문가 또한 존재하며 찾을 수 있다. 그렇기 때문에 돈을 벌고자 한다면 당연하게도 부동산을 도구로 선택해야 한다. 이후 3년 안에 3억을 벌기 위해 자신이 반드시 그날그날 해야 할 일 3가지를 착실히 실행해 나가면 된다.

필자가 운영하는 카페를 보면 수많은 회원들이 미래에 자신이 되고 싶은 목표를 닉네임으로 달고 투두리스트란 글을 올린다. 이것이 바로 그 『난중일기』에 버금가는 투두리스트다. 좀 더 쉬운 예를 들어 아파트를 분양받았다고 생각해보자. 일단 계약 시점에 눈에 보이는 실체로서의 아파트는 없다. 3년 뒤에는 무조건 준공이 될 아파트가 있다는 확신하에 계약을 한다. 그리고 입주에 필요한 자금을 마련하기 위해 계획을 하고 최대한 계획대로 부족한 자금을 메꾸어 입주를 한다. 바로 이러한 원리다. 3년의 목표를 마치 아파트 분양을 받듯 그렇게 기간을 설정해서 이미 이룬 것처럼 확신한 후, 행동은 3년 전으로 역산하여 꼭 해야만 하는 것들로 단위를 쪼갠다. 쪼갠 단위에 맞게 하루에 3줄 자신만의 『난중일기』를 쓴다. 나 역시도 이 방법을 수년간 하고 있는데 아무리 큰 목표라도 달성할 수 있다는 자신감이 생긴다. 이 자신감은 강력한 행동으로 이어진다.

우리 회원들 역시도 3년 3시간 3줄 법칙 안에서 늘 꿈꿔오던 내 집도 마련하고, 한 달에 월세 500만 원 받는 시스템도 척척 구축해 나간다. 어떤 목표든 끝에서 먼저 결과를 결정해놓고 행동을 거꾸로 역산하면 지금 해야 할 일이 선명하게 보이고 바로 행동력이 나오며 결과를 만든다. 이 원칙을 따르기만 하면 하지 못할 일은 없다. 지금 당장 당신의 목표를 적어보고 기한을 설정한 후 시간을 거꾸로 역산해서 목표달성을 위해 해야 할 중요한 일이 무엇인가를 생각해라. 그것을 적고 그대로 행동해라. 3년 3시간 3줄의 커다란 위력을 몸소 체험하게 될 것이다.

PART 3

똑똑한 투자물건
8가지 키워드

필자는 직부연 회원들을 만나면 고급 다이어리를 나누어 준다. 그리고 가장 먼저 당신이 해야 할 일로 이 다이어리에 '자신이 이루고 싶은 것'들을 선명하고 구체적으로 적으라고 한다. 갖고 싶은 것, 하고 싶은 것, 되고 싶은 것 등을 각각 10개씩 적어 보라고 한 후 단계별 실천계획도 함께 세워야 한다고 말한다. 이 실천계획이 투두리스트다. 이렇게 바쁘고 치열한 현대사회를 살아가는 사회인에게, 투두리스트가 없는 하루는 의미가 없다고 해도 과언이 아니다.

01

아파트, 오피스텔 분양권 투자

"위대함을 위해 좋은 것을 포기하기를 두려워하지 말라."
- 존 데이비슨 록펠러 *John Davison Rockefeller*

지금으로부터 130여 년 전, 미국에서 세계 최초의 억만장자가 등장한다. 바로 그 유명한 록펠러 가문의 창시자 존 데이비슨 록펠러다. 록펠러는 현대 경영인들에게는 전설과 같은 존재다. 1881년 당시, 미국에서 생산되는 석유 중 95%가 록펠러의 손아귀에 있었다. 당시 그의 재산을 현재 가치로 환산하면 3,000억 달러가 넘는다고 한다. 지금 세계 부호 1, 2위를 다투는 기업가들은 명함도 못 내밀 수준이다. (그 대단하다는 빌 게이츠도 자산은 1,000억 달러가 안 된다.) 지금까지도 수많은 경영인들의 모범이자 성공 사례로 끊임없이 회자되고 있는 록펠러는 당대 최고의 부호이자, 자선사업가이기도 했다.

이렇게 과거는 물론이요 현재까지 막대한 영향력을 끼치고 있는 록펠러는 성공에 대해 다음과 같이 말했다. "성공하고 싶다면 다른 이들의 성공을 따라가지 말고 새로운 소리를 찾아야 한다." 비단 록펠러만이 아니다. 사회적으로 큰 성공을 거둔 이들은 공통적으로 남들이 가지 않는 길에 대해 언급한다. 가능성과 잠재력이란 밖으로 드러나지 않는다. 언제나 그것을 자신의 것으로 소유하기 위해 더 깊이 파고들고 모험을 두려워하지 않는 이들만이 가능성을 자신의 능력으로 만들었다. 그리고 기하급수적으로 자산을 늘려 나갔다.

록펠러만큼은 아니지만 이 책을 읽고 있는 독자 누구나 기하급수적으로 돈을 벌 수 있고, 이 책을 다 읽는다면 기하급수적으로 돈을 벌어야 한다. 그리고 돈을 기하급수적으로 벌어다줄 도구, 부동산에 대해 공부해야 한다. 부동산 투자 전략은 크게 8가지로 나눌 수 있다. 그 첫 번째를 살펴보자.

부동산 투자라고 하면 무엇이 먼저 떠오르는가? 대부분의 사람들은 일단 아파트를 먼저 떠올린다. 그것이 분양권이든 입주권이든 기존 아파트든 재건축이든, 그것이 아파트에 관한 것이라면 무엇이 되었든지 '투자를 한다'라고 생각한다. 하지만 주의해야 할 점이 있다. 자신이 투자를 하는 것인지, 단순히 거주의 개념으로 소유를 하는 것인지 혼동해서는 안 된다는 사실이다.

필자를 만나러 오는 수많은 사람들과 직부연 카페 회원들을 대상으로 "투자의 개념으로 보유 중인 아파트는 실제로 평가이익이 얼마나 올라갔는가?"라고 물으면, 대다수의 사람들은 "매입가에 대비할 때, 미디어에서 보여주거나 주변에서 들려오는 억대 이상의 평가이익은 없었다."라고 대답을 한다. 소유한 집을 매매해서 얻는 소득을 양도소득이라 하고, 평가이익이라 함은 매도하지 않고 소유하고 있으면서 가치가 올라가 있는 상태를 말한다. 평가이익이 올라가면 담보대출을 통해 또 다른 투자를 위한 종잣돈을 마련할 수 있다. 특히 직장인들에게 똑똑한 내 집 마련은 필수다. 이를 기반으로 월세 500만 원을 받는 시스템을 갖출 수 있는데도 정작 똑똑한 내 집 마련을 하지 못한 경우가 대부분이다. 그 이유는 미디어에서 자주 언급하는 '실소유자'란 말 때문인 것으로 파악된다. 그렇다면 진정한 실수요자는 과연 존재하는 것인가?

아파트를 분양받아 10년 동안 거주하면서 평가이익이 한 푼도 올라가지 않아도 괜찮을 사람은 과연 얼마나 있을까? 단언컨대 한 명도 없을 것이다. 그렇다. 실수요자는 없다. 투자자만 있을 뿐이다. 평가이익이 높은 내 집 장만은 투자에 있어 가장 기본적인 사항이다. 이 기본 조건이 갖춰지지 않은 상태에서 다른 데 투자를 한다는 것은, 헐거워진 그물망을 바다에 던져 물고기를 잡는 꼴이 된다.

다시 말해 똑똑한 내 집 마련이란 평가이익이 높은 집을 소유함을 의미한다. 이제부터 내 집 마련은 내 인생을 아웃소싱할 가장 기본적 투자라고 생각하고, 신중하게 접근하길 바란다. 예를 들어 집 한 채를 소유했는데 몇 년 후에도 평가이익이 없다면 갈아타야 한다. 전세나 월세에 살고 있다면 또 다른 전월세로 옮기려 하지 말고 청약을 통해 직주근접이 되는 지역이나 뒤에서 설명하는 핵심지역에다가 평가이익이 올라갈 만한 내 집을 장만해야 한다. 아직 1인 가족이라면 역세권에 오피스텔이라도 분양을 받아 최소한의 시드머니를 만들어야 한다.

여기서 내 집 마련은 순수한 목적의 내 집 마련이라는 의미도 있지만, 추후 월세 받는 시스템을 위한 '종잣돈 편집'이라는 측면에서 접근해야 한다. 많은 직장인들이 집 장만을 한 다음 투자를 힘들어하는 이유는, 돈이 부족해 많은 세월 동안 힘겹게 적금이나 부어 가며 종잣돈을 만들려고 하기 때문이다. 잘 알겠지만 평범한 직장인이라면 적금으로 어떻게 수년 안에 2억, 3억을 벌 수 있겠는가? 그렇지만 똑똑한 내 집 마련을 완성하면 이 집이 나 대신 수억의 종잣돈을 벌어다 준다. 이것으로 다음 투자의 발판을 마련하는 것이 가장 현명한 방법이다. 최소의 노력으로 최대의 효과를 보는 투자가 돼야 한다는 말이다.

그렇다면 어떤 방법으로 똑똑한 내 집 마련을 하는 것이 현명할까? 바로 미완성 물건인 '분양권'이다. 기존의 완성된 아파트가 나쁘다는 말이 아니다. 다만 자금이 많이 들어갈뿐더러, 이미 완성된 아파트는 1차 가격 상승을 한 물건이 대부분이기 때문에 큰 수익을 가져다주지 못한다. 우리나라 아파트 분양 방식은 선분양이다. 외국의 경우 대부분 완성 후 분양하는 후분양이 일반적이지만 우리나라는 선분양이 주류이기 때문에 내 집 장만하기에 아주 좋은 환경을 갖추고 있다. 적은 돈으로 큰돈을 벌 수 있고 적은 돈으로 내 집까지 마련할 수가 있다. 뒤에 열거될 핵심지역들에 투자한다면 얼마든지 가능한 이야기다.

만약 분양자격이 되지 않아 투자할 수가 없는 상황이라면 지역 부동산과 친분을 유지해서 전매 가능한 시점에 분양권을 사서 입주하는 전략도 괜찮다. 추후 교통 환경이 개선될 여지가 있거나 산업단지가 들어설 지역에서 저평가된 아파트나 미분양을 사는 것도 하나의 훌륭한 방법이다. 많은 사람들이 내 집 장만을 할 때, 반드시 본인이 들어가 살기 좋은 집만을 보는 경우가 많은데, 직장 근처에 전세로 살 수밖에 없는 상황이라면 평가이익이 높은 지역에 내 집 장만을 한 후 전세를 주고 재투자를 하는 방법을 통해 다시 내 집 장만을 해야 한다.

아파트 분양권 가격이 부담이 되는 1인 가족일 경우 무조건 오피스텔이나 원룸 임대를 생각하지 말고 자본금이 덜 들어가는 역세권이나 혹은 역세권이 될 지역의 1.5룸 이상 오피스텔을 분양받아 종잣돈의 규모를 키워나가야 한다. 필자는 초보직장인들에게 역세권 오피스텔 분양권을 통해 1년 안에 1억까지도 모으게 해 준 경험이 아주 많다. 또한 관공서 등 일자리가 있으며 역세권을 통해 직주근접이 가능한 나 홀로 아파트도 주변의 배후 환경과 어우러질 수 있다면 아주 좋은 갭투자가 된다. 이런 지역은 전세 비율이 아주 높기 때문에 자기자본 1천에서 2천만 원 이내로 갭투자가 가능해져 전세가 만기되는 시점에는 투자한 돈 이상으로 수익을 볼 수가 있다. 결국 내 집 마련은 적게는 종잣돈 규모를 키워주어 똑똑한 내 집 마련으로 갈 수가 있어야 하며 크게는 월세 500만 원을 받기 위한 투자의 종잣돈을 키워주는 것이어야 한다.

8.2부동산 대책으로 인해 각종 대출 규제나 분양권 전매 제한, 다주

택자의 양도세중과세 등 투자의 환경이 어려워졌다고 불평을 품지 말자. 직장인들에게 별로 상관이 없는 정책이다. 왜? 여러분들은 서울에 3채, 4채의 아파트를 보유하고 있지도 않거니와 앞으로도 그럴 필요가 없다. 똑똑한 내 집 한 채만 있으면 된다. 단순히 소유욕만으로 서너 채의 집을 마련할 필요가 없다. 나의 자산을 키워줄, 투자의 기초인 '평가이익이 높은 내 집 장만'을 필수적으로 선행해야 한다. 더도 말고 덜도 말고 딱 한 채면 된다. 그것도 다 지어진 아파트가 아닌, 미완성인 분양권으로 시작하면 된다.

판교의 경우 5, 6억 이상이 올랐고 광교는 4억 이상, 그리고 세곡, 마곡, 미사 등지도 최소 3억 이상은 평가이익이 오른 상태다. 이렇게 오른 만큼 다른 투자를 위해 은행에서 다시 돈을 빌릴 수 있다. 그리고 이자는 눈곱만큼만 주면 된다. 3억을 빌려 투자를 했는데 1년 만에 1억을 단숨에 벌어도 은행 이자는 천만 원이 안 들어간다. 평가이익이 높은 내 집 마련의 이유는 바로 나의 시간을 아웃소싱해줄 파트너이기 때문이다. 따라서 내 집 마련에 실수요자는 없다. 실투자자만 있을 뿐이다. 당신도 실투자자의 시선으로 아파트 분양권을 공부하고 투자하라. 그 대표 지역이 뒤에서 소개할, 도시기본계획에 의거한 개발축 선상에 있는 지역들이다. 예를 들면 서울 재건축 일반분양, 3차뉴타운 지역, 수색이나 노원역의 역세권개발지역, 광역교통망에 의해 환경이 좋아질 지역, 직주근접의 신도시 등이다.

이제 아파트는 지역은 물론이고 수급 여건이나 개발 이슈에 따라 같은 지역이라 해도 다른 차이를 보인다. 아파트 가격 상승 요인에는 직주근접, 메이저 브랜드, 대단지, 역세권을 품은 역품아, 공원을 품은 공품아, 학군을 품은 학품아 등이 있으며 이러한 장점이 골고루 갖추어져야 꾸준한 상승이 이루어진다. 추후 이 책에서 소개하는 지역들은 앞서 이야기한 장점들이 고루 갖춰져 있기에 부동산 투자 시에 자연스레 상승기류에 올라타게 된다.

부동산 투자라고 하면 누구나 그 대상으로 아파트를 먼저 떠올린다. 그만큼 많은 이들이 아파트를 매개로 부동산 투자에 뛰어든다. 하지만 남들과 똑같이 생각하고, 남들과 똑같은 길을 걸어서는 절대로 성공할 수 없다. 그 치열한 경쟁의 장에서 살아남아 자산을 기하급수적으로 벌어들이고 싶다면 다른 시각으로 아파트를 바라봐야 한다. 눈에 보인다고 해서 전부가 아니다. 당장은 눈에 보이지 않지만, 그 가능성만큼은 눈앞에 있는 아파트보다 훨씬 더 큰 미완성 부동산에 투자하여 똑똑한 내 집을 마련한다면 더 커다란 자산, 더 커다란 행복이 당신을 반겨줄 것이다.

02

신도시 점포 겸용 단독주택

"기회는 강력하다. 항상 낚싯대를 던져두라.
기대하지 않던 곳에서 물고기가 잡힐 것이다."
- 오비디우스 Publius Naso Ovidius

누구나 기회를 잡고 싶어 한다. 하지만 기회는 아무에게나 오지 않는다. 흔히들 기회는 준비된 자에게만 온다고 한다. 하루 종일 연못만 바라본다고 해서 물고기가 잡힐까? 물속에 있는 물고기를 잡으려면 당연히 물속으로 뛰어들어야 한다. 그런데 우리는 이 지구상에서 가장 똑똑한 동물, 바로 인간이다. 인간이 다른 모든 동물보다 뛰어난 이유는 단하나다. 바로 도구를 사용할 줄 안다는 점이다. 그러니 물고기를 잡기 위해 직접 물속으로 들어갈 필요가 없다. 낚시 바늘에 미끼를 매달아 연못에 낚싯대를 드리우고 기다리기만 하면 되는 것이다.

부자가 되기 위해, 부자가 되어 행복한 삶을 누리기 위해서 우리는 기회를 잡아야 하며 기회를 잡기 위해 늘 준비해야 한다. 그리고 아무 생각 없이 맨몸으로 준비하는 게 아니라, 가장 효율적으로 부를 늘려줄 도구를 사용해야 한다. 바로 '부동산'이다. 근데 물고기를 잡는 도구가 반드시 낚싯대만 있는 건 아니다. 그물이나 작살을 던져서 잡을 수도 있고, 물속에 통발을 놓을 수도 있다. 이렇듯 부동산 투자에는 아파트만 있는 게 아니다. 두 번째로 살펴볼 부동산 투자 요령은 바로 점포 겸용 단독주택이다.

점포 겸용 단독주택은 쉽게 말해 상가주택을 의미한다. 보통 1층은 상가로 짓고 그 위로는 주거 기능의 원룸이나 투룸 또는 쓰리룸을 지어 임대와 자가 거주를 한다. 구도심인 경우 상권의 확대로 인해 기존의 단독주택을 리모델링하거나 신축의 방법으로 임대료의 비율이 높은 1층은 상가로 바꿔 수익률을 높인다. 이렇게 월세 수입을 높이거나 높아진 수익률로 많은 시세차익을 남기고 매도하기도 한다. 신촌, 홍대, 합정역이나 약수동, 상수동, 가로수길 등 수많은 곳에서 이런 형태로 자산을 리모델링한 경우가 많다.

그러나 직장인들에게는 초기자본금 등 평단가가 높기 때문에 하고 싶어도 그림의 떡인 경우가 대부분이다. 그래서 필자는 신도시의 점포 겸용을 여러 해 전부터 강조해 왔다. 일단 초기자본이 적게 들어가고, 중도금 역시 아파트 분양권처럼 분납으로 납부하기에 부담이 적을뿐더러, 신도시가 완성되어 갈수록 가치가 계속 오른다. 건축비가 없더라도 추후 임대보증금을 받아 해결할 수도 있으며, 때에 따라 공동건축을 통해 적은 비용으로 건물을 올릴 수도 있다. 또한 기반시설이 잘 갖추어진 신도시에서는 자가로 거주하면서 기존 주택의 매도자금으로 건축을 하는 경우도 있으니 적은 종잣돈으로 나의 건물을 소유할 수 있는 셈이다.

건물을 소유한다는 것은 그 건물을 받치고 있는 토지를 보유한다는 것이다. 부동산에서 최고의 가치는 바로 토지의 가치이다. 또한 신도시는 지정된 곳 이외에는 점포 겸용 건물을 지을 수가 없기 때문에 공급보다 언제나 수요가 많다. 즉 점포 겸용의 생산도구를 잘 갖추면 월세 수익도 얻을 수 있고 큰 시세차익을 통해 자산도 불릴 수 있다.

몇 년 전만 해도 점포 겸용 단독주택은 수의계약(매매·대차·도급 등을 계약할 때 경매·입찰 등의 방법에 의하지 않고, 적당한 상대방을 임의로 선택하여 맺는 계약)을 할 정도로 대중의 관심이 적고 인기가 높지는 않았지만, 최근에는 지역 제한을 두지 않았기에 공고만 떴다 하면 기본 수천 대 일로 마감이 된다. 당첨만 되면 기본 억대의 프리미엄을 받을 수도 있어 근래에 들어 투자자들 세계에서는 가장 인기 있는 투자 대상이 되었다. 이에 정부는 지역우선제를 통해 공급을 제한하고 있지만 추첨이라는, 누구나 참여할 수 있는 이점은 여전해서, 매번 엄청난 경쟁률과 전매로 인해 지금은 최고가 경쟁 입찰로 공급하는 쪽으로 바뀌었다.

신도시에서 점포 겸용 단독주택을 받을 수 있는 방법은 두 가지다. 조합원 자격을 갖추어 한국주택토지공사나 각 지자체 도시공사로부터 감정가격으로 권리(일명 물딱지)를 받아 추첨 일까지 기다렸다가 추첨으로 토지를 분양받아서 건축을 하는 경우와 조합원분 이외 일반분양분을 추첨이나 입찰을 통해 분양받아 건축을 하는 경우다. 조합원의 자격은 주로 '택지개발사업 등 사업지구 내에 허가 가옥을 소유하면서 계속 거주한 자'로 손실보상을 받고 해당 사업시행으로 이주를 할 때 조합원 자격으로 추첨을 받을 수 있는 권리를 부여한다.

수도권에서는 통상적으로 공람 공고일 1년 전에 거주와 소유를, 지방은 공람일 이전부터 거주와 소유를 동시에 하고 있어야 한다. 공급면적에서 연면적 40% 이내 점포를 지을 수 있으며 토지의 면적은 통상적으로 80평 내외가 가장 많다. 건폐율은 60% 용적률은 180%로 4층 5가구가 일반적이며, 지역별로 용적률이 150% 3층 3가구인 경우도 있다. 또한 근린생활시설의 용도가 1종과 2종 모두 가능한 지역도 있으며 1종만 허가되는 지역도 있다. 예를 들어 전주 에코시티 점포택지나 시흥 배곧신도시도 점포 겸용 상가에 1종 업종만 허가되는 경우다. 1층 점포에 1종, 2종 허가 업종이 다양해야 상권의 형성이 좋기 때문에 점포 공고가 있을 때 1층 상가의 허용 용도를 꼼꼼히 보고 투자를 해야 한다. 또 어떤 지역은 용적률 200% 가구 수 제한이 없는 지역도 있다. 그러나 주차장 설치로 인해 많은 가구를 짓지 못하니 직접 건축을 하려는 투자자는 반드시 해당 지자체의 건축법 기준을 확인할 필요가 있다. 건축이 어렵거나 자금이 안 된다면 대출 레버리지를 통해 소유권 이전등기 후 시장가격에 매도를 해도 상당한 프리미엄을 얻어 종잣돈의 규모를 키워 그 다음 투자에 기여하면 된다.

예전처럼 기회가 많지 않은 것은 사실이지만 소유하고자 하는 마음만 있으면 누구나 취득 할 수 있는 방법이 있을 것이다. 필자는 재작년 전주 법조타운이 형성될 만성지구에서 입찰로 진행했던 점포 겸용 택지를 한 번에 13개나 입찰에 성공한 적도 있다. 그것도 가장 낮은 가격에 말이다.

관심을 가지고 집중하여 자신의 것으로 만들고자 신념을 가진다면 아직도 기회는 너무도 많다. 향후 다산신도시나 인천 검단신도시나 고양 향동신도시, 장현지구 등 많은 곳에서 기회가 여러분을 기다리고 있다. 기회는 준비된 자에게만 온다. 그리고 이 책 한 권으로 모든 준비를 마친 후, 끊임없는 열정으로 실행해 나가기만 하면 된다. 더불어 신도시를 비롯한 주요 지역은 뒤에 상세히 설명해 놓았으니, 반드시 참고하여 공부에 매진해야 한다. 그 잠깐의 힘겨운 공부가 여러분의 삶을 부로 가득 채우고 행복한 삶으로 이끌 것이기 때문이다.

03

신도시 주거 전용 단독주택

"생각하는 대로 살지 않으면 사는 대로 생각하게 된다."

- 폴 부르제 Paul bourget

폴 부르제가 말하는 '생각하는 대로'란 바로 자신이 이루어야 할 '드림리스트'다. 즉 지금 자신에게 없는 것, 그래서 반드시 이루어야만 삶을 행복하게 만드는 리스트다. 아무리 열정이 넘치고 성공을 위해 계속 무언가를 하고 있더라도 드림리스트가 없다면 실패할 확률이 높아진다. 왜냐하면 계획을 구체화할 수도 없을뿐더러, 실행에 비해 성과가 따라주지 못하기 때문이다.

필자는 직부연 회원들을 만나면 고급 다이어리를 나누어 준다. 그리고 가장 먼저 당신이 해야 할 일로 이 다이어리에 '자신이 이루고 싶은 것'들을 선명하고 구체적으로 적으라고 한다. 갖고 싶은 것, 하고 싶은

것, 되고 싶은 것 등을 각각 10개씩 적어 보라고 한 후 단계별 실천계획
도 함께 세워야 한다고 말한다. 이 실천계획이 투두리스트다. 이렇게
바쁘고 치열한 현대사회를 살아가는 사회인에게, 투두리스트가 없는
하루는 의미가 없다고 해도 과언이 아니다.

회원들의 꿈을 쭉 살펴보면 대부분이 공통적으로 갖고 싶어 하는 집
이 하나 나온다. 바로 아름다운 정원과 넓은 마당이 펼쳐진 단독주택
이다. 필자도 역시 단독주택에 살고 싶다는 꿈을 오랫동안 꾸었고 이를
이루기 위해 지금껏 살아온 결과, 아름다운 정원이 있고 멋진 서재가
있는 단독주택에 살게 되었다. 자신의 드림리스트를 생각하고 그 리스
트를 이룰 실천계획인 투두리스트를 만들어 실행만 하면 바로 생각한
대로 하루를 살아가게 되고 그 시간들이 점점 쌓여 이루고 싶은 꿈들을
마침내 현실로 이루게 되는 것이다.

그런데 필자가 말하는 단독주택은 단순히 편안한 거주와 심리적 힐
링을 위한, 평창동이나 청담동의 단독주택을 의미하는 것이 아니다. 기
반시설이 별로 없고 인적이 드물거나 거물급들이 사는 럭셔리 부동산
의 끝판왕인 단독주택이 아니다. 기반시설이 갖추어져 있으며, 인근에
학교도 있고, 전철이 있으면 더욱 좋고, 작지만 앞마당도 있으며, 적게
는 2가구에서 3가구 또는 5가구까지 지어 일부는 임대를 주고 자신도
거주를 해결할 수 있는 다가구 겸 단독주택을 의미한다.

특히 이런 주택은 신도시에 공급이 되며 소유 방법은 LH나 각 지자
체 공사들이 그들의 홈페이지를 통해 추첨공급을 하며 우리는 그저 조

건에 부합할 때 신청만 하면 된다. 당첨이 되면 추후 토지 사용 시기에 맞추어 건축을 하고 소유하는 형태이다. 예를 들어 서울 세곡지구는 이런 단독주택의 토지 프리미엄이 수억이 올랐으며 원주 기업도시나 부천 옥길지구나 송산그린시티 더불어 영종도 등은 직부연 회원들이 많이 투자를 했던 곳이다. 그렇게 꿈에 그려왔던 단독주택을, 그냥 단독주택도 아닌 부를 기하급수적으로 늘려줄 단독주택을 자신의 소유로 만든 회원들이 적지 않다. 이렇게 모두가 '꿈'만 꾸는 부동산을 자신의 것으로 만들기 위해 우리들이 해야 할 노력은 무엇일까?

지금으로부터 90여 년 전, 전 세계의 아이들은 물론이요 어른들에게까지 꿈을 현실로 이루어주고 사람들의 마음속에 꿈의 위대한 가치를 되새겨 준 기업이 탄생했다. 바로 '디즈니'다. 어떤 이들은 디즈니가 그저 만화영화나 만드는 회사로 알고 있는데 이는 엄청난 착각이다. 디즈니는 현재 세계 1위의 영화 스튜디오이자 미디어 그룹이다. 이에 안주하지 않고 공격적인 투자와 인수합병을 진행하고 있다. '고작' 만화영화나 만들던 디즈니가 이렇게 성공하게 된 기반에는 창업자인 월트 디즈니Walt Disney의 경영 철학이 존재하고 있다.

미국이 2차 세계대전에 참전하면서 디즈니의 영상 제작 시설과 인력의 94%는 정부를 위한 홍보영상을 만드는 데 동원됐다. 하지만 월트 디즈니는 나머지 시설과 인원으로 코미디를 만드는 데 집중했다. 전쟁의 상흔이 사회를 파고들수록 사람들이 아픔을 잊고 웃을 수 있는 콘텐츠가 성공할 수 있다는 믿음에서였다. 이처럼 때로는 적절한 시기를 기다리고, 때로는 남들이 위기라고 생각하는 시기를 기회라고 생각해 공격적으로 나서는 월트 디즈니의 사업가적 기질은 지금의 월트 디즈니 경영전략인 '적합성relevance'이라는 개념이 됐고 지난 90년간 디즈니를 이끌어온 힘이 됐다.

이보다 중요한 점은 바로 '꿈의 리더십'이다. 그는 불가능하다고 여겨지는 꿈을 자신뿐만 아니라 주변에 널리 전파함으로써, 모두가 함께 꿈을 향해 돌진하게 만들었다. 그가 자기 자신을 '꿈을 나르는 꿀벌'로 비유하며 직원들에게 열정과 상상력을 불어넣은 것은 유명한 일화다.

어떤 사람들은 꿈은 꿈으로써 간직될 때가 아름답다고 말한다. 하지만 꿈이 진정으로 아름답게 빛나는 순간은 바로 그 꿈이 이루어지는 때다. 마음 한구석에서는 자신이 꼭 살고 싶은 단독주택을 간절히 바라지만, 그저 꿈으로 남겨둔 채 평생 전세와 월세로 아파트와 빌라만을 전전하며 살 수는 없지 않은가. 이전의 직부연 회원들이 그랬던 것처럼, 뒤에 열거되는 많은 신도시에도 이러한 기회가 계속 열려 있으니 여러분들도 꿈에 그리던 단독주택, 동시에 부를 기하급수적으로 불려줄 단독주택을 자신의 명의로 만들기 위해 꼭 도전해 보길 바란다.

아파트
단지상가

"당신의 비전이 오늘을 향한다면 당신은 오늘의 일을 하는 것이고,
당신의 비전이 15년 뒤를 향한다면 당신은 15년 뒤의 일을 하는 것이다."
- 마윈 馬雲

직부연을 찾는 이들에게 언제쯤이 되면 자신이 편안하게 행복한 삶을 누리게 될 것 같은지 묻는다. 물론 대답은 천차만별이다. 하지만 3년이나 5년을 함부로 말하는 사람은 별로 없다. 대부분이 10년 이상이 걸릴 것으로 예상을 한다. 하지만 그렇게 해서 언제 행복해질 것인가? 과연 그때가 되면 계획대로 삶이 풍족하고 행복해질까? 요즘이 어떤 세상인가. 아무리 계획을 잘 세워도 그대로 진행된다는 보장은 없다. 내가 하려고 하는 투자는 이미 누군가 하고 있고, 간신히 그 틈바구니에 뛰어들어 봤자 성공할 확률은 극히 낮다.

우리에게 행복한 삶을 살 수 있는 시간은 별로 많지 않다. 아무리 100

세 시대라고는 하지만 부가 안정적으로 갖춰져 있지 않다면 행복은 요원할 뿐이다. 만약 평범한 수준도 유지 못하는 상황이라면 삶 자체가 고통이 될 수도 있다. 그렇기에 부자가 되고자 한다면 목표 달성 기간을 최대한 짧게 잡고 의욕적으로 실행에 나서야 한다. 하지만 많은 이들이 우는 소리 먼저 한다. 지금 다니는 직장생활만으로도 일상이 버거운데 어떻게 부동산에 관심을 기울일 수 있느냐고 한다. 그렇다면, 자신의 힘만으로는 부족하다고 느낀다면 곁에서 이를 도와줄 멘토나 전문가를 찾아보아도 좋다.

나는 꿈을 이루기 위해 13년이 걸리긴 했지만 여러분들은 그렇게까지 오래 기다리지 않아도 된다. 10년, 20년이 아니라 몇 년 안에 부자가 되고 그때부터 삶을 아웃소싱하고 진정으로 행복을 누려야 한다. 그리고 반드시 그렇게 할 수 있다. 바로 부동산이 있기 때문이다. 우리가 이번에 살펴볼 부동산 물건은 바로 아파트 단지상가다.

수익형 부동산 중 대표적인 것이 바로 상업용 시설이 들어서는 상가다. 입지와 성격에 따라 중심 상가, 근린 상가, 테마 상가, 주상복합 상가, 역세권 상가, 단지 내 상가 등으로 구분을 한다. 이 중 생활필수업종으로 구성이 되고 고정적 배후가 확실하여 직장인들이 큰 리스크 없이 접근을 할 수 있는 단지상가를 보자.

통상적으로 좋은 단지 내 상가의 기준은 100가구당 1개의 점포가 있어야 하며 이면 도로를 끼고 있어서 일정 부분 유동성을 지니고 있어야 하며 2층 규모라면 엘리베이터가 있는 것이 가장 좋다. 또한 퇴근길 동선에 있는 것이 좋으며 계단이나 완충녹지가 없어 접근이 편리한 상가가 좋다. 최근 서울 수도권의 웬만한 지역 아파트나 오피스텔의 분양권이 전매 제한으로 인한 투자가 자유롭지 못한 상태에서, 단지상가는 규제에서 벗어나 있어 제대로 된 접근을 한다면 재미있는 투자가 가능할 것이다.

언젠가 필자의 일일 특강을 듣고도 단지 내 상가 2층만 낮은 가격으로 접근하여 낙찰에 성공을 한 회원도 있었다. 이를 테면 1층은 좋지만 자신의 자본금으로 부담을 느껴서 1억 원대로 투자할 수 있는 물건으로 2층 단지상가만 공략해서 세 번 만에 옆 호수 대비 4천만 원 저렴하게 낙찰을 받아서 단기간에 7천만 원의 수익을 내고 매도했노라고 감사의 문자를 받은 적이 있다. 단지상가는 신도시일 경우 입찰을 통해서 공급이 되고 구도심의 경우 재건축 상가 투자를 통해서 상가를 조합원 자격으로 받는 방법이 있다. 최근 강남 재건축은 각종 규제에도 고공행진을 한다. 일주일에 억대 이상 호가를 부르는 곳도 있을 만큼 열기가 뜨겁다.

이때 재건축 단지상가 쪽으로 시선을 돌려보는 것도 좋다. 단지상가 입찰을 받는 방법은 통상적으로 두 가지다. 하나는 공공택지의 아파트로 한국토지주택공사의 공고에 따라 전자입찰을 통해 매입할 수가 있고 또 하나는 민영건설사의 단지상가를 각 건설사별로 자체 현장 모델하우스에서 현장입찰을 통해 낙찰을 받는 방법이다. 물론 때에 따라서는 단지상가 전체를 통으로 수의 계약을 해서 구입하는 방법도 있지만 요즘은 복잡한 이해관계자들에 의해 흔한 계약은 아니다. 자금력과 정보력과 탄탄한 배경이 있다면 가장 저렴한 방법으로 구입할 수 있기는 하다. 예전에는 가끔 기회가 있었으나 최근 몇 년 사이에는 거의 볼 수 없었다.

물건을 공급하는 시행처의 홈페이지를 즐겨찾기 해서 공고문을 확인 후, 해당 지역 아파트 단지상가의 위치, 각 호수별 주변의 임대차 가격이나 매매가격 등을 조사 후 단기매매로 할 것인가 아니면 임대를 들인 후 장기매매로 갈 것인가를 결정하고 접근을 하면 된다. 특히 민영아파트 단지상가의 경우 관심 지역의 아파트 분양 일정이나 준공이 다가오는 아파트 단지를 꾸준히 공부하고 상가분양 일정 또한 잘 숙지해 놓고 있어야 한다.

현장입찰은 자칫 분위기에 휩쓸려 높은 가격에 낙찰이라는 실수를 범할 수 있으므로, 전문가와의 컨설팅을 거친 후 소신껏 투자할 수 있어야 한다. 결국 무조건 분양을 받으려 무리하게 결정하지 말고, 자신이 단지상가 투자의 목적을 두고 있음을 망각해서는 안 된다. 종잣돈을 늘리려고 하는 사람들 중 전매가 비교적 자유롭기 때문에 단기투자로 접근하는 사람들이 많은데, 높은 가격에 낙찰을 받았을 경우 상당히 오랫동안 묶여있어야 하며 등기 이전까지 가져갈 경우 주거와 다르게 취등록세의 부담도 높아서 자금 계획에도 차질이 생길 수가 있다.

통상적으로 한국토지주택공사나 경기도시공사 등에서 진행하는 전자입찰을 통한 낙찰은, 분양가의 20%를 계약금으로 납부하며 6개월 단위로 중도금을 내는 경우가 많다. 반면 민영건설사에서 하는 단지상가의 경우 분양가의 10%를 계약금으로 내는 경우가 많다. 이 또한 초기 투자자금 면에서 잘 계산해 본 후 투자에 임해야 하며 공사 등에서의 전자입찰은 예정가가 비교적 낮게 나오는 반면 민간에서의 예정가는 시세를 많이 반영하여 조금 높은 가격에 입찰시장에 나오는 것이 많으므로 꼼꼼한 주의와 이해가 필요하다.

1층은 주로 생활필수업종인 부동산, 편의점, 미용실, 치킨집 등이 주업종으로 입점을 하고 2층이 있는 경우는 태권도학원, 피아노학원, 미술학원 등 보습학원이 많이 입점을 한다. 도심의 재건축 규모가 큰 단지상가는 가정의학과나 은행 등이 입점하기도 한다. 이는 단지상가의 위치가 도로에 배치되어 근린생활시설 역할을 하는 자리에 있을 경우다.

필자가 공인중개소 사무실을 운영했던 인천 구월동의 약 1만 가구 단지상가는 웬만한 복합상가보다도 규모가 컸으며 은행을 비롯해서 대형 슈퍼마켓까지 다양한 종류의 상점이 들어왔다. 은마아파트 단지상가도 대치동 사거리에 위치해 있어서 웬만한 상업지의 역할을 하는 상가로 이용 중인 경우다. 이곳은 재건축을 통해 더 핫한 상가로 자리 잡을 전망이다. 재건축 아파트에서 시선을 수익형 물건인 재건축 단지상가로 돌려봐도 좋을 듯하다.

이렇듯 뒤에 열거할 신도시와 강남 4구와 노원구, 목동 등 재건축 단지상가들은 엄청난 수익을 가져다줄 것이다. 일반적으로 직장인들은 보유한 자금의 규모가 크지 않기에 신도시 단지상가를 주로 추천해 주지만 구도심의 수천 세대 재건축 단지상가 역시 자금력이 있고 수익형 물건이 목표인 분들은 충분히 접근을 해서 투자할 만한 지역이다.

구글의 CEO 순다 피차이는 2년 전 방한 당시, 자신의 성공 비결을 다음과 같이 설명했다. "혁신을 생각하고 야심찬 목표를 세우는 것이 중요하다. 항상 성공할 수는 없지만 똑똑한 사람들과 일하고 협력하면 언젠가는 좋은 결과가 나온다." 현대사회에서는 자신의 힘만으로 뛰어난 성과를 일구어 내기란 거의 불가능하다. 조금만 찾아보면 얼마든지 투자를 도울 멘토, 투자를 함께할 동료들이 기다리고 있을 것이다. 최근의 강남4구 재건축 아파트 갭투자는 노후화된 아파트라 전세가는 낮고 미래가치가 반영되어 매매가격은 높아 투자자금이 적게는 5억 이상, 평균 7억 정도 들어간다. 수요에 비해 턱없는 공급량 때문에 천정부지로 가격이 치닫고 있는 이 시점에서, 한 번쯤은 최고의 멘토, 최고의 동료들과 함께 효율을 최대로 높이는 쪽으로 투자하길 바란다.

테크노밸리
배후 도시 투자

:
:

"믿음이 부족하기 때문에 도전하길 두려워하는 바, 나는 스스로를 믿는다."
- 무하마드 알리 *Muhammad Ali*

한국판 실리콘밸리 하면 돈과 사람이 몰리는 판교 테크노밸리를 먼저
꼽을 수 있다. 경기도시공사에서는 판교 테크노밸리를 시작으로 광명-
시흥 테크노밸리, 일산 테크노밸리, 최근에는 남양주-양주 테크노밸리
까지 다양한 곳을 지정하여 일자리가 있는 신도시와 지역 간 균형개발
에 중점을 두고 조성 중이다. 이제는 테크노밸리 지정 지도를 따라 투
자를 하라고 해도 전혀 엉뚱한 이야기가 아니다.

첫째, 판교 테크노밸리

판교, 광교 테크노밸리 1/2/3차 위치

　1차판교 테크노밸리는 1,300여 개의 기업 입주와 7만 명의 고용 효과로 우리 경제의 핵심으로 부상했다. 2차판교 테크노밸리도 2021년 750개 기업 입주를 목표로 조성 중이며 2,000여개 기업 10만 명이 종사하는 한국 실리콘밸리의 재탄생을 목표로 하고 있다. 여기에 최근 제3차 테크노밸리 조성지를 금토동 일대로 예정하면서, 일자리에 비해 턱없이 부족한 주거지로 인해 향후 부동산 투자의 가치는 더 올라가게 된다. 이에 대장지구나 고등지구 등은 대체주거지로 투자자들의 관심을 한 몸에 받게 될 것이다. 또한 동천동, 수지구까지도 집값 상승의 영향을 받을 것으로 보인다.

현재 판교아파트는 분양 당시 대비 2배 이상 올랐지만 교통과 함께 일자리 창출로 인해 그 가치는 강남을 능가할 것이다. 현재 테크노밸리에 근무하는 직장인들 대부분은 서울이나 수도권에서 출퇴근하는 실정이며 2차, 3차 테크노밸리가 완성되는 2022년경에는 6만 명 이상의 일자리 창출이 예상되기 때문에 판교로 향하는 교통축을 중심으로 임장을 다니고 지역을 확대해서 경기도 광주까지 공부를 해두는 것이 좋다. 또한 아직은 먼 이야기지만 월곶-판교선이 개통이 되는 시점에는 수도권 서남부축에도 많은 변화가 예상이 된다. 판교에서 광명 시흥은 거대한 산업단지 벨트축으로 개발이 되기 때문에 이 벨트 안에 있는 주거지역은 직주근접 지역으로 꾸준한 수요가 대기하게 될 것이다.

둘째, 광명-시흥 테크노밸리

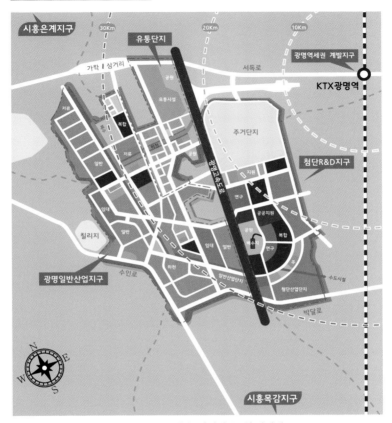

판교 〉 광명 〉 시흥 〉 경기남부 4차 산업벨트

　　광명-시흥 테크노밸리는 축구장 300배 면적의 대단위 산업단지로 문
재인 정부가 100대 국정과제로 선정한 곳이다. 판교~광교~광명·시흥
지역을 연결하는 수도권 서남부 지역은 4차 산업 중심지로 개발이 되
어 지역 산업의 견인차 역할과 함께 2,200개의 기업에서 9만 6천 개의

일자리를 제공할 예정이다. 테크노밸리와 연계하여 개발이 되는 광명-시흥 특별관리지역은 산업과 주거시설을 복합적으로 개발하게 된다. 경기도시공사는 첨단 R&D단지와 주거단지를, LH는 일반산업단지와 물류유통단지를 나누어서 조성한다. 이 중 일반투자자들은 경기도시공사의 홈페이지를 통해 투자 정보를 공부하면 된다. 4개의 개발 중 주거분양을 관심 있게 공부하길 바라며, 더불어 서남부의 가장 큰 호재인 신안산선 학온역 설치 최종 승인으로 부동산 가격 상승에 탄력 받을 것임을 명심해야 한다.

셋째, 경기 북부 일산킨텍스 테크노밸리

일산 테크노밸리 조감도

일산은 1기 신도시 대표 도시다. 금융 위기 이후 한동안 침체기를 벗어나지 못했던 곳으로 주변에 조성 중이던 삼송지구도 한동안 미분양의 무덤 지역이었다. 하지만 2015년 말부터 삼송지구는 물론 일산 한류월드도시개발구역과 GTX-A노선 킨텍스역 확정과 함께 통일한국 실리콘밸리의 핵심사업인 일산 테크노밸리 조성으로 지역경제 상승 및 인구증가에 대한 기대로 일산의 부동산은 호재를 맞고 있다. 판교 테크노밸리가 분당과 판교의 부동산 시세를 견인한 것처럼 일산 테크노밸리는 이 일대 부동산 상승에 견인차 역할을 할 것으로 기대된다.

이외에도 2020년 하반기에 서울 문산 간 고속도로 개통을 앞두고 있고 신분당선 킨텍스 연장안(삼송~킨텍스)에 대한 타당성 용역 검토도 발주되어 기다리고 있는 상황이다. 최근 한류월드도시개발지역의 아파트 시세는 분양가 대비 최소 1억 이상이 올랐으며 광역교통망이 속속 확충이 되고 테크노밸리를 포함한 통일한국 실리콘밸리를 통해 25만 개 이상의 일자리 창출이 예상되는 등 주변 택지지구의 청약 열기 또한 앞으로 계속 뜨거울 수밖에 없다. 특히 일산신도시 대체시장이 될 한류월드나 장항지구 등 주변 부동산은 앞으로도 좋은 분위기를 유지할 것이다.

이와 더불어 고양시의 최대 복합역세권으로 도약할 대곡역세권 자족형 신도시 개발에도 관심을 가지고 공부하여 원석을 발견하기 바란다. 대곡역세권은 3호선과 경의중앙선이 지나며 서해선인 대곡~소사선이 개통되는 것은 물론이고 GTX 대곡역 개통 예정, 교외 순환선 예정, KTX 광명 직결선까지 예정되어 있어 6개 노선이 교차하는 서북부의 교통요충지로 탈바꿈할 것이다. 아직 아무것도 없지만 고양시 도시기본계획의 3부 도심에 포함되어 주 개발축으로 지정되어 있으며 광역교통망의 시범사업대상지로써 직주근접의 자족형 신도시인 삼송지구와 더불어 서북부 부도심으로 우뚝 솟을 것으로 보인다. 도로 교통 또한 일산 IC가 바로 옆이어서 상암이나 신촌으로 가기에도 좋은 위치이다.

부동산을 투자할 때 가격으로 싼 물건에 기대는 경우가 많은데 저평가된 물건을 볼 줄 알아야 성공 투자가 가능하다. 저평가는 교통이나 정책에 따라 향후 가치가 바뀌게 되어 그 수요가 숨겨져 있는 것이고, 싸다는 것은 수요가 없어 1년 후에도 그 가격 그대로 시장에 나오는 물건을 말한다. 대곡역세권 개발지 주변은 오늘이 제일 저평가로 기록이 될 것이다.

넷째, 구리 남양주/양주 테크노밸리

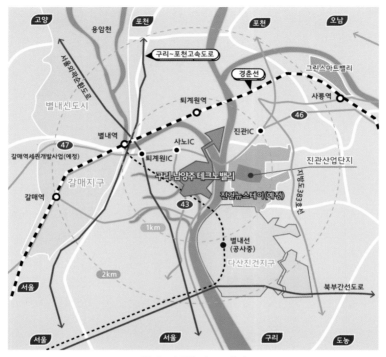

구리·남양주 테크노밸리

이 지역은 현재 위치 확정을 했으며 추후 자세한 산업단지 개발계획이 나온다. 이 지역은 대표적인 베드타운 지역이다. 그러나 추후 일자리 창출이 발생한다면 부동산 가격 또한 변수를 맞게 된다. 부동산은 '선 계획, 후 개발'임을 명심하고 하나씩 일자리가 창출될 지역을 따라 미리 선 학습을 해두면 기회를 알아보는 안목이 생겨, 기회가 왔을 때 누구보다 빨리 선점을 할 수가 있게 된다.

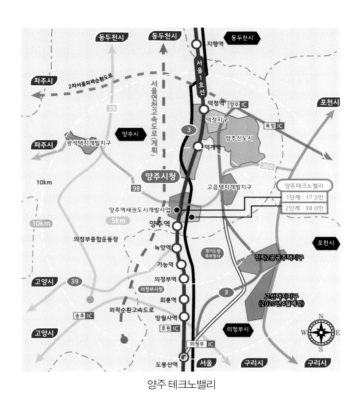

양주 테크노밸리

테크노밸리의 조성은 4차 산업혁명과 더불어 반드시 시행될 수밖에 없는 국가적 사업이다. 특히 세계에서도 손에 꼽힐 만큼 우리나라가 IT 강국임을 생각한다면, 부동산 투자자들은 테크노밸리에 더욱 관심을 기울여야 한다. 막연하게 좋은 집, 월세 많이 받는 집이 아니라 시대적 흐름을 먼저 읽어 내는 안목을 키운다면 성과는 저절로 따라올 것이다.

선분양, 선임대 상가와 대물물건 투자

"로켓에 올라탈 기회를 얻었다면, 그 자리가 어딘지 묻지 말고 일단 타라."
- 에릭 슈미트 Eric Emerson Schmidt

재테크를 할 때는 당연하게도 이것저것 따져야 할 것이 많다. 돌다리도 두드려 보고 건너랬다고, 신중함은 투자에 있어 가장 기본적인 원칙이다. 그런데 성공이 눈앞에 보이고 확신이 드는데도 망설이기만 하다가 기회를 놓치는 이들이 적지 않다. 주식이야 세계 경제 흐름이나 정세, 국내 경기에 따라 오르고 내림을 반복하기에 당장 기회를 놓쳐도 다시 기회가 찾아오지만 부동산은 다르다. 특히 대한민국에서의 부동산은 그 폭이 크든 작든 꾸준히 우상향하기 때문이다. 따라서 한 번 놓친 기회는 다시 돌아오지 않는 경우가 대부분이다. 많은 이들이 그저 자기 눈에 좋아 보이는 동네, 자기가 살기에 좋아 보이는 아파트에만 눈이 멀어 수많은 기회를 놓치곤 한다. 하지만 조금만 생각과 시선을 달리하면 노다지가 되어 줄 부동산 물건은 얼마든지 있다. 사람들은 부동산 하면 아파트를 먼저 떠올리지만 그에 못지않게 중요한 분야가 있다. 바로 '상가'다. 상가에는 중심 상가, 근린 상가, 단지 내 상가, 테마 상가, 주상복합 상가, 역세권 상가 등등 세분화시키면 그 종류가 참 다양하다.

우선 이번 꼭지에서 주로 설명할 선분양 상가에 대한 이해도를 높이기 위해, 우리나라에서 분양하는 아파트를 예를 들어본다. 내 집 장만 시, 청약통장이 일정기준이 되면 아파트를 분양받을 수 있는 자격을 갖추게 된다. 이때 자격요건에 따라 1순위, 2순위 등 순위에 따라 향후 2, 3년 후에 세워질 아파트를 분양받고 분양대금을 일정 기간 동안 나누어서 납부를 하고 공사 완료 후 입주를 하게 된다. 이를 선분양 아파트라고 부른다.

현재 우리나라에만 있는 아파트 분양 방식이라고 보면 된다. 내 집을 마련하는 입장에서는 일시납으로 하지 않고 분납이 가능해서 내 집 마련에 유리하고, 시공사에서는 자기자본을 많이 안 들이고 분양대금을 받아 공사를 할 수 있으니 사업에 유리하다. 이렇게 장점만 따져보면 양자에게 이익이다. 물론 분양자의 대금을 안전하게 맡아주는 신탁회사 등 법적 안전장치가 있는 상태에서 유효한 이야기다.

이처럼 미래에 건물이 들어온다는 것을 가정하고 건축 허가 및 분양 승인이 남과 동시에 먼저 분양하는 구분 상가를 선분양 상가라고 말한다. 이런 형태의 분양은 대부분 신도시에서 많이 이루어진다. 그 조건은 상가를 지어 사업을 하는 시행사에서 빠른 자금 조달을 위해 분양하는 경우에 해당된다. 이때 대부분 우량 상가이면서 시세 및 자체 분양가에서도 상당한 가격차로 분양을 하게 된다.

그리고 상가 분양권은 전매 제한에서 자유롭다. 즉 몇 번이고 전매를 통해 자유롭게 거래가 된다는 뜻이다. 선분양이다 보니 호수별 분양가에서 계약금은 보통 10%, 많아야 20%만 납부를 해도 계약을 할 수 있다. 이렇게 받은 입지 좋은 선분양 상가를 보유하다가 상가 건물의 착공이 시작되고 어느 정도 건물의 구조가 보이기 시작할 때쯤 좋은 입지의 상가를 찾는 분들에게 매도하여 상당한 차익을 남기는 것이다. 주로 신도시 내에서 많이 이루어지지만 때에 따라 상권이 확장이 되는 역세권 상가에서도 기회를 얻을 수 있다.

이런 선분양 상가를 더욱 높은 가치로 매수할 수 있는 조건 중에 임차를 독점 선임대를 맞추어 놓은 다음 분양하는 경우도 있다. 예를 들면 약국이나 대형슈퍼, 편의점, 베이커리 등을 지정한 후 분양하는 상가는 안정적인 월세를 받고자 하는 투자자들에게 인기가 많다. 물론 시행사나 분양 대행을 맡은 회사와 직접적인 관계가 있거나 지인일 경우에 분양 받을 기회가 더 많아지지만, 지역 임장을 통해 미리 학습을 하고 매수 의사를 확실히 표시해두고 다니는 경우에도 기회는 있다. 이때 독점을 인정받으려면 상가 전체 분양계약서에 지정 호수로 표시가 되어야 하는데, 그렇지 않은 경우 영업권을 보장할 수가 없기 때문에 추후 낭패를 볼 경우가 많다.

이렇게 미리 임대를 지정해놓고 분양 받는 상가를 통상적으로 선임 대 상가라고 한다. 이런 상가일 경우 낮은 금액에 매수를 하고 선호하 는 임대까지 정해진 이유로 상당한 프리미엄을 보장한다. 필자의 지인 중에는 이런 선분양, 선임대 상가만 집중적으로 투자하여 지금은 신도 시 내에 약 100평가량의 꼬마빌딩을 지을 근린생활시설 토지를 확보하 여 임대건물을 지으려고 준비하는 분도 있다. 이분은 일 년에 딱 2번만 선분양 상가에 투자를 하여 세금 공제를 하고도 약 2억씩 이윤을 남긴 다. 가끔은 독점 호수에 대한 권리금도 상당해서 그 수익은 덤으로 따 라온다.

또 시행사가 사업을 무리하게 진행하다가 시공사에게 제때 지급해 야 할 공사비를 주지 못해 대신 선분양 상가를 시공사에게 공사비 대신 주기도 한다. 이렇게 공사비 대신 물건으로 받는 것을 대물 물건이라고 한다. 이때 준공 전에 중도금으로 받는 경우와 준공 후 공사비 잔금을 분양 후 남은 상가로 주는 경우가 있다. 어떤 방식으로든 시공사는 현 금을 받길 원하지만 어쩔 수 없는 상황에서는 선택의 여지가 없기에 받 는 경우가 많다. 시공사 역시도 이 대물 물건을 빠른 시일 내에 현금화 해야 하는 경우가 많은데 이럴 경우 역시 시장가격이나 분양가보다 낮 게 나오는 경우가 훨씬 많다. 이런 대물 물건을 분양 받는다면 상권이 형성되기까지 변수가 많은 신도시에서 임대수익률에 대한 리스크를 많 이 줄일 수 있을 뿐 아니라 상권이 제대로 형성이 되면 일반적으로 분 양받은 사람들보다 훨씬 높은 수익률을 보장받으며 매도 시에 상당한 시세차익도 기대할 수 있다. 통상적으로 신도시 상가는 상권이 형성된 후 약 4년이나 5년 후에 매입하는 것이 임대자 입장에서는 안정적이지만, 매입 가격이 20% 이상 저렴한 이런 대물 물건은 대체적으로 투자자에게 이득이 큰 것으로 남는다.

구글 자회사인 알파벳의 회장을 역임한 에릭 슈미트의 말처럼 로켓에 올라탈 기회가 생겼다면, 자리를 물을 필요도 없이 우선 올라타야 한다. 대기권 밖에서, 즉 우주에서 두 눈으로 직접 바라보는 지구가 얼마나 아름다울지 상상해 보았는가? 거기에서는 어느 자리에 앉더라도 아름다운 지구를 감상할 수 있다. 하지만 자리를 따지다가 로켓에 올라타지 못하면 그러한 기회는 영영 오지 않는다.

부동산도 마찬가지다. 기회를 잡았다고 생각하면 그 방식이야 어찌되었든 즉시 실행에 옮겨야 한다. 일일이 재테크 방식과 그 대상을 따지다가 기회를 놓치면 부자가 되겠다는 꿈은 그저 꿈으로 남을 뿐이다. 길을 나서면 수많은 아파트들이 먼저 눈에 들어오지만 그만큼 상가들도 존재하고 있다는 것을 알아야 한다. 그리고 새로이 아파트가 지어지는 만큼 상가들 또한 새로이 지어진다. 기회는 누구에게나 열려 있다. 다만 누가 먼저 잡느냐가 문제인 것이다.

신도시 상업지 공동투자

· ·

"위대한 희망이 위대한 인물을 만든다."
-토마스 풀러 *Thomas Fuller*

"나는 나 스스로다. 나는 내 생각의 결과물이다. 나는 내 생각대로 살 수 있다. 나는 내 생각대로 미래를 만들 수 있다" 이 말은 『김밥 파는 CEO』로 유명한, 세계 최대 도시락 체인업체 스노우폭스 김승호 회장님의 『생각의 비밀』에 나오는 문구다. 언뜻 보면 그냥 지나칠 법한 평범한 말 같지만 나는 이 문장에 담긴 힘의 위대함을 잘 알고 있으며 또한 확고하게 믿는다.

 필자는 이루고 싶은 드림리스트도 있지만 만나고 싶은 롤모델 리스트도 가지고 있다. 그 리스트 중 첫 번째에 바로 김승호 회장님이 계신다. 그런데 그 꿈은 얼마 전 이루었다. 바로 '김승호 회장님의 사장학개론'에 합격 통지를 받았고 그 날짜가 바로 2월 3일이었다. 드디어 '간절히 생각한 대로' 나의 롤모델이자 멘토를 만나게 된 것이다. 때때로 한 권의 책은 한 사람의 인생을 완전히 뒤바꿔 놓기도 한다. 내게는 김승호 회장님의 저서들이 그랬다. 오늘의 나는, 과거의 내가 했던 생각의 결과물이다. 그리하여 미래의 나 역시, 오늘 내가 무엇을 생각하느냐에 따라 달라진다는 말이다.

필자를 만나러 오는 많은 독자들에게 항상 해주는 말이 바로 "자신이 생각한 대로 살면, 인생은 그렇게 이루어진다."는 이야기다. 13년 전 부자가 되고 싶다는 생각 하나로 부동산을 선택해서 많은 부분에서 인생을 아웃소싱하며 살고 있는 내가 바로 그 증거이며, 나를 만나 인생이 바뀐 많은 나의 멘티들이 그 증거이다. 직부연 안에는 이런 기적을 경험하는 분들이 너무도 많다. 어느 순간 '나 자신을 위한 성공'이라는 목표가 점점 더 확대가 되어, '우리 사회 전체의 행복'이라는 목표로 그 소명이 바뀌고 있는 것도 내 생각의 결과인 것이다.

필자는 잠실역 롯데타워를 볼 때마다 롯데가의 커다란 꿈이 실현된 것을 보고 감동을 받는다. 그 감동을 제대로 느끼고 싶어 직원들과 롯데타워 투어를 하기도 했고, 광장동 워커힐 호텔에 가서 그 웅장함을 제대로 느껴보기도 하고, 청담동 사무실에서 집으로 올 때마다 그 타워를 보기 위해 영동대로를 달려 수서-분당 간 고속도로를 이용할 때가 많다. 어디서 보든 그 웅장한 모습은 위대해 보이고 그 기술력은 감탄을 자아낸다.

그런 까닭에 분당신도시나 판교신도시 등 각 지역을 대표하는 랜드마크 건물을 볼 때면 '나도 저런 건물을 하나 지어야지.' 하는 생각에 열정이 마구 솟아오른다. 실제로 3년 전 인천 서창지구에 그런 건물을 의뢰받아 지어준 적도 있다. 의뢰인은 대한민국 최고의 수비를 자랑하는 국가대표 축구선수다. 이 책을 집필하고 있을 무렵, 그에게서 약간의 공실이 거의 채워져 간다고 전화가 왔을 때 왠지 모를 기쁨이 등줄기를 타고 흘렀다.

이렇듯 김승호 회장님의 "사람은 자신이 생각한 대로 이루며 살게 된다."는 말은 진실이다. 필자는 매년 그 말의 위대함을 느끼며 살고 있다. 광교신도시에서 중개업을 할 때 상업지에서 상가와 오피스텔을 직접 시행하여 분양하는 어느 변호사 집단을 본 적이 있다. 그때 나도 시장에 기여해야겠다는 생각을 하게 되었다. 우리 직장인들을 위해서 말이다. 지금 직장인들에게 오피스텔이나 상가를 직접 지어 큰돈을 벌 수 있겠냐고 묻는다면 다들 어리둥절할 것이다. 하루하루 먹고살기도 힘겨운데 분양을 받는 것도 아니고, 직접 시행해서 수익을 내라니? 제정신으로 하는 소리인가라고 생각하는 독자도 있을지 모른다.

하지만 변호사들도 할 수 있다면 다른 평범한 직장인도 할 수 있다는 생각 끝에 나는 이를 실제 행동으로 옮겼다. 지금 불투명한 미래를 안고 살아가는 직장인들에게는 상가 시행이 꿈에 불과하지만, 이들이 뭉치면 그 꿈을 얼마든지 현실로 이룰 수 있다고 믿었다. 혼자서는 미약하지만 일정한 조직력과 자금력을 갖추면 입지 좋은 곳에 규모 있는 상가 또는 오피스텔을 분양이 아니라 직장인들이 직접 시행해서 소유하게 된다는 생각에 가슴이 쿵쾅쿵쾅 뛰었다. 그것이 현실이 되면 수익률은 물론이요, 상당한 시세차익을 통해 우리 평범한 직장인들도 부자의 꿈을 이루게 되는 것이다. 물론 좋은 토지를 한국주택토지공사나 경기도시공사 등에서 매력적인 가격에 성공적으로 입찰해야 시작을 할 수 있지만 말이다.

필자는 우리 회원들에게 그 방법을 전수하여 이제 작은 거인들이 직접 시행한 랜드마크 건물들이 탄생하게 되며, 올해 의정부 고산지구의 중심상업지 코너 필지를 입찰 받아 설계단계에 와 있다. 수익형 부동산의 경우 시장에 나와 있는 상가를 분양받는 것이 일반적인 방법이지만 시장 수익률에 미치지 못해 리스크가 발생하고 상권이 완성되는 성숙기까지 수많은 변수가 있는 점 등으로, 필자는 선분양 상가나 선임대 상가 또는 대물로 나온 상가를 매입하라고 강조한다.

그러나 가장 현명한 투자는 부동산의 꽃인 직접 시행을 하여 소유하거나 분양하는 것이다. 이보다 더 큰 수익률을 낼 다른 방법은 없다. 보통의 사람들보다 큰돈을 벌고 싶다면 보통의 사람들이 생각하지 못하는 것을 해내는 능력이 있어야 한다. 그 능력은 바로 잠실의 롯데타워를 보면서 롯데가 생각한 꿈이 실현된 현장임을 몸과 마음으로 깨달을 수 있어야 하고, 그도 했으니 나도 할 수 있다는 생각을 하는 것에서부터 시작된다.

우리가 수많은 책이나 미디어에서 만나는 위대한 인물들은 과연 그런 운명을 타고난 것일까? 전혀 그렇지 않다. 그들은 빈손으로 시작했지만 그 손으로 세상을 거머쥐었으며, 오직 자신의 열정과 능력으로 세계의 지도를 바꾸고 역사의 흐름을 바꿨다. 늘 위대해지기를 고대했으며, 오늘 실패하더라도 내일 성공하기 위해 준비했다. 그리고 가슴속에는 변하지 않는 꿈과 희망을 늘 간직했으며, 이를 현실로 이루기 위해 그저 전진했을 뿐이다. 잠실이 허허벌판이었던 몇 십 년 전, 과연 그 누가 그곳에 롯데타워와 같은 건물이 들어설 줄 상상이나 했겠는가. 하지만 롯데가에서는 진작 그러한 꿈을 꾸었고, 이를 이루기 위해 노력했고, 실제로 이룬 것이다.

우리 평범한 1천만 직장인들에게 묻고 싶다. 한 달에 월세 1천만 원을 받고 싶은가? 그렇다면 꿈이 같은 사람들을 많이 만나고 그들과 네트워크를 통해 자금력을 모은 다음 직접 상가를 지어 소유하라. 시장보다 훨씬 더 높은 월세 수익률과 시세차익을 동시에 거둘 수 있는 최고의 투자법이다. 즉 완성된 건물에다 300억을 공동투자 하는 것이 아닌 '30억의 공동투자금으로 300억이 될 부동산에 투자'하여 기적을 만들어라. 이것이 직접시행이 가져다주는 선물이다. 그리고 그 선물은 평범한 직장인을 '부자 직장인'으로 만들어 줄 것이다.

그린벨트 토지 투자인 이축권

"행복은 두둑한 통장, 훌륭한 요리사, 그리고 소화력에 있다."
- 장 자크 루소 Jean Jacques Rousseau

이따금 일에 너무 골몰한 나머지 몸이 무척 피곤하거나 아프기까지 할 때가 있다. 그럴 때마다 찾는 것이 가장 먹고 싶고, 가장 맛있는 음식이다. 그때그때 메뉴가 다르기는 하지만 그런 음식들은 먹고 나면 이내 기분이 좋아지고 몸에 활력이 생긴다. 하루에 세 번, 매일 먹는 게 음식인데 이렇게나 삶을 행복하게 만든다. 사실 따지고 보면 우리가 하는 모든 일이 먹고 싶은 것 맘껏 먹고살려고 하는 것 아닌가? "행복은 두둑한 통장, 훌륭한 요리사, 그리고 소화력에 있다."는 루소의 말은 그래서 더욱 가슴에 와 닿는다. 먹고 싶은 음식 맘껏 먹으려면 당연히 통장이 두둑해야 하고, 그 음식을 만들어줄 훌륭한 요리사나 가게를 잘 알고 있어야 하고, 그 맛있는 음식을 아무리 먹어도 탈이 안 나는 소화력 즉 건강이 있다면 그 자체가 행복한 인생이라는 이야기다.

누가 그러고 싶지 않겠는가. 100세 시대 소리를 귀에 못이 박히게 들으며 우리는 살고 있다. 100세까지 살면 참 축복이라 할 만하다. 그런데 하루하루 끼니 걱정이나 하며 100세까지 살아야 한다면? 그리고 그러한 걱정이 슬슬 현실로 다가오고 있다면, 지금 조금 여유가 있다고 해서 전혀 안심할 상황이 아니다.

직장인들은 이러한 점을 직시해야 한다. 곧 바닥을 드러낼 국민연금이 우리의 노후를 책임져 줄까? 지금까지 줄곧 통장에 쌓아두고 있는 현금 몇 푼이 과연 노후대비에 얼마나 도움이 될까? 지금도 회사생활이 안정적이지 않은데 나이가 들면 지금 월급 못지않게 돈을 벌 방법이 과연 있을까? 나 자신도 벅찬데, 우리 아이들과 이미 노후를 맞은 부모님은 어떻게 책임질 것인가? 지금은 여유를 부릴 때가 아니다. 어서 레버리지를 통해 수입을 기하급수적으로 늘리고 이를 기반으로 우리 가족 모두가 죽을 때까지 먹고 싶은 것 맘껏 사 먹고도 남을 만큼 돈을 벌어야 한다. 그게 바로 행복한 삶이다. 그리고 부동산이 그 행복한 삶을 만들어 줄 도구이다.

이번에는 우리의 행복한 삶을 만들어 줄 도구 중에서 '이축권'을 살펴보자. 이축권은 그린벨트_{개발제한구역}에서 공공사업 등으로 집이나 땅을 수용당한 현지인에게 주어지는, 지역 내 다른 그린벨트에 토지를 확보해 건물을 신축할 수 있는 권리이다. 일명 용마루 딱지라고 불린다. 즉 그린벨트 내에 건물을 지을 수 있는 권리인 셈이다.

이런 이축권의 발생 조건을 보자면, 용도 지역은 반드시 개발제한구역이어야 하고 주택이나 공장, 교회 등 건물이 있어야 하며 이주 시 이주대책이 없어야 한다. 이주대책이라 함은 택지개발 관련 수용일 경우 기존 조합원에게 현금 보상 외에 새로운 신도시 안에 점포 겸용 단독주택 등을 추첨 받을 수 있는 권리나 생활대책용지 등을 주는 것이다. 앞 장에서 다루었지만 이주대책이 주어지면 이축권의 권리는 없다. 그러나 대부분 이축권 발생은 대규모 신도시 형성 시가 아니라 도로 개설이나 공원 조성 등 공익사업 시행으로 기존 주택에 더 이상 거주가 힘들거나_{공공이축권} 개발제한구역 지정 이전부터 건축이 되어 있는 주택 또는 지정 이전부터 다른 사람 소유의 토지에 건축되어 있는 주택으로써 토지 소유자의 재산권 행사로 인해 동의를 받지 못해 증축 또는 개축할 수 없는 주택에서 이주해야 하는 경우_{일반이축권}에 발생하거나 자연재해로 주택이 유실된 경우_{재해이축권}에 발생한다.

자연재해로 이축권이 발생이 된 경우는 6개월 이내에 행사를 하여야 한다. 이런 이축권은 일반투자자들에게 생소할 것이고 대부분 공인중개사들조차 모르거나 거래의 빈도가 낮은 거래형태다. 그러나 우린 부동산 투자로 돈을 벌고 싶은 것 아닌가? 남들이 보지 못하고 가지 못하는 곳에 언제나 원석이 있음을 알아야 한다. 예전에 인천에서 이축권 중개를 꽤 많이 할 때 중개대상물이 아니니 거래를 할 수 없다는 해석도 많았지만 이축권은 엄연히 중개해도 되는 대상물 중 하나다.

이축권이 왜 돈이 될 수 있을까? 원래 그린벨트 내에서는 지목이 '대지'인 경우만 주택을 신축할 수 있다. 그러나 이축권은 임야(건축허가 시 사실상 불가)를 제외한 지목에 특별히 주택을 신축할 수 있게 해주는 권리인 셈이다. 예를 들어 지목이 '전'인 토지를 싸게 매입해서 이축권으로 단독주택을 지었다면 지목이 '대'로 바뀌면서 토지의 가치가 상당히 많이 올라간다. 물론 이축권의 가격이 적당해야 하며 지역 선정 또한 기존 도심의 기반시설을 활용할 수 있어야 한다.

이축권은 1회에 한해 제3자에게 전매를 허용하며, 매입 시 유의사항은 반드시 토지수용확인서가 있어야 하며, 멸실되지 않은 건물이 반드시 존재해야 한다. 건축 시 기존 거주자가 해당 시군구에 이축 허가와 함께 집 지을 위치를 제출해야 건축 허가가 나온다. 또한 그린벨트 건축물 관리대장에 등재가 된 건축물이어야 한다. 만약 대장에 등재된 건물이 상가 주택이라면 당연히 상가주택으로 가능하다. 이때 음식점이나 카페로 활용이 가능하다. 그러나 바로 영업용 건축물로 지을 수 있는 것은 아니고 이주한 지역에서 5년 이상을 거주해야 기존 건물을 카페나 음식점으로 용도 변경이 가능하다.

기존 주택 면적을 체크하고 신축허가 면적이 어느 정도 나오는지에 따라 현 이축권의 시세가 적당한지를 검토하고 매입을 해야 한다. 최근 점포 겸용 주택이 상한가를 치면서 도심과 가까운 곳에서 야외식당이나 카페 등을 운영하려는 은퇴 투자자들이 대거 몰리고 있어 과천이나 하남 등에서는 부르는 게 값이 되었다. 이축권이 이렇게 그린벨트 투자의 꽃인 이유는 희소성에 있다. 반면 수요자는 많기 때문에 그 가치가 날로 뛰고 있는 것이다.

필자가 본 장에 그린벨트 투자인 이축권에 대해 설명하고 있는 이유는 최근 수요억제정책의 실효성을 거두지 못하고 있는 정부에서 8년 만에 공급 확대 차원에서 공공택지 약 40여 곳을 발표하였고, 그 지역 대부분이 수도권 그린벨트라는 점 때문이다. 물론 이 경우 집단취락지구가 형성이 되어 있고 도로에 접한 토지를 매입하여 그린벨트가 해제되면 대지와 같은 조건으로 저렴한 가격에 매입하는 것이기에 이 자체로도 투자의 매력이 있지만 강제수용을 당하면 감정 가격으로만 보상을 받기 때문에 리스크가 있다. 단순히 투자의 성격보다는 이주자택지처럼 실거주 용도로 접근을 하면 아주 매력적인 토지 투자도 동시에 가능한 것이 이축권 투자이다.

미래에 대한 대비, 그 성패는 얼마나 발 빠르게 대비하느냐에 있다. 정부가 8년 만에 공공택지 40여 곳을 발표했는데 이것이 내 인생과 아무 상관없다고 생각하면 아무 대비도 하지 않고 있는 것과 마찬가지다. 여기에서 새로운 시장이 형성되고 새로운 기회가 열리고, 누군가는 분명 이득을 볼 것이다. 그리고 그 이익을 바탕으로 부자가 되고 남부럽지 않게 100세 시대를 맘껏 즐길 것이다. 그게 왜 우리가 되면 안 되는가? 부동산 투자에 관심이 있는 사람이라면 그 누구라도 새로이 열린 기회의 주인공이 될 수 있다. 그리고 그 주인공이 이 책을 읽고 있는 여러분 자신이다.

PART 4
부동산 부의
진입로 5단계

현대인들이 가장 자주 하는 소리 중 하나가 '무기력하다'라는 것이다. 그저 세상이 제시하는 틀에 따라 인생의 모양을 맞추고 시간의 흐름에 무작정 몸을 맡긴다. 부자들을 부러워하지만 그저 부러움에 그칠 뿐 무언가 인생을 바꾸려 노력하지는 않는다. 지금 하는 일도 피곤한데 무언가 더 하기에 지친다는 말이다. 하지만 인간은 그런 존재가 아니다. 끊임없이 도전을 하고 역경을 이겨내며 원하는 바를 기어코 성취하는 게 바로 인간이다.

서울 포함 핵심지역 도시기본계획에 따른 투자 방향

"오늘의 투자자는 어제의 성장으로 수익을 내지 않는다."
- 워런 버핏 Warren Buffett

첫째, '서울' 도시기본계획에 의한 투자 방향

옆의 그림을 잘 살펴보자. 서울은 크게 3개의 도심을 삼각형으로 중심에 두고, 동서남북으로 5개의 권역을 두고 7개의 광역중심지를 두어 수도권과 광역교통망을 통해 연결이 되도록 배치했다. 여기에 3개의 도심과 7개의 광역중심 사이사이에 12개의 지역중심을 배치함으로써 공간을 효율적으로 개발하도록 설계했다. 최근 서울시는 서울 도시기본계획을 5개 권역 생활권과 역세권을 고려한 116개 지역 생활권역을 계획 및 수립하였으며 5개 권역별 핵심이슈별 주요 발전 구상도는 다음과 같다.

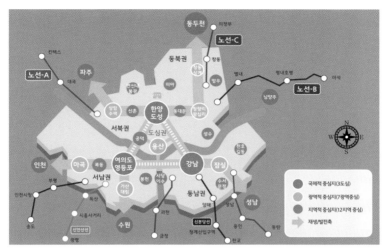

서울 2030 플랜

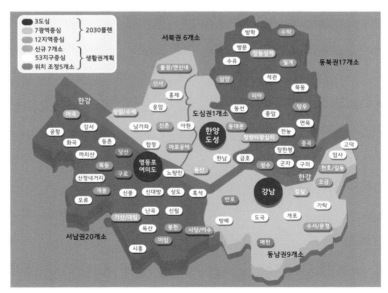

서울 생활권 계획

먼저 한양도성의 도심권은 과거와 미래가 공존하는 역사문화 중심지로 수립.

-청량리 및 왕십리의 동북 1권역은 자족기능을 갖춘 지역으로 수립.

-창동 상계는 동북 2권역으로 수도권 생활의 중심 지역으로 수립.

-상암과 수색이 있는 서북권은 살기 좋은 주거 환경과 창조문화산업을 선도하는 지역으로 수립.

-여의도와 영등포는 서남권으로 구분해 서울의 신 성장을 선도하고 삶의 질을 업그레이드시킬 수 있는 지역으로 수립.

-잠실과 강남은 동남권으로 국제 업무 및 관광, 쇼핑, 문화는 물론이고 안정된 주거공간을 선도하는 글로벌 융복합도시로 수립했다.

위의 5개 권역별 발전 구상도는 '서울도시계획 포털' 홈페이지에 잘 나와 있으니 참고하길 바란다. 서울은 최근 '서울생활권계획'의 후속조치로 강남보다 상대적으로 낙후한 관악, 금천, 동작구(서남권)와 광진, 성북구(동북권) 등 5개 자치구에 축구장 33개 면적의 상업지역 가이드라인을 발표했다. 이에 따라 각 자치구에서 할당받은 면적에 한해 준주거지역 등을 상업지역으로 용도변경을 할 수 있게 되었다. 이렇게 되면 편의시설 증가라는 주변개발 호재로 유동인구가 증가하게 되고 수요 증가로 집값도 상승하게 된다.

도시기본계획은 내용이 방대하기 때문에 투자 관련 아주 기본적인 개발 내용 정도만 다루겠다. 위의 7개 광역중심지 중 서북권에 있는 상암, 수색을 살펴보자. 상암은 산업단지와 함께 수색보다 먼저 개발이 되었다. 그러한 이유로 상암의 랜드마크인 월드컵아파트의 가격은 꾸준히 올라가고 있었다. 반면 수색은 뉴타운 정비 지역으로 묶인 채 한동안 정체되어 있다가 작년부터 청약시장에서 수십 대 일에 이를 만큼 인기가 높아져 내 집 장만을 하려는 사람들이 많이 몰리고 있다. 왜 그럴까?

현재 수색은 대규모 개발 가용지를 활용하여 서울 대도시권 서북 지역의 광역적 고용기반 지역으로 구축하겠다는 계획에 의해 수색역세권 개발이 추진되고 있다. 즉 역세권 개발을 통해 상암DMC와 수색을 연결시켜 개발하여 지역 발전을 도모한다는 것이다. 그래서 상암 월드컵아파트의 시세보다 낮게 분양했던 수색의 아파트 분양권이 날개 돋친 듯 가격이 치솟고 있는 것이다. (뒤에 뉴타운은 별도로 다루기에 7개 광역중심지에 대한 것만 다루는 것이다.)

이 개발에 힘입어 고양시 개발축 선상에 있는 향동신도시의 부동산도 상승장이다. 물론 향동지구는 고양시 2030계획의 주 개발축 선상에 있는 곳이기도 하다. 이런 곳에서 내 집 장만을 분양권으로 한다면 3년후 내 집으로 누리는 평가이익은 엄청날 것이다. 나에게 상담하러 오는 분들에게 한 달 저축액을 물어보면 대개 평균 100만 원 정도라고 한다. 1억을 종잣돈으로 모으려면 10년이 걸린다는 이야기다. 그런데 이렇게 개발중심축이 있는 곳에 잘 받아놓은 아파트는 3년이란 시간 안에 1억이상을 벌게 만들어 준다.

7개 광역중심축 서남권의 마곡신도시를 보자. 김포공항 및 상암과 연계하여 대규모 가용 용지를 활용하여 신규지식기반산업을 창출한다는 계획이 세워져 있다. 이에 따라 많은 기업들이 마곡으로 들어오고 교통축 또한 강남으로 연결이 되어 현재까지 마곡의 아파트는 분양가 대비 약 4억 정도 상승되어 있다. 산업기반시설이 없는 김포가 거북이 걸음으로 상승하는 데 비해 마곡의 아파트 가격 상승률은 그야말로 로또 수준이다. 3년 전 나는 많은 이들에게 마곡아파트를 사라고 권했다. 그 당시만 해도 입주 중이라 큰 폭의 상승장은 아니었다. 그러나 광역 개발축에 있었으며 산업단지를 배후에 놓고 강남권 전철까지! 뭐 하나 빠지는 것이 없는 지역이었기에 현재의 결과는 당연한 것이었다.

개발축 선상에 있는 도시나 지역들은 어김없이 교통축까지 덤으로 들어간다. 최근에 건설되는 신도시들은 자족기능을 하는 산업단지를 구성한다. 판교 테크노밸리나 광교 테크노밸리, 마곡 테크노밸리 등 산업단지는 직주근접의 보금자리를 만들어 주기에 평가이익이 높아지는 것은 당연하다.

7개 중심축 중 동북권의 청량리나 왕십리는 지역 간 철도 교통 및 환승역세권의 잠재력을 활용하고 상업 및 문화 중심 기능을 살려 지역을 개발한다. 이에 따라 대표적인 집창촌이었던 청량리 588은 우리 기억 저편으로 사라지고 이제는 볼 수 없게 되었다. 여기엔 65층 규모의 주상복합 및 호텔, 쇼핑몰 등이 들어선다.

청량리는 서울 동북권이나 경기도 구리시, 남양주 시민들에게는 사통팔달의 교통 요충지다. 롯데백화점 앞 청량리역의 버스정류장은 60

개의 버스 노선이 있어 기본 200미터의 버스 탑승 줄이 세워진다. 게다가 최근 청량리역은 1호선을 비롯하여 경의중앙선, 경춘선, 경원선 그리고 최근에는 강릉까지 가는 KTX까지 포함하여 광역 복합 환승역의 역할을 하고 있다. 그뿐만이 아니다. 내년 하반기에는 분당선이 연장되어 왕십리에서 청량리까지 연결되고, 조금 더 먼 미래의 이야기지만 예비타당성 조사 중인 광역급행철도인 B노선과 C노선까지 확정짓게 된다. 서울 10개 경전철 중 동북선 경전철까지 완공하게 되면 그야말로 여기는 '슈퍼울트라' 역세권이 된다.

최근 이 지역은 대대적인 재개발로 메이저급 아파트 브랜드들이 속속들이 분양을 하거나 입주를 하는 중이다. 또한 청량리에는 경동시장을 비롯하여 약 10개의 전통시장이 있다. 제기동 약령시장을 현대화한 한방진흥센터처럼 대규모 시장들을 현대화하는 재생사업도 동시에 추진 중이기에 그 경제적 가치는 실로 어마어마해진다. 특히 세계인이 가보고 싶어 하는 전통시장, 즉 관광 분야의 거점으로 거듭나지 않을까 조심스레 예측해본다.

이번에는 동남권을 보자. 동남권은 서울의 대표라 할 수 있는 강남권으로 최근에는 송파구, 강동구까지 지역이 확대되었다. 뉴스만 봐도 잘 알 수 있듯, 재건축아파트 등으로 대한민국 부동산 투자 시장의 최대 이슈를 몰고 다니는 지역이다. 일반 직장인들이 강남에 내 집 마련을 한다는 것은 아직 어렵다. 그것도 재건축으로 내 집을 갖는다는 것은 시간적으로나 금전적으로나 어려운 게 사실이다. 그러나 이 지역 사이사이에 위치한 위례신도시를 포함하여 하남 미사신도시, 하남 감일 지구 등에서는 얼마든지 가능하다. 앞으로도 이 지역들은 강남의 대체 주거지로 그 가치가 해가 갈수록 높아질 것이다. 강남구 세곡지구처럼 말이다. 특히 강남 4구 중 교통 사각지대였던 송파구 삼전동이나 방이 동 9호선 3단계 라인 지역의 아파트는 계속 가치가 상승 중이며 이 중 석촌역, 올림픽공원역, 보훈병원역은 급행역으로 개발이 되므로 이 지역의 단독주택이나 다가구는 여전히 유효하다.

광역중심을 개발한다는 것은 도시와 도시로의 교통축까지 연계되어 개발된다는 뜻이다. 우리는 부동산이란 도구로 투자를 하여 돈을 벌고 싶은 사람들이다. 부동산은 끊임없이 움직인다. 그 움직임이란 바로 환경을 말한다. 환경이 이렇게 좋아지게 되면 당연히 사람들은 가고 싶어 한다. 그러니 수요가 늘고 경쟁으로 가격이 올라간다. 이 구조가 비단 아파트뿐이겠는가? 상가나 토지 등 대부분의 부동산 가격은 슬금슬금 우상향으로 가는 것이다. 그래서 여러분들은 이런 기본계획에 의거해 지역을 공부하고 물건을 공부하고 그리고 투자를 해야 한다.

똑같은 아파트를 장만하더라도 그냥 아파트 겉모습 혹은 완성이 된 아파트를 보고 매입한 후 이를 투자라고 말하는 사람들이 많다. 전문가들이 말하는 입지는 거들떠보지도 않고, 그냥 겉모습의 부동산만을 보고 사는 사람들은 겉모습만 보고 배우자를 선택하는 것과 같다. 인생에 있어 평생을 함께할 진정한 동반자는 단 한 명이면 된다. 아파트도 마찬가지다. 평가이익이 높은 내 집 하나만 있으면 된다. 이 집이 평가가 많이 올라 우상향할 때 또 다른 지역을 공부하고 그 지역으로 내 집을 옮겨 가면 된다. 똑똑한 내 집도 없는 사람들이 잘 저지르는 실수가 바로 여기저기 돈 될 것 같은 아파트를 유행처럼 사는 바람에 실익이 없는 다주택자가 되어 현재 정책에 휘둘리는 것이다. 똑똑한 내 집 마련이든 수익형 상가든 토지든 기본계획을 알고 지역을 선정하여 물건을 사는 것이 투자의 기본이다.

필자는 지인 및 회원들과 함께 작년까지만 해도 판교, 마곡, 광교신도시뿐만 아니라 혁신도시 및 기업도시 지역의 투자를 통해 많은 재미를 보았다. 이것 또한 기본계획이라는 빅픽처가 있었기에 가능한 일이었다. 물론 지금 이 지역들은 모두 늦었다. 책을 계속 읽다 보면 앞으로 매력이 있는 지역들이 공개되니, 잘 알아두고 자신에게 맞는 투자를 했으면 한다.

7개의 광역중심은 다른 지역과 연계를 통해 개발이 되는데 하나씩 보면 도심권인 용산은 영등포 여의도와 연계하여 국제기능 등 업무시설 기능을 집중적으로 개발할 예정이다. 동북권인 청량리-왕십리 및 창동-상계는 환승역세권의 잠재력을 활용하여 상업 및 문화 중심의 기능을 고려하였으며, 가용지를 활용하여 지역 고용 기반을 구축, 즉 일자리를 창출하여 서울 동북지역의 자족성을 키워 대대적인 도시정비사업이 탄력을 받도록 계획되어 있다. 서북권인 상암-수색 역시 대규모 가용지를 활용하여 서울 대도시권 서북지역의 광역적 고용 기반 구축과 더불어 뉴타운 개발에 가속도가 붙은 상태다. 서남권인 마곡과 가산-대림은 김포공항 및 상암과 연계시키고 대규모 산업단지를 유치시킴으로써 자족기능을 갖춘 도시를 탄생시켜 나가고 있으며, 구로 차량기지 이전 등 가용지를 중심으로 창조적 지식기반 고용 기능을 확산시킴으로써 거대한 서남권 산업벨트로의 기능을 올리는 데 역점을 두고 있다. 동남권인 잠실은 강남 도심과 연계하여 국제적 관광 및 쇼핑 기반 즉 국제교류복합지구로 계획이 되어 있어 향후 강남역과 맞먹는 수준의 유동성을 보일 것이다. 국제교류복합지구는 한전 부지, 영동대로, 잠실 종합운동장, 올림픽대로를 지하화하여 한데 묶어 개발하는 프로젝트다. 이 개발에 의거 잠실종합운동장은 2025년까지 전시, 컨벤션, 스포츠, 공연, 엔터테인먼트가 어우러진 글로벌 마이스MICE의 거점으로 개발된다. 이는 잠실 5단지가 더욱 주목을 받고 있는 이유이기도 하다. 현재 잠실 레이크팰리스 84㎡ 시세는 14억을 넘어섰으며 잠실엘스, 리센츠 등 일대 아파트 가격은 지금도 고공행진 중이다. 그 외에 지역중심에 들어있는 지역 중 주목해야 할 곳은 노량진, 신길, 망우, 미아, 연신내, 불광, 봉천, 사당, 이수, 천호, 길동 등이다. 이 지역들은 외곽의 교통 연장으로 인해 중심으로 들어오는 지역이거나 다른 지역중심에 비해 투자 매력이 있는 곳이다.

둘째, '인천' 도시기본계획에 의한 투자 방향

필자는 인천에서 처음으로 중개업을 시작했다. 당시 인천과 현재의 인천은 천지개벽이라 할 만큼 큰 성장을 거듭했다. 인천은 294만 7천 명

인천공간구조

의 인구를 가진 광역시로서 동인천+구월, 부평+계양을 도시재생축으
로 개발을 하며 청라+가정, 송도+연수구를 신도시 발전을 통한 지역
간 균형발전 구획으로 두고 있다. 더불어 삼각형 모형으로 신도시인 영
종, 소래, 논현 및 검단을 3개의 부도심축으로 두고 경제자유구역 및 관
광 거점으로 육성 중이다.

철도 노선을 기반으로 살펴보면 다음과 같다. 우선 구도심의 역세권

을 중심으로 지역별 자족발전을 위한 9개의 지역중심을 지정하여 개발에 속도를 내고 있다. 최근에는 청라국제신도시까지 7호선 연장 확정 발표와 청라에서 영종도를 잇는 연륙교 개통도 확정되어 추진 중이다. 또한 인천대공원역에서 광명역까지의 인천 지하철 2호선 연장 계획, 인천발 KTX 신설, 송도에서 서울역과 청량리를 거쳐 남양주 마석까지 연결될 GTX-B노선에 대한 예비타당성 검토도 동시에 진행 중인데 교통으로 인한 불편이 해소된다면 현재 인천의 부동산 가격은 저평가 상태라 볼 수 있다. 내년 초 수인선의 마지막 구간이 개통을 앞두고 있으며 향후 월곶-판교선 개통은 이 지역에 큰 프리미엄을 가져다 줄 것으로 기대된다. 특히 송도경제자유구역에서는 더블역세권이 될 4구역과 골프장 프리미엄을 자랑하는 6구역이 송도 최고 입지를 자랑할 것이다. 구도심이지만 향후 미래 가치가 높은 부평은 부천과 연계된 광역 생활권역으로서의 기능과 함께 7호선의 연장으로 중심으로 들어오면 더욱 입지가 좋은 지역이 될 것이다. 물론 꾸준한 정보 편집과 지역 임장을 통해 학습이 필요하며 투자하려고 하는 대상이 무엇인지에 따라 그 시기는 조금씩 다르겠지만, 내 집 마련이든 수익형 부동산이든 인천의 부동산은 전체적으로 평가이익이 높아질 것으로 기대되는 곳이다.

셋째, '고양' 도시기본계획에 의한 투자 방향

인구 100만 명을 넘긴 경기도 고양시는 투자자에게는 황금밭이다. 일산과 화정을 2개 도심으로 공간을 나누어 주 개발축으로 두고 있다. 두

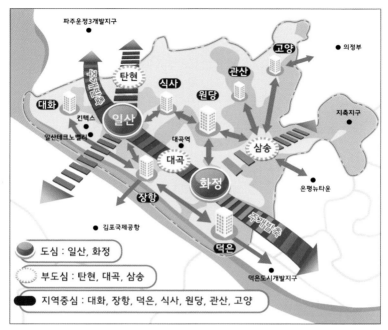

고양 공간구조

도심 사이에 있는 대곡과 삼송 그리고 탄현을 V자 모양으로 그리며 부도심으로 두는 계획을 하였으며 대화, 장항, 덕은을 포함하여 7개의 지역중심을 두고 개발이 진행 중이다.

위의 그림을 보면 자유로 축을 주 성장축으로 하여 대곡역세권을 개발하고 킨텍스에 테크노밸리와 한류월드를 조성 중에 있다. 이와 함께 덕은지구를 개발, 서울 상암DMC와 연결을 하여 서울과 연계되는 중심지로의 형성을 유도하고 있다. 더불어 신분당선의 광역교통망이 계획

163

되어 있는 삼송지구와 지축지구를 개발하여 서울 은평구와 더불어 대형도시로서의 발전을 꾀하고 있다.

최근 수도권 광역교통망인 GTX-A노선 착공으로 인해 이 지역의 부동산은 지난 10년간 침체기를 비웃기라도 하듯 가격이 올라가고 있다. 부 성장축에 있는 향동지구도 서울로의 접근성이 뛰어나므로 관심을 가지고 공부를 하면 좋다. 무엇보다 추후 쿼터플역세권이 될 '대곡역세권 개발'에 많은 관심을 기울이기 바란다.

넷째, '수원' 도시기본계획에 의한 투자 방향

수원은 수도권 내 남부지역의 1차 거점도시로서, 삼성전자를 비롯해서 광교 테크노밸리 등 산업단지가 많은 전형적인 직주접근 도시다. 투자자들이 수원에 관심을 가져야 할 이유는 광역교통망인 수원발 KTX 개통 및 수인선 연장, 수원 공군비행장 이전에 따른 신도시 개발로 인한 주변 부동산 가치 상승, 신분당선 2단계 호매실 연장 및 당수지구 개발, 서수원 R&D 사이언스 개발, 경기융합타운 및 신청사 건립, 광교 법조타운 건립, 수원 컨벤션센터 건립, 수원~인덕원 복선전철 개통 예정 등 부동산에 직접적으로 영향을 주는 호재가 만발하기 때문이다.

현재 광교신도시의 아파트 평당 가격은 2,500만 원을 넘어섰다. 수원은 시청과 수원역을 1개의 도심으로 두고 광교, 영통, 오목천을 3개의 주 성장축으로 지정하여 시 전체의 성장을 도모한다. 서수원(호매실), 북수원(정자동), 수원비행장을 3개의 부 성장축으로 두고 도심과 연

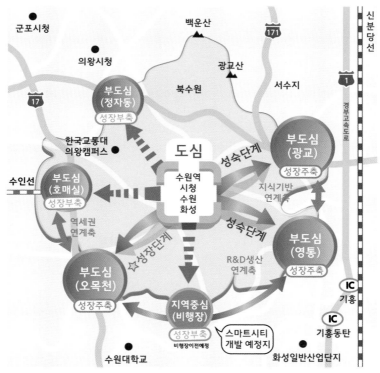

수원 도시기본계획

계하여 지역 균형 발전 및 경제 활성화를 위해 공간을 구분하여 개발을
진행한다. 수원역의 고등지구나 그 주변 재개발이 활발히 진행되고 있
으며, 특히 분당선과 직결 운행하게 될 수인선이 지나가는 주요 성장축
인 오목천 역세권 재개발은 권선동 113-12구역의 사업 시행인가를 시
작으로 속도가 붙기 시작했다.

　수인선이 토지주와 용지매수 협의 지연으로 내년 하반기로 개통이 연

장되긴 했으나, 현재 공정률이 70% 이상 진행이 된 상황이기에 내년 개통 자체에는 문제가 없다. 또한 인덕원~수원 복선전철은 지역 간 4개의 추가 신설을 두고 지체되어 왔으나 최근 지역과 정부 간 합의가 끝나 상반기에 기본계획을 확정지어 고시될 예정에 있다. 이 노선은 경기 서남부 지역의 광역 교통 기능을 확충하고 대규모택지개발에 따른 교통체증 해소를 위해 추진된 사업으로, 추후 신분당선과 환승이 되는 전철이다. 그동안 교통 단절로 평가를 받지 못했던 광교신도시 인근 월드컵경기장 주변 우만동과 구 법원사거리, 아주대삼거리, 북수원역 지역에 부동산 가치를 끌어올려줄 것이다. 또한 장안구청에서 수원역으로 연결이 되는 수원 1호선 트램도 계획이 되어있어 주목할 만한 가치가 충분하다.

다섯째, '광명' 도시기본계획에 의한 투자 방향

광명은 광명구도심과 광명역세권을 2개의 도심으로 공간을 남북으로 구분한다. 더불어 광명-시흥 테크노밸리를 1개의 부도심으로 노온사, 하안, 소하를 3개의 지역중심으로 구분한다. 재정비사업 촉진과 재건축사업 등 공동행정복지기능인 북부생활권, 광명역세권 및 소하도시개발사업지구인 남부생활권 그리고 첨단산업단지와 유통단지, 광명동굴 주변 도시개발사업 등이 진행되는 광명 테크노밸리의 서부생활권으로 나누어 체계적으로 개발할 예정이다. 특히 광역 교통축인 신안산선을 적극 추진하여 서남부 인구 유입을 촉진시키고 이에 따라 구로-가산디지털단지와 연계해 하나의 커다란 산업벨트이자 자족도시로의 기능을

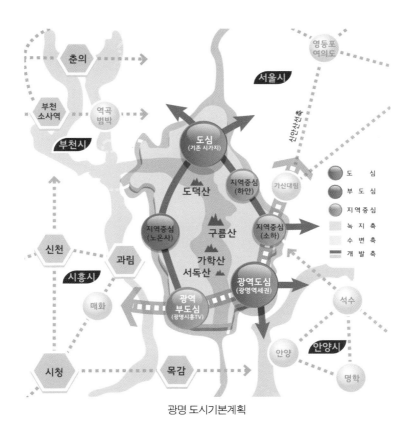

광명 도시기본계획

발현시킬 계획이다. 그러한 까닭에 광명역세권은 하루가 다르게 그 가치가 올라가고 있으며 우리가 주목해야 할 곳은 광명-시흥 테크노밸리와 그 주변이다.

또한 구도심에는 재개발, 재건축 사업이 잇따라 예정되어 있으며 광명 뉴타운도 시공사 선정이 속속 이루어짐으로써 향후 거대한 신도시로의 탈바꿈이 기대된다.

광명 뉴타운 사업진행 현황(2018년 3월 상황)

구역	추진현황	조합원 수	예정 세대 수	조합설립인가	사업시행인가	관리처분 계획인가	시공사
1	관리처분계획 인가준비 중	2,605	3,585	2012. 01. 11	2016. 06. 24		GS/포스코/ 한화
2	관리처분계획 인가준비 중	2,544	3,344	2012. 03. 23	2016. 10. 28		대우/롯데/ 현대
4	사업시행 인가준비 중	1,373	1,896	2016. 06. 30	-		현대산업개발
5	관리처분계획 인가준비 중	2,066	3,091	2011. 11. 01	2017. 11. 30		GS/현대/SK
9	사업시행 인가준비 중	892	1,524	2012. 09. 03	-		롯데
10	관리처분계획 인가준비 중	527	1,051	2012. 08. 31	2017. 09. 07		호반
11	사업시행 인가준비 중	3,272	4,367	2016. 04. 15	-		현대건설/ 현대산업개발
12	사업시행 인가준비 중	1,173	1,912	2016. 09. 23	-		GS
14	관리처분계획 인가준비 중	663	1,187	2011. 01. 31	2016. 08. 25		대우/한화
15	이주·철거 준비 중	836	1,335	2011. 10. 14	2016. 03. 09	2017. 08. 25	대우
16	이주·철거 준비 중	998	2,104	2011. 07. 01	2015. 08. 18	2016. 10. 14	GS/두산

광명 뉴타운

여섯째, '안양' 도시기본계획에 의한 투자 방향

안양은 구도심과 평촌이라는 2개의 도심을 중심상업업무기능을 수행

하도록 두고, 지역중심 6개를 두고 있다. 특히 광명~안양~성남에 이르

는 동서축은 첨단산업을, 과천~평촌~의왕의 남북 1축은 연구개발을,

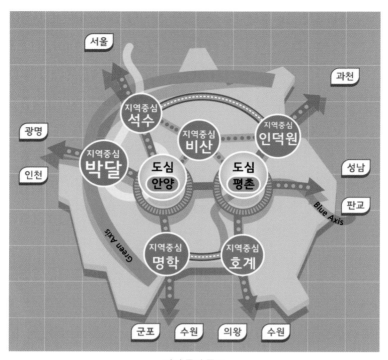

안양 공간 구조

서울~안양~군포의 남북 2축은 교육과 제조업을 집중 육성하여 지역 간 균형발전을 이루겠다는 계획이 잡혀 있다.

광명역세권과 접해있는 서안양의 관문인 박달을 신규 개발하고 월곶~판교, 인덕원~수원을 잇는 광역교통망인 인덕원역을 신규중심지로 개발할 예정이다. 혐오시설인 안양교도소와 농림축산검역본부 이전지를 주거지에서 상업지로 변경해서 지식산업과 문화, 여가, 주거 등을 목적으로 한 복합개발을 통해 원도심 재생 및 일자리 창출을 도모하고 있다. 평촌은 1기 신도시로 노후화가 진행되고 있고 구도심 역시 노후 불량 주거지가 많은 곳이다. 그러나 강남 접근성이 좋고 우리나라에서 3대 학원가로 꼽히는 지역이다. 그래서 주거환경이 좋아지거나 신규주택이 생기면 이 지역으로 대거 몰리는 특성을 띄고 있다. 예를 들어 안양 더샵센트럴시티의 경우 수억의 프리미엄이 올라가 안양의 현 상황을 잘 반영해준다. 평촌은 신도시로 이루어져 있기 때문에 리모델링 외에는 주거환경을 개선시키기 어려워 보인다. 그러나 구도심의 재개발은 지역 내에서 신규아파트를 선점하려는 많은 수요로 인해 향후 몇 년간 투자자들이 많이 몰릴 것으로 예상이 된다. 안양의 재개발 대장주는 평촌 학군을 사실상 공유하는 2천 7백 세대 예정인 덕현지구와 호계동 미니신도시 약 4천 세대 예정인 호원지구 그리고 비산동의 임곡 3지구다. 이들 재개발은 일반분양물이 많기에 조합원이 아니더라도 기회를 만들 수 있으며 현재 대부분 이주 진행 중이라서 올해나 내년 상반기 중으로 분양을 할 예정이다. 또한 재개발 주변은 환경 변화로 인해 가격 상승의 여력이 많이 있다는 것도 참고해서 투자에 임하길 바란다. 이때 주 진입로가 어디인지 유동성은 어디로 형성이 될 것인지 등에 대한 전문적인 컨설팅을 받고 투자에 임해야 하고 어떤 물건에 투자를 할 것인지에 따라 수익 실현 시기도 달라지니 투자에 대한 기간 설정은 필수라 할 수 있다.

일곱째, '부산' 도시기본계획에 의한 투자 방향

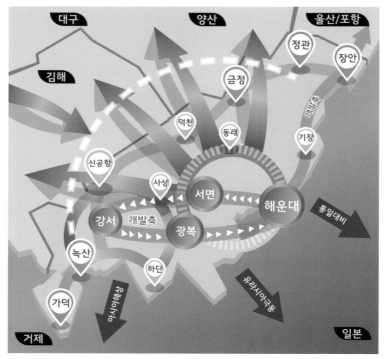

부산공간구조

부산은 부동산 상승 바람을 가장 늦게 탔다. 하지만 아파트 분양권을 중심으로 열기가 달아오르더니, 명지지구를 시작으로 구도심의 재개발, 재건축까지 부동산 상승의 확장세가 어마어마했다. 필자의 어머니가 부산 화명신도시에 거주하신 지 딱 8년 만에 아파트 가격이 상승하기 시작했는데, 최근 시세를 확인해 보았더니 그야말로 그동안 오르지 못한 가격이 단번에 오른 듯하다.

부산 도시계획은 기존 2개의 도심에서 위의 그림에서처럼 해운대와 강서를 새로운 도심으로 추가했다. 구도심 4개를 도심으로 묶어 광복은 상업과 업무, 서면은 행정과 금융 그리고 상업 중심, 해운대는 영상과 영화 중심, 강서는 산업과 물류 중심으로 각각 지역에 따라 특성을 명확히 하여 개발 중이다. 또 신공항 중심 물류와 주거 그리고 관광산업이 연계되는 권역인 서부산권, 관광휴양 개발과 친환경 주거 인프라 확충 및 바이오산업과 에너지산업 등 미래형 첨단산업을 결합해 지역특화로 개발하는 동부산권, 경제기반형 컴팩트 도시재생을 시행하는 중부산권이라는 3개의 생활권역으로 구분해 균형과 자족기반시설 확충을 위한 계획을 내포하고 있다.

　이 중 필자가 특히 강조하는 지역은 명지지구와 연계된 서부산권에서 강서 에코델타시티와 해운대를 포함한 일광지구 그리고 동부산 관광단지 축이다.

02

개발과 교통에 따른 핵심지역 투자 방향

"준비를 제대로 하지 못하면 실패를 준비하는 것이다."
- 벤자민 프랭클린 Benjamin Franklin

● 뉴타운

일단 서울의 재건축이나 뉴타운의 정보를 얻기 위해서는 서울시청 홈페이지를 즐겨찾기 해 놓자. 여기에 들어가 보면 아파트 분양 정보 카테고리가 있다. 여기에 서울시의 분양계획이 자세히 나온다. 신문에 이러한 정보가 소개될 때는 이미 준비가 늦었다고 생각하면 된다. 그 어떤 투자가 되었든 다른 사람들이 다 알고 나면 정보성이 떨어진다. 그래서 우리는 핵심 정보를 선점하고 성공적인 투자를 위해 미리미리 나서야 한다. 충분한 수준의 청약통장 적금액과 당첨 시 필요한 계약금의 준비, 입주 기간과 시공사 브랜드 등도 미리 파악을 하고 해당 지역을

174

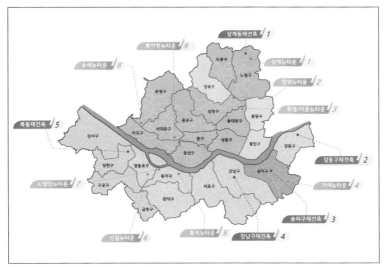

서울 재건축 및 3차 뉴타운

방문해서 현장 실수요와 투자자 수요 등도 예측해야 한다. 이렇게 최소한의 준비를 마치고 난 후 모델하우스 오픈 시 즉각 방문하여 최종 판단을 하면 된다. 이번 파트에서는 향후 3년 내에 서울에서 내 집 마련을할 때 우상향의 가치가 있는 3차 뉴타운과 재건축 지역을 알아보기로한다. 내용을 간략하게 조감도와 더불어 도표화 해놓았으니 별도로 투자노트를 만들어 자신의 현 상황에 맞게 투자를 하면 좋겠다. 혹 서울지역이 아니더라도 필자처럼 이렇게 정리를 해놓고 우선순위를 정하는투자가 되기를 바란다. 우선 뉴타운을 먼저 살펴보자.

첫째, '상계' 뉴타운

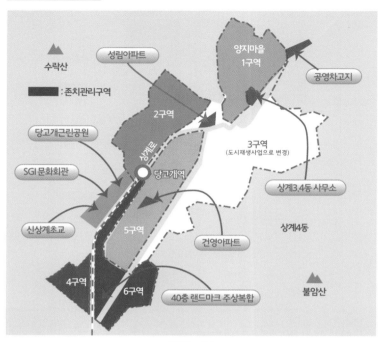

상계뉴타운

구분	진행상황
1구역	조합설립인가 승인 - 재정비촉진계획 변경안 통과 - 건축 심의 중 2018년 11월 사업시행인가 예정
2구역	조합설립인가 승인 - 2018년 1월23일 정기총회 개최 2019년 중반 사업시행인가 예정
3구역	구역해제 후 2017년 10월 도시재생사업 희망지역으로 선정
4구역	상계 센트럴 푸르지오 2017년 7월 분양(총 810세대 중 일반분양 444세대) 2020년 1월 입주 예정
5구역	조합설립인가 승인 - 2018년 2월 7일 정기총회 개최 2018년 12월 사업시행인가 예정
6구역	관리처분인가 - 조합원 이주 중 2018년 7월 롯데캐슬로 일반 분양 예정

둘째, '장위' 뉴타운

장위뉴타운

구분	진행상황
1구역	삼성물산 래미안 장위 포레카운티 2019년 6월 입주 예정 (939세대)
2구역	코오롱 글로벌 꿈의숲 코오롱하늘채 2017년 11월 준공 (513세대)
3구역	추진위 변경승인
4구역	관리처분인가 - 2018년 3월 관리처분변경총회 GS건설 예정 (2840세대)
5구역	삼성 래미안 장위 퍼스트하이 2019년 9월 입주 예정 (1562세대)
6구역	사업시행인가
7구역	현대 아이파크 2018년 3월~4월 일반분양 예정 (1711세대)
8구역	정비구역해제
9구역	정비구역해제
10구역	2018년3월 이주진행 예정 대우푸르지오 2019년 일반분양 예정 (1968세대)
11구역	정비구역해제
12구역	정비구역해제
13구역	정비구역해제
14구역	건축심의신청
15구역	정비구역해제

셋째, '휘경-이문' 뉴타운

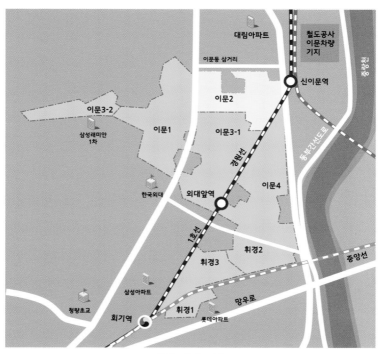

휘경-이문뉴타운

구분	진행상황
이문1구역	관리처분계획인가 - 삼성물산 2019년 총2,904세대 (일반분양790세대) 예정
이문2구역	정비구역해제
이문3구역	관리처분계획 수립 - 현대산업개발, GS건설 총 4031세대 예정 3-1구역과 3-2구역으로 나눠 동시 개발 3-1구역은 지하철 1호선 외대역을 끼고 있어서 임대사업 전망도 높음, 이문 휘경뉴타운 중 사업성 가장 높은 곳
이문4구역	사업시행인가 준비 중, 총 3,504세대 예정
휘경1구역	관리처분인가 - 이주 진행 중 한진 해모로 프레스티지, 2020년 2월 입주 예정, 총299세대 (일반분양160세대)
휘경2구역	SK건설 2019년 입주 예정 총900세대 (일반분양369세대) 예정
휘경3구역	사업시행인가 준비 중 GS건설 총 1,792세대 예정

넷째, '거여-마천' 뉴타운

거여-마천 뉴타운

구분	진행상황
거여2-1	관리처분인가 2018년 현재 이주 중 롯데건설시공사 선정 1,945세대
거여2-2	e-편한세상 송파파크센트럴 1,199세대 2020년 6월 입주 예정
마천1구역	추진위원회, 구역재지정 추진, 2,685세대
마천3구역	추진위원회, 구역재지정 추진, 2,367세대
마천4구역	사업승인계획 신청 중, 1,389세대

다섯째, '흑석' 뉴타운

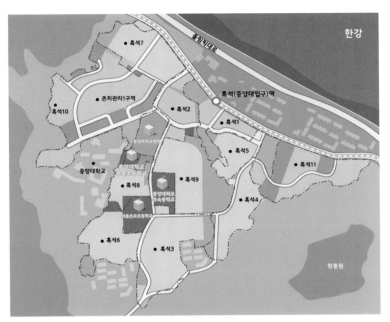

흑석뉴타운

구분	진행상황
1구역	추진위원회 승인
2구역	추진위원회 승인
3구역	관리처분인가, GS건설 시공사 선정, 분양 준비 중 (1,772세대)
4구역	흑석한강푸르지오, 2012년 8월 입주 완료 (863세대)
5구역	흑석한강센트레빌1차, 2011년 3월 입주 완료 (655세대)
6구역	흑석한강센트레빌 2차, 2012년 12월 입주 완료 (963세대)
7구역	아크로리버하임, 2018년 11월 입주 예정 (1,073세대)
8구역	롯데캐슬에듀포레, 2018년 11월 입주 예정 (545세대)
9구역	사업승인인가, 시공사 선정 준비 중 (1,536세대)
10구역	2014년 6월 구역 해제
11구역	신탁방식, 한국토지신탁회사가 사업시행 대행자로 지정 (1,292세대)

여섯째, '신길' 뉴타운

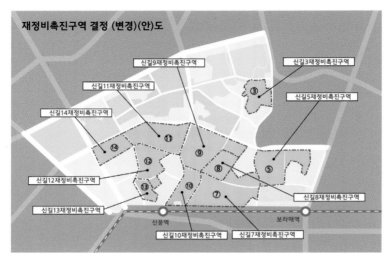

재정비촉진구역 결정 (변경)(안)도

신길뉴타운

구분		진행상황
14구역	3구역	포스코 더샵(791세대/일반분양 366세대) 18년 하반기 분양 예정, 2021년 입주 예정
	5구역	보라매 SK뷰(1,546세대) 17년 5월 분양 완료 2020년 1월 입주 예정
	7구역	래미안 에스티움(1,722세대/일반분양 788세대), 17년 4월 입주 완료
	8구역	신길 센트럴 자이(641세대/일반분양 254세대) 2018년 6월 분양 예정
	9구역	힐스테이트 클레시안(1,476세대) 17년 11월 분양 완료, 2020년 10월 입주 예정
	11구역	래미안 영등포 프레비뉴(949세대), 2015년 12월 입주 완료
	12구역	신길 센트럴자이(1,008세대), 2017년 7월 분양 완료, 2020년 2월 입주 예정
	14구역	신길 아이파크(612세대/일반분양 369세대), 16년 10월 분양 완료, 2019년 2월 입주 예정
재건축	10구역	사업시행자로 한국토지신탁 선정, 2018년 2월 시공사 선정 중
	13구역	신미아파트, 07년 11월 정비구역 지정
해제구역		1구역, 2구역, 4구역, 6구역, 15구역, 16구역

일곱째, '노량진' 뉴타운

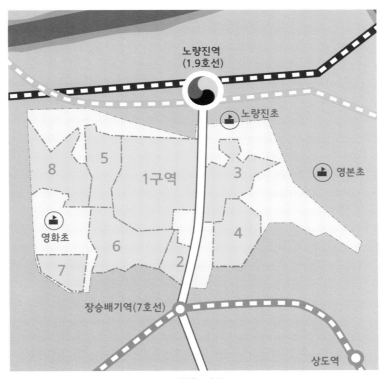

노량진뉴타운

구분	세대수	진행상황
1구역	1,997	조합설립인가, 노량진 뉴타운의 최대 재개발 사업지
2구역	421	사업시행인가, 시공사 선정 중
3구역	1,012	조합설립인가, 두 번째로 넓은 사업지
4구역	860	조합설립인가
5구역	740	조합설립인가
6구역	1,499	사업시행재인가승인, 사업 속도 가장 빠름, GS건설·SK건설 시공, 2018년 7월 조합원분양신청 2018년 말까지 관리처분인가 받을 계획
7구역	614	시공사 선정 SK건설 (2017년 11월)
8구역	1,007	건축심의 준비 중, 2019년 3~4월 인가 예정

여덟째, '수색' 뉴타운

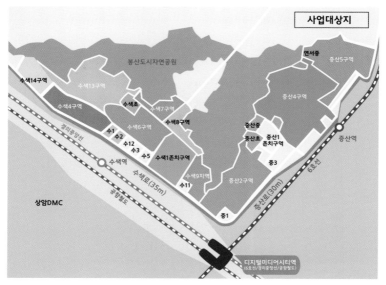

수색뉴타운

구분	진행상황
수색4	DMC 롯데캐슬더퍼스트, 2017년 6월 분양, 2020년 6월 입주 예정 (1,192세대)
수색6	GS자이, 2017년 10월부터 이주 시작, 2019년 상반기 분양 예정 (1,223세대)
수색7	GS자이, 2019년 하반기 분양 예정 (649세대)
수색8	SK VIEW, 2017년 10월 사업시행인가 (579세대)
수색9	SK VIEW 이주 중, 2018년 분양 예정 (754세대)
수색13	SK VIEW, 현대산업개발, 2017년 7월 사업시행인가 (1,402세대)
증산2	GS자이, 관리처분인가 2018년 이주 중 (1,386세대)
증산5	롯데캐슬, 사업시행인가 (1,704세대)

아홉째, '북아현' 뉴타운

북아현뉴타운

구분	진행상황
1-1구역	북아현현대힐스테이트 1,226세대 (2018년 4월 분양 예정, 일반분양 약 345세대), 지하철 2호선 아현역 근접
1-2구역	아현역래미안푸르지오 940세대 (2015년 10월 입주 완료)
1-3구역	대림e편한세상 1,910세대 (2016년 12월 입주 완료)
2구역	삼성래미안/ 대림 E편한세상, 지하철 2호선 아현역과 5호선 충정로역 사이에 위치. 약 2천 세대 (2017년 사업시행변경인가)
3구역	GS자이/ 롯데캐슬-조합원 물량 약 1,900세대 일반분양물이 많아 사업성 좋음, 북아현 뉴타운 중 가장 큰 규모의 재개발 약 4천 세대 (2011년 9월 사업인가) 현재는 인가 후에 5년 동안 미시행으로 인해 사업시행인가를 다시 받아야 하는 상황에 있음

● 재건축

첫째, '상계동' 재건축

아파트 밀집 지역인 서울 노원구 상계지구는 주공아파트 16개 단지를 포함해 3,300여 가구가 넘는 보람아파트와 1,500여 가구의 벽산아파트 등 총 4만 946가구가 모두 1987~1989년 사이에 지어졌다. 그래서 올해나 내년에는 재건축 연한을 충족하게 된다. 그중 조립식 아파트인 주공 8단지가 재건축 연한과 관계없이 안전에 문제가 있다는 이유로 2013년 11월 재건축 정비 계획안이 통과되었다. 현재는 이주 후 철거가 진행 중으로 상계동 재건축의 스타트를 끊었다.

시공사는 상계꿈에그린이다. 7호선 마들역이 가까운 단지이며 학교는 초중고가 모두 단지 맞은편에 있어 입지적으로 양호하다. 특히 이번 상반기에 일반분양을 계획하고 있다. 하지만 일반분양 물량이 적은 편이어서 경쟁률은 높을 것으로 예상된다. 반면 가장 먼저 준공을 함으로써 신규아파트의 가치를 인정받을 수 있는 단지이기도 하다.

기존 : 지상 4층짜리 18개 동 총 830가구(전용면적 31~47㎡)

신규단지 : 지하 3층~지상 30층짜리 13개 동 총 1062가구(전용 59~114㎡)

가구 수는 조합원분 830가구, 임대주택 146가구, 일반분양 80가구로 구성된다.

주공 5단지는 재건축 사업을 추진하는 준비위원회가 들어섰으며, 최근 재건축 안전진단기관과 최종 계약을 체결함으로써 규제를 피하게 된 유일한 단지다. 주공 5단지는 5층의 저층으로 이루어진 유일한 단지이며 입지적으로 주공 6단지와 붙어 있다 보니 통합재건축 얘기도 나왔었지만 재건축 안전진단강화 정책으로 인해 단독 재건축을 하게 될 것이다. 자체 단지로만 이미 840가구가 넘는 데다가 낮은 용적률로 조합원 수가 적고 용적률을 높일 수 있는 여력이 있어, 일반분양 물량의 증가로 수익성이 좋을 것이라는 평가를 늘 받아왔다.

필자는 이미 1년 전부터 주공 5단지를 회원들에게 많이 강조했었다. 나머지 단지들은 재건축 연한을 내년 초면 거의 다 채우게 되지만 안전진단이 강화된 현 시점에서는 5단지가 더욱 주목을 받을 수밖에 없을 듯하다. 하지만 결국 상계주공아파트들은 노원-창동 역세권 개발과 맞물려 시간이 흐름에 따라 계속적으로 주목을 받을 지역이다. 특히 주공 10단지는 지하철 7호선 마들역과 인접했고, 2019년 말 이전이 완료되는 창동 차량기지(17만 9,578㎡)와 도봉 면허시험장(6만 7,420㎡)에 맞닿아 있어서 향후 상계 재건축이 진행되면 엄청난 변화가 예상이 된다.

둘째, '강동 둔촌' 재건축

명일동, 길동 재건축 사업진행 현황

아파트 단지명	사업진행상황	세대수	입주예정시기
명일삼익1차 (명일역솔베뉴)	분양 완료	1,900	2019년 6월
명일삼익그린2차	추진준비 (기존 2,400세대)	3,350	
길동신동아 1, 2차	관리처분 완료	1,299	
길동신동아 3차	일반분양 준비 중	366	
계		6,915	

강동구 둔촌재건축 진행사항 및 평형별 예정 세대 수

아파트 단지명	사업진행상황	기존세대	설계변경(안) 세대수
둔촌주공 1단지		1,370	
둔촌주공 2단지	이주마무리단계	900	통합재건축으로 평형별로 세대 수 있음.
둔촌주공 3단지		1,480	
둔촌주공 4단지		2,180	
계		5,930	12,032

구분	전용면적	시행인가 세대 수	설계변경(안) 세대 수
60㎡ 미만	29㎡(14평)	268	272
	39㎡(18평)	1,186	1,844
	49㎡(22평)	1,124	952
	59㎡(26평)	1,214	2,351
	소계	3,792	5,419

60~85㎡	84㎡(34평)	3,948	3,934
	소계	3,948	3,934
85㎡ 초과	95㎡(37평)	504	937
	109㎡(43평)	2,658	1,370
	113㎡(45평)D	0	16
	134㎡(50평)	204	313
	138㎡(54평)D	0	0
	144㎡(57평)D	0	16
	156㎡(63평)P	0	9
	166㎡(65평)P	0	9
	소계	3,366	2,679
합계		11,106	12,032

셋째, '송파구' 재건축

송파구의 경우 금년도에는 12월 입주하는 송파헬리오시티 9,510가구
를 제외하고는 입주가 예정된 단지가 없는 실정이다. 하지만 재건축을
추진 중인 매머드급 단지는 줄줄이 포진하고 있다. 잠실장미아파트, 미
성크로바아파트, 잠실삼익맨션, 잠실진주아파트, 잠실5단지, 잠실우성
아파트 등 그 규모는 3만 세대 이상에 달한다. 사업 추진만 원만하게 진
행된다면 2020년 이후 일시적으로 가격 정체 시기가 올 때 매입 타이밍
을 잡을 수도 있다.

아파트명	세대 수	진행사항	이주예정 시기
문정동 136번지 일대	1,489	사업시행인가	2019년 이주
가락프라자아파트	1,166	조합설립추진	
송파동 100번지 일대	507	조합설립추진	
가락시영(헬리오시티)	9,510	금년도 입주예정	2018년 12월 입주
가락삼익맨션	1,650	조합설립추진	
장미아파트 1,2,3차	3,913	현 3,522세대 (조합설립추진)	2022년
잠실 미성크로바아파트	1,910	현 1,350세대 (사업시행인가)	2019년
잠실진주아파트	2,670	현 1,507세대 (사업시행인가)	2019년
잠실5단지아파트	5,950	현 3,930세대	2019년
잠실우성아파트	2,716	현 1,842세대	2020년
잠실우성4차	896		
풍납우성(잠실올림픽아이파크)	697	입주 2019년 11월	
합계	33,074		

넷째, '강남구' 재건축

강남구에서 최대의 재건축 지역은 단연 '개포동 일대' 아파트 단지다. 지금까지 분양을 완료한 단지는 개포주공2단지와 3단지, 시영아파트 등 3개 단지로 총 약 5,300세대 규모다. 2018년~2019년 중 입주를 목표로 지금 공사가 한창 진행 중에 있다.

금년도에 분양이 예상되는 단지는 개포주공8단지(1,975세대, 일반분양 1,690세대)와 개포주공1단지(총 6,642세대, 일반 1,216세대)로 금년 상반기 분양을 목표로 사업이 진행 중이며, 개포4단지(총 3,320세대, 일반 281세대)도 금년 중 분양을 목표로 하고 있다. 이들 3개 단지의 물량은 총 11,637세대, 일반분양 3,187세대다.

나머지 단지들도 사업을 진행 중이거나 사업에 착수하기 위해 박차를 가하고 있으며, 이들 단지들이 원만하게 사업이 이루어지면 개포동 일대는 대단지 고급아파트 군으로 떠오를 전망이다. 다만 대단지 아파트가 동시다발로 사업이 진행되기 때문에 입주 시에는 일정 부분 공급 쇼크도 염두에 두어야 할 것으로 보인다.

강남구 재건축

아파트 단지명	진행상황	기존세대 수	재건축 시 세대 수	입주예정시기
개포 3단지 (디에이치아너힐스)	분양 완료	1,160	1,320	2019년 8월
개포 2단지 (래미안블레스티지)	분양 완료	1,400	1,957	2019년 2월
개포 시영 (개포강남포레스트)	분양 완료	1,970	2,296	2020년 7월
개포 4단지 (개포그랑자이)	2018년 7월 분양 예정 (일반분양 281세대)	2,840	3,320	2021년 9월
개포 5주공 (개포 187)	조합설립추진 중	940	1,307	
개포 6,7단지 (개포동 185)	재건축추진위 구성 중	1,960	2,994	
개포 주공 8단지 (디에이치자이)	2018년 3월 분양 예정 (일반분양 1,690세대)	1,680	1,996	
개포 주공 1단지 (개포 660-4)	2018년 4월 이주 예정 (일반분양 1,216세대)	5,040	6,642	
개포 우성 3차 (개포 652)	통합재건축추진 중 (개포 경남은 참여 불투명)	405		
개포 현대 1차 (개포 653)		416		
개포 경남 (개포 649)		678		
개포동 럭키아파트(462)		128	157	
개포 우성5차아파트 (463-1)	조합설립	180		
개포동 한신아파트 (도곡동 464)	조합인가	620	819	2020년 6월 예정
개포현대2차 (개포 654)		558		
개포우성4차 (개포 465)		459		
합계		20,434		

다섯째, '목동' 재건축

목동 신시가지 아파트 1~14단지 모두 올해로 재건축 연한 30년을 채워 사업 추진이 가능해진다. 목동이 투자 지역으로 꼽히는 이유는 재건축 수익성을 결정하는 요소 중 하나인 '대지 지분 비율'이 높기 때문이다. 목동 신시가지 아파트의 평균 전용면적 대비 대지 지분 비율은 90% 이상이다.

목동은 전형적인 주거단지로 주변의 상암DMC나 마곡산업단지의 최대 배후지가 될 것이다. 이 지역에 이미 자리 잡고 있는 학원가는 강남과 함께 양대 톱으로 평가받고 있기에, 많은 수요자가 몰릴 수밖에 없는 지역이다. 추후 경인고속도로가 지중화 되면 부천 및 인천에서의 수요도 많이 끌어들이는 지역이 될 것이다. 물론 시간적으로 인내가 요구된다. 좋은 학군이 필요한 세대는 실거주를 하며 동시에 투자를 겸하기 훌륭한 지역이다.

이렇듯 동남권 지역들과 상계주공, 목동주공 등의 재건축 아파트들은 앞으로 수년간 분양 행진이 있을 예정이다. 분양 일정을 스크랩해두어 자신의 상황에 맞게 평가이익이 높은 지역을 선정하여 접근하기 바란다. 또한 재건축은 약 5년 정도의 장기적인 안목으로 투자에 접근해야 함을 잊지 말아야 한다.

이와 함께 사업단계별 투자도 고려해야 한다. 최근 국토부와 서울시는 서울 내에서 재건축과 뉴타운을 제외한 신규공급이 사실상 어려운 현실을 타개하고자 '빌라촌' 도시재생사업을 공동으로 추진한다는 계획을 발표했다. 이에 강남 인근 지역의 빌라 역시 몸값이 올라가게 될 것이다. 노후화된 단독주택은 리모델링이나 신축을 통해서 부동산 자산 가치로의 역할이 컸었지만, 빌라는 재건축이나 가로주택정비사업을 해도 사업성에 대한 검증이 없기에 상승장에서는 소외되었었다. 하지만 여전히 지역별 차이는 있겠으나 이제는 관심을 둘 만해졌다. 서울에서는 아무리 강력한 정책이 나와도 부족한 공급을 해소시키지 못하기 때문에 시간이 지나면 어김없이 시장의 승리로 끝난다는 점을 늘 명심해야 한다.

● 역세권 개발

첫째, '수색' 역세권 개발

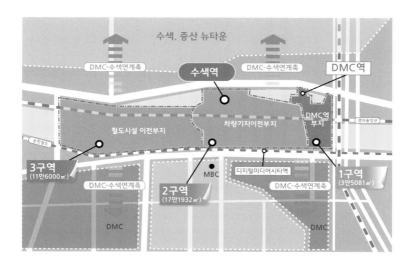

수색역세권 개발은 지하철 6호선, 경의선, 공항철도가 지나는 디지털 미디어시티역(이하 DMC역)의 철도 부지에 복합단지를 개발한다는 것으로 서울시의 가용 용지 개발의 일환이다. DMC역 부지와 수색역 부지, 철도시설 이전 부지가 사업 대상에 포함되었으며 이 중 DMC역 구역을 롯데쇼핑과 협약을 맺어 판매와 역무, 문화시설 등을 우선적으로 개발키로 하고 그 외 구역을 단계별로 추진할 계획이다. 특히 상암, 수색 지역을 상업과 업무 그리고 문화기능을 갖춘 복합 광역생활권의 중심지로 개발하여 서울 균형 발전에 기여한다는 게 목표이다. 본 개발로 인해 그동안 철도로 가로막혔던 수색과 상암이 연결됨으로써, 수색은 직주근접이 가능한 주거지가 될 것이며 광화문 및 시청으로의 진입이 용이해져 이 지역의 부동산 가치는 더욱 올라갈 전망이다.

수색역세권 개발에 힘입어 오랫동안 침체되었던 수색, 증산 뉴타운에도 훈풍이 불기 시작했으며 수색 1구역에서 14구역, 증산 1구역에서 5구역까지 3만여 세대는 상암동 아파트 가격 수준으로 올라갈 것으로 예상이 된다. 이와 더불어 수색의 혐오시설인 수색변전소와 송전탑은 지중화 진행 중이며, 지상에는 주민들을 위한 복합시설이 들어서 향후 서울 7개 광역중심지로의 역할을 하게 됨으로써 그동안 상대적으로 소외되었던 서북권 발전에 큰 기폭제가 될 것이다.

현재 수색은 상암동 아파트와 비교하면 2억에서 3억 낮은 가격으로 가치가 형성되어 있지만, 신규아파트에 대한 프리미엄까지 갖춘 지역으로 똑똑한 내 집 장만 기회를 잡을 수 있는 곳이다. 또한 상권이 확대가 되는 지역이기에 수익형 부동산 투자 시에도 전망이 밝다. 예를 들어 광역역세권에 마련한 오피스텔 3채는 나에게 시간적 자유를 주는 최고의 파트너가 될 것이다. 수색은 변두리 지역에서 중심가로 탈바꿈하는 시작점에 있다. 이러한 점을 따져 볼 때 모든 투자의 적기는 바로 지금이다. 만반의 준비를 하고 있다가 나에게 맞는 투자 물건을 선택한 후, 일정 시간을 인내하여 자산을 키우기 바란다.

둘째, '노원-창동' 역세권 개발

노원-창동 역세권 개발은 4호선과 7호선의 환승지인 노원역과 1호선과

창동. 상계 신경제중심지조성 기본구상

4호선의 환승지인 창동역 사이를 개발하고, 차량기지를 남양주 진접으로 이전함에 따라 대규모 가용 용지를 개발하겠다는 계획이다. 그에 따라 외곽에서 시내로 유입되는 통근 교통을 흡수하고 동북권의 신 경제 중심지로 도약시켜 균형 개발을 이루겠다는 서울시의 의지가 담겨 있다. 또한 강남과 월계를 잇는 동부간선도로의 지하화, 중랑천 복원 및 공원화, 수도권 광역급행철도 C노선을 연결하여 강남으로의 접근성 향상 등 호재가 적지 않다.

우선 1단계 사업으로 농협 하나로마트 부지와 체육시설 부지에 글로벌 라이프존을 개발하여 창업지원시설을 공급할 예정인데, 서울주택도시공사가 시행을 맡아 지상 50층 규모의 랜드마크 주상복합이 2021년 완공될 전망이다. 또한 체육시설 부지에는 아레나 급 문화공연 시설을 건립함으로써 문화경제 허브로 만들어 젊은 층의 유동인구를 생성할 계획이며, 운전면허시험장은 글로벌 비즈니스존으로 만들어 8만 개의 일자리 창출 및 신경제 중심지로 발돋움시킬 것이다.

복합환승센터에는 한시적으로 컨테이너 형의 문화시설 드림박스를 설치하여 지역에 필요한 교육프로그램 등을 운영할 예정이다. 이와 함께 주변 주공아파트들의 재건축 시기와 맞물려 향후 몇 년간 서울 개발의 중심에 있을 것이다. 노원구 일대 주공아파트는 강북권 유일의 신도시 개발로 생겨난 주거지이며, 소형아파트 밀집 지역에 인구 밀도 또한 높으며 강남 목동에 이어 학군이 좋은 지역이다. 따라서 환경이 개선되는 시점에서는 노원역 주변 주공아파트가 투자자들에게 효자 노릇을 톡톡히 할 것으로 기대된다.

부동산은 끊임없이 환경에 의해 움직인다. 그래서 투자자는 사고자 하는 물건 주변의 환경 변화를 읽어 낼 줄 알아야 한다. 2017년 한때 3, 4개월 만에 수천만 원이 폭등해 투기 지역으로 지정되었지만 도봉구와 노원구는 개발 호재에 비해 아직은 저평가된 지역으로 서울 25개 구 중에서 가격 상승률이 하위권에 속한다. 그러니 일자리 창출 및 광역상권 개발에 따른 미래 가치는 충분히 높다고 할 수 있다. 부동산의 가격은 결국 일자리가 얼마나 창출이 되느냐와 교통의 개선, 학원 등의 편의시설 증가에 의해 결정이 된다. 노원-창동 역세권 개발이 이에 해당이 된다.

셋째, '광운대' 역세권 개발

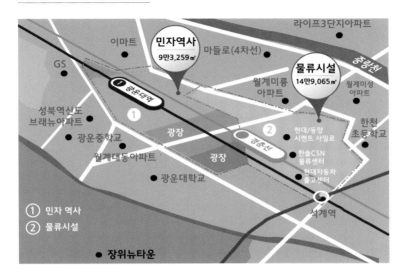

광운대 역세권 개발은 서울의 대표 낙후 지역인 노원구 월계동에 자리 잡은 광운대역 철도 및 물류 부지를 주거, 상업, 공공시설들로 탈바꿈시켜 성북, 석계 지역에 일자리를 창출하고 신경제 전략거점으로 개발시킨다는 계획이다. 지하철 6호선과 7호선 그리고 경원선과 경춘선이 교차하면서 동부간선도로와 북부간선도로가 인접해 있어 교통 접근성이 뛰어난 지역이다. 이에 광운대 캠퍼스타운과 장위뉴타운과 맞물려 지역 부동산의 견인차 역할을 제대로 해낼 것으로 예상된다.

2017년 현대산업개발이 개발사로 선정되었으며, 전체 부지에서 주거 대 비주거 비율이 6 대 4, 복합용지는 주거 대 상업용지 비율이 8 대 2이다. 비주거 용지는 역세권의 유동성을 강화하는 상업, 업무, 지원시

설 등을 배치한다. 일자리가 충분하고 강남으로의 접근성이 높은 교통
망이 자리하고 있어 역세권의 부동산은 시간이 갈수록 매력이 커질 것
이다. 현재 광운대 역세권의 개발붐을 타고 매도자와 매수자 간 가격
갭이 생기고 있으나, 본격적 개발은 2019년부터라는 것을 감안하여 타
이밍을 잘 잡는다면 성공적 투자가 될 수 있다.

● 교통축

첫째, '월곶-판교'선

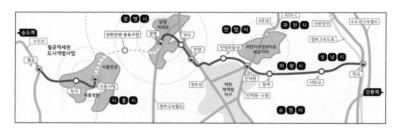

국토 개발 전반을 살펴볼 때 과거에는 경부축을 중심으로 개발이 이루
어졌다면, 최근에는 서해축을 중심으로 엄청난 철도 건설과 신도시 개
발이 이루어지고 있다. 월곶-판교선, 신안산선, 소사원시선, 소사대곡
선이 대표적인 서해축 중심 전철 노선들이다. 첫 번째 서해축 전철 노
선인 월곶-판교선은 동쪽에 자리한 판교 및 여주로 이어지는 경강선과
연결이 되는 전철이다. 경기도 시흥 월곶에서부터 소사-원시선과 연결
되는 시흥시청역을 거쳐, 신안산선과 연결되는 광명역과 4호선 인덕원

역을 지나 판교와 성남까지 이어진다. 월곶역을 포함하여 약 6개의 환승역에 연결이 되며 2019년 착공, 2023년 완공 예정이다.

이 노선은 향후 제2인천공항철도로 연결이 되어 인천과 강릉을 동서로 연결하는 국가간선철도의 주요한 노선이 된다. 또한 이 노선은 테크노밸리가 밀집된, 수도권의 강남이라 할 수 있는 판교로 연결된다는 점에서 의미가 크다. 현재 판교의 아파트 가격은 웬만한 서울 지역보다 높은, 평당 3천만 원을 넘어섰다. 이에 반해 시흥은 1천만 원대 초반으로 높은 수준의 생활 인프라가 구축되고 산업단지로의 접근성이 높아지면, 가격 진입 장벽이 상대적으로 낮은 도시로 주택수요자는 증가하고 인구증가로 인한 수익형 부동산 가격까지 동반 상승하게 된다.

가장 큰 수혜지로 예상되는 곳은 시흥과 인덕원, 안양 지역이 될 것으로 보인다. 트리플역세권을 갖출 장현지구의 시흥시청역과 안양의 인덕원역 주변 부동산은 역사 부지 보상 단계나 착공이 시작되는 시기가 오면 가격이 뛸 것으로 보인다. 판교로 이어지는 경강선 개통 이후 최대 수혜 지역인 경기 광주역의 대림 e편한세상은 입주 1년 만에 억대 이상의 프리미엄이 붙어 거래되고 있다. 여기에 대규모 쇼핑몰과 지식산업센터 등을 유치하는 광주역세권 도시개발사업과 맞물려 앞으로 이 지역의 가치는 꾸준히 상승할 것이다. 이처럼 교통축이 어디로 향하느냐에 따라 주 라인뿐만 아니라 주변 부동산에까지 많은 영향을 준다. 월곶-판교선은 경기 서남부의 부동산을 우상향시켜줄 견인차 역할을 하게 될 것이다.

둘째, '신안산'선

경기 서남부 지역 교통개선에 획기적인 방안을 제시할 신안산선은 두
번째 서해축 전철 노선으로 안산 한양대에서 시작해 목감지구와 광명

역을 거처 안양, 영등포, 여의도를 지나 서울역까지 연결하는 수도권광역 교통망이다. 수도권 서남부에서 서울 3대 도심지인 서울역으로 연결되는, GTX급행철도 역할을 한다고 볼 수 있다. 최근 계속 우선협상자 문제로 삐거덕거리고는 있지만, 대형 민자사업의 특성으로 하나의 통과의례라 생각하면 될 것이다. 국토부도 올 상반기에 우선협상자를 선정한다는 계획을 잡고 추진 중이며, 현재 포스코의 단독입찰로 마무리 될 가능성도 보인다.

부동산 상승 요인 중 가장 크게 영향을 주는 것이 교통축, 즉 전철 노선이라 보면 된다. 부동산은 말 그대로 움직이지 않는 부동성이 특징이다. 그러나 투자자의 시선으로 부동산을 관찰할 때는 '부동산은 움직이는 자산'으로 생각해야 한다. 이때 부동산을 움직이는 힘이 바로 교통축이다. 이 교통축이 일자리와 편의시설이 많은 서울 도심으로 향한다면, 그 자체가 환경의 변화로 오는 가격 상승의 요인이다. 신안산선은 바로 경기 서남부 지역의 부동산을 서울로 이동시키는 강력한 엔진이 될 것이다. 이 노선은 총 8곳의 환승역을 거치게 되는데 여의도역(5호선, 9호선), 영등포역(1호선), 신풍역(7호선), 구로디지털단지역(2호선), 석수역(1호선), 광명역(1호선, 월곶-판교선), 중앙역(수인선, 4호선), 시흥시청역(소사원시선, 월판선) 등이다. 바로 이 환승역들의 아파트나 단독주택이 많은 프리미엄을 기대해 볼 수 있는 물건들이다.

신안산선은 광명에서 시흥시청으로 연결이 되어 소사-원시로 이어지는 노선과 안산시 중앙역으로 이어지는 노선으로 나뉘게 된다. 안산

과 시흥은 그동안 서울로의 진입이 불편하여 투자자들에게 소외되곤
했지만, 신안산선 개통이라는 호재로 투자자들에게 많은 관심을 받게
되어 향후 가격 상승이 기대된다. 특히 광명을 포함하여 안양과 금천
구는 신안산선 개통으로 외곽에서 중심으로 진입이 되는 지역에다 재
개발로 인한 환경 개선 요인까지 갖추게 되어 가격 상승에 더욱 탄력을
받을 것이다. 시간적 여유가 충분한 지역으로 사전에 미리 공부해 놓는
다면 좋은 결과를 내 줄 것이다.

셋째, '소사-원시'선/'대곡-소사'선

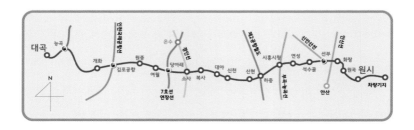

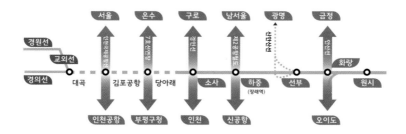

세 번째 서해축인 철도계의 서울외곽순환고속도로로 불리는 소사-원

시선은 위로는 대곡, 아래로는 홍성까지 연결이 되는 철도다. 경기도 부천 소사역을 출발하여 시흥을 거쳐 안산 초지역을 경유하여 원시역에 종착하는 노선이다. 아래로는 홍성까지 연결이 되는 서해선은 2021년 개통 예정이며 소사-원시선은 올해 상반기에 개통이 될 예정이다. 소사-대곡선은 2021년 개통을 목표로 한창 공사 중이며 대곡까지 이어지는 철도는 향후 GTX순환선인 교외선(의정부로 연결)으로 연결이 되어 외곽 순환철도가 완성이 된다.

소사-원시선은 향후 신안산선과 연결을 하여 광명을 포함 일자리가 많은 가산디지털단지를 지나 여의도, 서울역까지 갈 수 있는 철도와의 연결을 최종목표로 하고 있다. 또한 안산 화랑역(초지역)에서는 내년 완전 개통되는 수인선이 연결되어 수원에서 분당선으로 갈아탈 수 있다. 초지역은 향후 경부고속철도와 연결이 될 인천발 KTX 정차역으로 최종 확정이 났으며 이로써 부산 또는 광주까지 2시간대에 이동할 수 있는 생활권이 되며 역세권 개발에도 탄력이 붙을 것으로 기대된다.

대곡-소사선은 소사에서 출발하여 김포를 거쳐 일산 대곡까지 이어지는 전철 노선으로 당아래역(부천 종합운동장역)은 최근 인천 청라로 연장이 된 7호선과 GTX-B노선의 환승역이 될 가능성이 크며 김포공항역은 5호선, 9호선, 공항철도, 김포도시철도 등이 지나는 역사로 환승을 할 경우 마곡까지 10분 이내에 갈 수 있다. 대곡역은 3호선, 경의선, GTX-A, KTX, 교외순환선이 연결이 되는 쿼터플역세권이 된다. 소사-원시선이 올해 개통이 되고 3년 뒤 소사-대곡선이 개통을 하게 되면 광명시홍 테크노밸리를 포함하여 마곡, 상암, 가산/구로 디지털산업단지 등 주요 배후를 지나는 황금노선이 될 것이므로 반드시 미리 공부해야 할 필요가 있다.

소사-원시선과 소사-대곡선은 교통 불모지인 시흥, 안산, 부천의 교통을 개선시킨다는 의미를 넘어서, 그동안 저평가가 되었던 수도권 외곽 지역을 30분 내에 서울 및 산업단지로 진입시켜주는 획기적인 철도라고 볼 수 있다. 투자자 입장에서는 중장기적으로 접근하기에 아주 좋은 지역인 것이다.

넷째, '김포 도시철도' 라인

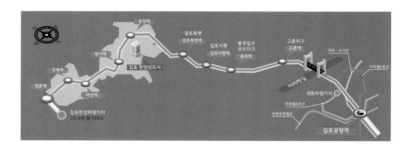

김포는 서울 접근성이 떨어지고 산업단지가 부족해서 파주 운정신도시와 함께 대표적인 수도권 미분양 지역이었다. 물론 현재는 상황이 반전되었는데 교통이라는 상수를 제외한 변수들이 어느 정도 영향을 주었겠지만, 서울로의 접근성이라는 상수가 가장 큰 가격 상승 요인이라 볼 수 있다.

김포한강신도시 광역교통개선 대책에 따라 마련된 김포도시철도는,

김포공항에서 김포 원도심과 한강신도시 전 구간을 잇는 전철이다. 김포공항에서는 5호선, 9호선 및 공항철도를 이용해 서울 원도심까지 빠른 이동이 가능해짐에 따라 도시 경쟁력이 상승하여 최근 김포 부동산 가격은 가랑비에 옷 젖는다는 속담처럼 꾸준히 오르고 있다. 그동안 버스 교통에만 의지했던 김포시에 새로운 철도 교통이 등장함에 따라 김포 구도심의 재개발사업에도 새로운 바람을 일으킬 것으로 보인다. 2018년 말 철도 개통이 되는 시점까지는 여유가 있으며, 개통 이후에도 중심권에 들어올 풍무동이나 원도심은 계속해서 상승 분위기를 유지할 것이다. 또한 역세권 상업지역의 역할도 커지리라 전망된다. 김포의 매력은 마곡, 상암이 주 업무지구로 전환이 되면서 이 지역의 최대 대체 주거지가 바로 고양시와 더불어 김포한강신도시가 되는 것이다.

제2외곽순환도로 인천~김포 구간이 개통되었고 최근 철도 노선이 신설되는 역 주변으로 브랜드 아파트들의 분양도 잇따르고 있다. 신설 역세권의 범위 안에 있는 입지 좋은 토지에 투자하는 것도 매력적이며 8.2부동산대책에서 제외된 지역으로 양도세와 담보대출의 규제가 적용되지 않는 곳이라는 점 또한 매력으로 보인다. 산업단지가 많은 마곡의 대체지라는 평가와 더불어 저렴한 가격으로 3040세대의 꾸준한 전입이 이루어지는 상황이며, 미래도시 및 자족형 기업도시인 한강시네폴리스도 김포의 미래를 밝게 비추고 있다. 김포시가 수도권에서 가장 인구 유입이 많은 곳임을 명심한다면, 입지 좋은 곳의 상권에도 깊은 관심을 가져야 한다.

다섯째, '9호선 연장' 라인

최근 몇 년간 서울에서 가장 큰 부동산 상승을 이끈 전철 노선은 바로 9
호선이다. 지하철 개통이라는 호재는 부동산 상승의 주요인으로 그 라
인이 서울, 특히 강남을 향하고 있다면 바로 '로또' 전철이 되는 것이다.
9호선은 김포에서부터 2단계인 종합운동장까지 상승하지 않은 지역을
찾기가 어려울 정도로 '황금라인'이었다. 올해 그 3단계가 개통을 한다.
종합운동장에서 보훈병원에 이르는 지역으로, 강동구가 강남구로 편승
이 되는 기폭제 역할을 해 줄 노선이 9호선이다. 또한 그동안 전철축에
없었던 송파구 삼전동, 석촌동, 방이동의 부동산이 더욱 상승할 것이며
강동구 둔촌동 일대의 재건축은 더욱 바람을 탈 것으로 예상된다. 이미

가격이 오른 곳이 많지만 향후 4단계까지 개통이 되면 3단계 라인은 강
남권으로 진입되기 때문에 지역 임장을 통해 원석만 잘 찾는다면 5년
이내 큰 수익을 가져다줄 것으로 보인다.

여섯째, '인덕원-수원'선

인덕원에서 수원역을 거쳐 동탄을 잇는 복선전철로, 올해 실시 설계를
거쳐 2019년 착공 및 2023년 완공을 목표로 진행 중인 노선이다. 최근
제3차 국가철도망계획에
의거 월곶-판교선이 추가
되면서 기존 4호선과 더
불어 인덕원역은 트리플
역세권의 위상을 갖추게
되었다. 특히 안양~성남
고속도로, 과천~의왕고
속도로, 서울외곽고속도
로 등의 광역 교통망 구
축에 따라 인덕원은 안양
시를 포함하여 과천시, 의
왕시, 수원시 등 4개의 도
시를 연결하는 경기 남부
의 교통요충지가 되었다.

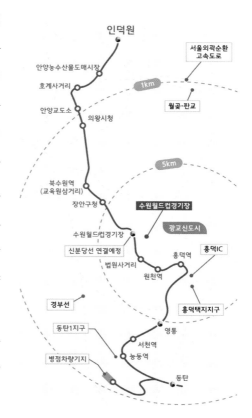

또한 평촌 스마트스퀘어 등 반경 5킬로미터 내에 산업단지가 밀집되어 있고, 인근 의왕에서 대규모 주거지가 개발 중이며, 안양시와 경기도시공사는 인덕원역 일대에 복합단지를 추진할 예정이어서 수도권 역세권 지역 중 최고의 관심 지역이라는 생각이 든다.

인덕원역 북측은 2021년까지 비즈니스, 교육, 문화, 주거 기능을 갖춘 복합도시 '과천지식정보타운'도 들어설 예정이므로 안양시 전반의 부동산 시장은 아주 전망이 밝다. 최근 전국 아파트값 누적 상승률에서 안양이 경기도 2위를 기록할 만큼 분위기를 타고 있지만 향후의 가치는 이보다 훨씬 더 크다고 할 수 있다. 경기도에서 과천 다음으로 서울 접근성이 좋으며 쾌적한 환경에도 불구하고 과천보다 집값이 저렴하다는 이점이 있어 과천의 대체시장으로 역할을 하게 될 것이다. 안양 구도심 재개발 호재 역시 힘을 보태고 있다.

수원 월드컵경기장 인근은 향후 신분당선을 통해 강남으로 빠른 접근이 가능해지기 때문에 주목해야 한다. 그 외 수원 내에서는 광교생활권이지만 제대로 평가받지 못했던 우만동이나 용인 흥덕, 구법원이 있는 원천동까지 관심을 가질 만하다.

일곱째, '7호선 연장' 라인

7호선 연장선은 현재 부평구청역까지 개통되었으며, 2019년 인천 서구 석남역 개통을 앞두고 있다. 최근에는 청라신도시 연장이 확정되었다. 향후 영종도 신도시를 거쳐 공항철도까지 연계가 되면, 청라신도시가

중심 지역으로 들어오기 때문에 위상은 더 커질 수밖에 없다.

　필자는 인천에서 오랫동안 부동산중개업을 하며 청라나 송도 그리고 논현 등 신도시의 형성과 함께 부동산 업계에서 성장했었다. 고객들을 허허벌판 한가운데 데려다 놓고 조감도 하나에 의지해 컨설팅을 하거나, 나 스스로 직접 투자에 나서면서 단계별, 물건별 투자 타이밍을 배웠던 곳이다. 리먼사태와 함께 맞이했던 쓰디쓴 실패의 기억도 서려 있는 곳이지만, 단지상가나 점포택지 투자로 재미를 보기도 했었다. 지금도 근린생활시설을 지을 수 있는 토지를 여러 개 보유 중인 곳이 바로 인천이다.

　청라는 불과 2년 전만 해도 투자자에게는 매력이 크지 않았다. 부동산 가격을 상승시킬 요인이 없던 탓이었다. 물론 랜드마크 건물이나 하나금융타운의 입점, 신세계프리미엄아울렛 등 꾸준히 개발되었지만 사람들을 끌어들이지는 못했었다. 역시 서울로의 진입이 불편한 탓이었다. 하지만 금번 7호선 청라 연장은 상승 분위기를 이끌 것으로 예상된다. 청라와 더불어 인천 도시의 주 재생개발지인 부평역과 부평구청역 그리고 인천 지하철 2호선과 더블역세권이 될 석남역 주변은 향후 기대 가치가 높은 곳들로 주목해 볼 만하다.

여덟째, '수도권 광역급행철도 A' 노선

수도권 교통난을 해소하기 위해 계획한 광역급행철도는 총 3개 노선으로 구성되어 있으며, A노선은 파주~동탄, B노선은 송도~마석, C노선은 의정부~금정을 연결하게 된다. 수도권에서 서울역, 청량리역, 삼성역의 3개 거점 역을 중심으로 두고 있으며 환승을 통해 서울 전역을 30분 이내로 통근할 수 있게 하는 획기적인 노선이 될 것이다. 또한 수도권 전체를 연결시켜주는 순환선이 계획되어 있다. 타당성 조사 또한 완료가 되어 기본계획 수립에 들어간 상황에서 민간사업자 공모를 앞두고 있다. 착공이 가시화되는 A노선 축을 이번 꼭지에서 집중적으로 다룰 것이다. 나머지 두 구간과 순환선은 스스로 공부해야 할 지역으로 선정하고 꾸준히 임장이나 손품을 통해 접근하길 바란다.

GTX-A노선이 완료가 되면 일산에서 강남 삼성역까지의 통근시간이 1시간 30분에서 20분으로 대폭 단축이 된다. 서울역까지는 13분이면 도달하게 되며 동탄에서 삼성까지 현재 80분에서 20분으로 줄어들기 때문에 일산과 동탄, 성남, 용인의 저평가 지역은 지금부터라도 관심지

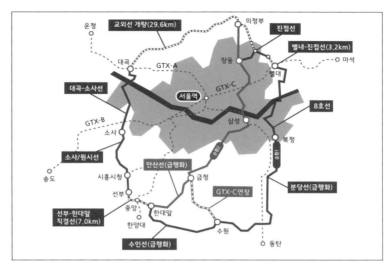

순환형 GTX

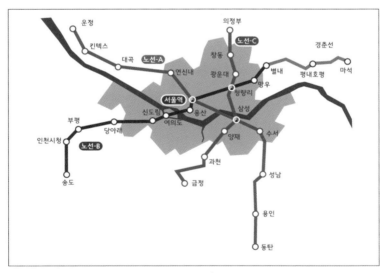

GTX 노선

역으로 두고 공부해야 한다. GTX-A노선은 제3차 국가철도망계획과 문재인 정부의 5년간 100대 국정과제에도 포함이 된 사업인 만큼, 착공단계와 완공단계까지 꾸준히 우상향의 그림을 그려낼 것으로 판단된다.

A라인과 3호선 경의선이 만나는 트리플역세권 지역인 일산 대곡 등과 거기에 인접한 지역의 미래 가치는 갈수록 높아질 것이다. 현재 삼성~동탄 구간은 착공에 들어가 2021년에 개통 예정으로 성남(판교), 용인(구성), 동탄 등은 최고 수혜 지역이 될 전망이다. 최근 동탄역 C11블럭 롯데캐슬아파트는 평균 77 대 1이라는 경쟁률로 1순위 완판이 되었으며, 입주 시 프리미엄 또한 강세를 보일 것이다. 물론 백화점, 복합쇼핑몰 등 대형 쇼핑몰 시설에 인접한 몰세권이라는 입지적 장점으로 뜨거운 관심을 받아 왔지만, 가장 큰 프리미엄은 역시 강남까지 20분대 진입이라는 교통수단일 것이다.

광역교통 발달에 따른 부동산 가격 상승의 예를 잘 보여주는 곳이 청량리에서 강릉까지 이어진 경강선을 따라 개통된 올림픽로드 KTX다. 물론 동계올림픽이라는 특수성이 가격을 끌어올린 면도 있지만 서울 청량리에서 강릉까지 1시간 30분 만에 도착 가능한 1시간 생활권이라는 점이 훨씬 더 커다란 상승 요인이라 할 수 있다. 평창 올림픽의 성공 개최는 물론 휴가철이나 명절 동해안으로 향하는 고질적인 교통체증을 해소하고 교통단절로 인해 소외되었던 지역에 활기를 불어넣은 것은 분명하기에, 강원도의 부동산 가격상승은 웬만한 지역보다 강세였다. 속초 역시 서울-양양고속도로 개통으로 아파트 청약시장에서 1순위 완판이라는 행보를 보이는 등 어느 때보다 뜨거운 상승시장을 맛보았고 지금도 꾸준히 상승 중이다. 2년 전부터 필자가 관심을 가졌던 지역이라 많은 회원들이 소액으로 쏠쏠한 재미를 보았던 곳이기도 하다.

이처럼 교통축은 부동산을 가장 좋은 곳으로 간접이동을 시켜주기에 가격 상승의 제1요인이 되는 것이다. A노선의 용인역은 현재 분당선 '구성역'과 환승이 된다. 2035용인도시기본계획에서도 용인의 경제 도심을 기흥구 보정동 일원의 구성역으로 설정해 둔 상황이다. 역 주변으로 복합환승센터와 호텔, 터미널 건립 등과 함께 보정 3구역에 상업시설과 기흥 ICT밸리 등 산업단지가 조성될 예정이어서 철저한 임장을 통해 지역 부동산과 친분을 만들어 놓고 상권이 확대될 지역의 토지시장이나 신규로 분양하는 아파트 등에 관심을 가져 볼 만하다.

● 신도시

20년 이상 된 1기 신도시 주변이나 기존 도시 주변에 새로운 신도시가 들어서게 되면, 기존 도시가 사용해 온 도로와 교통수단 등의 편의가 좋은 인프라망을 이용하면서 노후화된 기존 주거지에서 새로운 주거지로 이동을 하는 수요가 많아진다. 여기에 일자리까지 풍부하다면 일정 시간의 인내만으로도 부동산 가격이 상승하여 자산의 상승으로 이어진다. 예를 들어 분당의 대체지는 판교였다. 지금 판교는 강남을 넘어설 정도로 그 상승세가 아직도 유효하다. 돈을 싸들고 가도 물건을 만나기 쉽지 않은 수준이다. 물론 테크노밸리라는 커다란 핵심이슈가 한몫을 하지만 대체주거지라는 요소 또한 커다란 가격 상승 요인이다.

신도시는 하나의 커다란 계획 속에 유입인구 수, 가구 수, 기반시설, 자족기능을 하는 산업단지, 개발기간 등을 거의 일치시키며 개발이 이루어진다. 그에 따라 시간이 갈수록 평가이익이 높아지기 마련이다. 또한 대부분의 부동산 물건들이 미완성 물건 즉 분양권의 형태로 이루어지기 때문에 초기 투자자금 역시 적게 들어가(통상적으로 계약금 10% 수준) 직장들이 접근하기가 구도심보다 쉽다. 시간이 갈수록 점차 도시의 모양새가 갖추어져 여타 지역민들에게는 눈에 보이는 성과가 많아 이 역시 가격상승률을 높이는 요인으로 작용한다.

투자의 시작은 시장가격보다 낮은 가격에 진입하는 것이 첫 번째다. 이 원리에 충실한 투자가 바로 신도시 투자다. 필자는 10년 이상 송도신도시, 논현신도시, 청라신도시, 판교신도시, 광교신도시, 마곡신도시, 호매실지구, 세곡지구, 미사지구, 위례지구, 동탄2신도시, 공공기관 지방 이전을 통해 자족기능을 갖춘 전국 10개 지역 혁신도시들의 투자 및 컨설팅을 진행해 오면서 '생산자 가격에 매입할 수 있고 적은 종잣돈 으로 큰 수익을 낼 수 있는 곳이 바로 신도시'라는 점을 깨달았다.

첫째, 평생을 택하고 싶은 '평택 고덕' 신도시

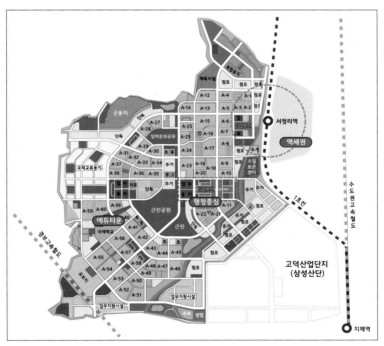

평택 고덕신도시 도시계획도

217

평택은 향후 5년간 개발 호재는 물론이요, 인구 유입 또한 가장 많은 도시가 될 것이다. 현재 평택 인구는 약 47만 명이며 2022년 정도에는 약 80만 수준으로 늘어나리라 기대된다. 주한미군기지 이전에 따라 스타트를 끊은 고덕신도시는 한국주택토지공사에서 시행 중인데, 삼성 효과와 더불어 평택시의 대장주라 할 만하다.

평택은 경제 및 군사요충지의 기능을 갖춘 거대도시로 탈바꿈하는 과정에 있으며, 향후 10년간 부동산 투자자들에게는 황금밭과 같은 곳이다. 지제역 같은 경우는 SRT개통 호재로 인해 수년 전부터 투자자들이 꾸준히 장기 및 중기 투자로 많은 시세차익을 남긴 곳이다. 삼성전자 및 LG전자 등 각 산업단지 개발 및 확장에 따른 인구증가, 교통개선 그리고 용산에 있는 주한 미8군사령부를 포함한 전국 대부분의 부대가 평택으로 이전해 옴에 따라 인근 지역의 지가상승 및 렌탈하우스의 수요증가로 인한 투자가 붐을 이루고 있다. 지역이 방대하기에 여기에서는 평택 고덕신도시를 중점적으로 다루면서, 그 주변은 부연 설명을 통해 투자의 이해도를 높여보겠다.

평택 고덕신도시는 송탄 및 남평택과 더불어 평택시 2035도시기본계획의 도심축이다. 고덕신도시는 약 5만 4천 세대, 13만 4천 명을 수용하는 신도시로 2020년 고덕파라곤을 시작으로 첫 입주가 시작된다. 총 3단계로 개발되고 있으며 시범단지 격인 고덕파라곤을 시작으로 제일풍경채, 자연앤자이 그리고 신안인스빌까지 분양 완판 행진을 이어갔다. 점포 겸용 단독주택지, 상업지 토지들이 계속 분양 중이거나 추첨

중에 있으며 일부 코너 자리의 점포 겸용 단독주택지는 프리미엄이 분양가를 웃돌고 있다. 아파트 입주가 시작되는 즈음에는 평택시청 및 관공서도 고덕신도시로 이전되어 행정도시로의 기능도 하며, 평택시에서 고덕신도시의 위상은 갈수록 올라갈 것이다.

국내 최대 반도체 회사 삼성전자벨트가 수원을 기준으로 기흥 화성에 이어 평택 고덕신도시에 이미 가동을 시작했다. 축구장 400개의 규모에 16조라는 비용을 쏟아 부을 만큼 공을 들인 지역이며, 2021년까지 30조의 투자 계획이 잡힌 곳이 바로 고덕신도시의 산업단지다. 1기 신도시 중 자족기능을 하지 못하는 곳은 베드타운으로 머물러 수요를 창출해 내지 못하기 때문에 오랫동안 가격의 정체를 경험해야 했다. 그러나 일자리 창출이 되는 곳은 어김없이 가격상승장이 이어졌다. 그러한 경험으로 2기 신도시부터는 자족기능을 하는 산업단지를 계획에 포함시켜 신도시의 기능을 한층 더 끌어올렸기에 투자지로서의 매력이 올라갔다.

삼성전자 평택공장은 2017년 8월부터 가동이 되었는데 현재 약 1만 2천여 명이 근무를 하고 있으며 공장 주변의 함바식당은 점심시간만 되면 대형 관광버스를 타고 직원들이 밥을 먹으러 온다. 편의점들 역시 일반 편의점 규모의 몇 배 크기로 들어서고 있으며 매출은 일반 목 좋은 편의점과 비교하여 몇 배가 넘는다. 이러한 까닭에 상가 임대료 역시 시내 어느 위치보다 높으며 주변 토지 지가 상승은 하루가 멀다 하고 오르는 중이다.

고덕신도시는 이제 시작이라고 봐도 좋다. 향후 분양할 아파트 단지는 약 55개 블록이 남아있고 점포 겸용 단독주택 및 아파트 단지 내 상가 그리고 근린생활시설 토지부터 상업지 토지까지 투자할 물건들이 줄지어 대기하고 있다. 고덕신도시 주변으로는 삼성전자 정문 주변 토지 및 건물, 주한미군 부지 인근의 외국인 렌탈하우스 그리고 신도시 주 진입로의 주변 전답과 같은 토지들이다. 또한 삼성전자 평택공장과 가까운 지제역 주변은 지제 세교지구를 비롯해 영신지구, 모산 영신지구, 동삭지구, 신촌지구 등 약 15개의 도시개발 사업이 진행 중이며 이 중에서 소형아파트는 인구증가 및 교통개선에 따른 평택시 부동산 상승에 힘입어 매력적인 물건들이 될 것이다. 가구 수 증가에 따른 주변 상권 또한 확대가 될 것이기에 수익형 부동산도 생산자 가격이라면 투자수익률 높은 물건으로 만들 수 있다.

〈평택브레인시티〉

브레인시티는 평택시 도일동에 성균관대 사이언스파크와 함께 교육, 연구, 문화, 기업의 4차 산업혁명을 이끌 지식기반 도시 조성을 목적으로 개발 중이다. 평택도시공사와 브레인시티프로젝트금융공사가 함께 시행사가 되어 추진 중인 신도시이며, 이제 막 1차 선보상 절차가 시작된 곳이다. 수용 인구는 약 4만 명에 약 1만 4천여 세대가 계획되어 있으며 성균관대학교 및 산업단지와 연계해 사업을 진행하고 있으며, 왼쪽으로는 삼성전자 평택공장이 위치하고 있다.

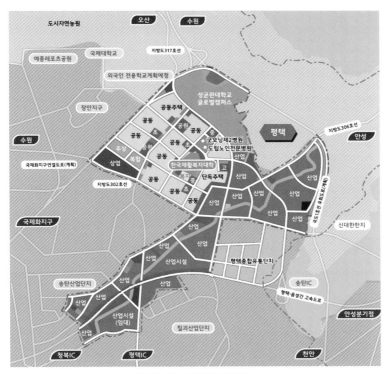

평택브레인시티 도시계획도

브레인시티는 미군 및 미군 가족 등의 거주와 평택항을 통한 중국과의 교역 그리고 글로벌 기업인 삼성전자와 LG전자 평택공장 신설 및 확장으로 호재의 요건이 가득하다. 더불어 성균관대를 포함한 세계 유수의 대학들이 국제연구단지 조성을 준비 중이어서 직주근접에서는 최고 신도시로 거듭날 것이다. 또한 성균관대가 들어서게 되면 정문 쪽에는 1만 가구 이상의 주거시설과 캠퍼스 상권이 형성되므로 수익형 부동산 분야 역시 안정적인 투자수익률이 보장될 만큼 전망이 밝다.

〈평택 현덕지구〉

현재 우리나라에서 소비 시장의 중심에는 중국이 있다. 부동산도 마찬

가지이다. 서해안의 중심인 평택항과 접한 황해경제자유구역의 현덕

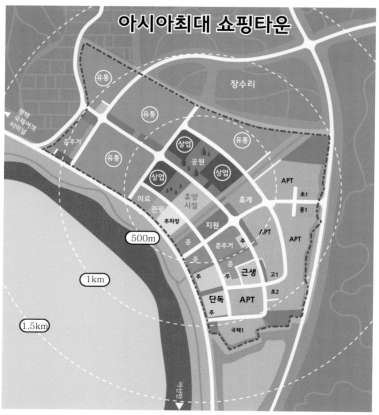

평택 현덕지구 도시계획도

지구는, 쇼핑과 관광의 멀티메가시티로 거듭날 전망이다. 아시아 최고의 면세점과 호텔들이 들어서 쇼핑과 관광을 동시에 충족할 수 있는, 아시아 쇼핑시장의 랜드마크 도시로 건설될 예정이다. 도심도 아니고 공항 근처도 아니며 항구 배후일 뿐인 이곳은 이제 막 보상을 시작하는 단계에 있다. 하지만 본격적인 개발이 시작되고 도시가 형성되기 시작하는 2020년 이후 5년 내에는 평택항에 대형 국제 크루즈선이 입항하여 약 20억 아시아인이 찾는 대규모 쇼핑허브로 자리 잡게 될 것이다. 이로써 중국 관련 관광, 서비스, 물류산업으로 4만 개 이상의 일자리가 창출되고 인구 3만 명의 중소도시로 홍콩, 마카오, 싱가폴과 같은 위상을 가지게 될 전망이다.

현덕지구는 여타 신도시와는 다르게 주거의 비율보다는 유통상업지의 비율을 높게 하여 2만 개의 상점과 6천 개 객실의 레지던스 호텔, 4천 개 객실의 특급호텔이 들어오며 카지노 등 위락시설과 국제회의장, 대규모 창고형 아울렛, 중소기업과 농산품 전시판매장, 메디컬센터 및 국제학교 등과 더불어 바다를 조망할 수 있는 휴양아파트까지 업무와 쇼핑, 힐링주거를 모두 만족시키는 복합단지로 개발을 한다. (주)대한민국중국성개발이 사업시행을 하고 있으며 미래에셋 등 8개 금융회사가 사업에 참여하는 도시이며 기존 신도시와 다르게 현금보상이 아닌 현 토지주들에게 개발된 토지 즉 근린생활, 준주거, 유통, 지식산업센터용지 등으로 보상이 이루어진다. 현재는 사업 부지 내 토지주들이 시행처에 대토신청서를 내고 있는 단계이다. 현덕지구는 평택 2035도시

기본계획의 부도심 핵심축에 있는 곳으로 평택항을 두고 포승산업단지와 더불어 평택의 꽃이며 현덕지구 배후도시로는 국내 최대 도시개발사업으로 건설되고 있는 화양지구가 있으며 서해복선전철의 환승역인 안중역이 있다. 안중역 주변은 이미 토지 투자자들의 손 바뀜이 여러 번 있어 시장에 진입하려면 숨고르기를 해야 한다. 그러나 현덕지구는 주거보다 유통 상업시설이 기준이다 보니 주변으로의 상권 확대가 빠르다. 그러한 까닭에 현덕지구 주변 신영리는 투자 가치가 매우 높아 보인다. 그렇다고 무작정 투자는 금물이며 지역 부동산 공인중개사를 통해 충분한 컨설팅을 통해 접근하기를 바란다.

교통 호재도 좋다. 평택호 횡단도로가 개통 예정이며 2019년 평택-포승 간 철도, 2020년 제2서해안고속도로 개통, 2025년 서울과 평택을 잇는 서해복선전철도 개통 예정에 있어 향후 미래 가치가 높다. 인내심을 가지고 공부한다면 투자자들에게는 인생을 아웃소싱할 수 있는 기회를 제공할 것이다.

둘째, 고양시의 대장주 '삼, 원, 지축 지구 그리고 덕은 및 향동' 지구

지축지구는 약 8천 5백 세대, 2만 3천 명 인구를 수용하는 중소 신도시이다. 서북부의 거대 신도시 벨트 안에 위치하고 있는데, 왼쪽 방향으로는 이미 완성되어 있는 삼송지구와 원흥지구가 있고 오른쪽 방향으로는 은평뉴타운이 위치하고 있다. 2017년 6월 센트럴 푸르지오 분양을 시작으로 이미 4개 단지가 분양을 완료했으며 앞으로 남아있는 필

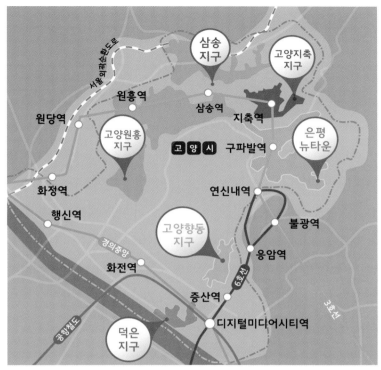

고양시 개발지역

지도 순차적 분양을 할 것이다.

　필자가 2014년~ 2015년에 삼송지구와 원홍지구 아파트 및 점포 겸용 단독택지, 단지 내 상가 등에 투자를 하고 컨설팅을 할 당시 명의변경을 하기 위해서 울퉁불퉁한 좁은 시골길을 따라 지축초등학교에 갔어야 했다. 한국주택토지공사 삼송사업단이 바로 지축지구 지축초등학교에 있었기 때문인데 그때만 해도 북한산을 배후로 어떤 기반시설조차 없던 곳이었다. 하지만 지금은 서울과 접해 있으면서도 상대적으로 분양가 상한제 적용으로 서울의 전세 비용으로 내 집 마련을 할 수 있는 곳이며, 지하철 3호선이 지구 내에 있어 서울 도심으로 접근도 좋다. 고양대로를 통해 서울과 일산신도시가 연결되어 있어, 교통 여건 또한 좋아 투자 가치가 높은 곳이라 할 수 있다.

물론 삼송지구 가격 상승의 학습효과도 크고 부동산 상승장이라는 거대한 시장에서 한몫을 한 것도 있다. 그러나 투자시장에서 타이밍은 아무나 쉽게 잡을 수 있는 것은 아니다. 투자자들은 많은 임장을 통해 기존 투자 지역과 연계해서 현장 정보를 먼저 접하기 때문에 투자에 대한 감이 빠를 수밖에 없다. 역세권을 중심으로 상업지역들이 들어서게 되며, 불광동에서 지축지구로 진입하는 길목에 일반 근생시설 토지와 점포 겸용 단독주택지들이 계획되어 있다. 그 위치가 도시 진입 초에 있으며 역세권을 끼고 있기 때문에 주변 지역을 아우르는 상업지로서의 역할을 할 수 있는 지역이다. 이주자택지 즉 점포 겸용 단독택지는 조합원의 경우 1회에 한해 전매가 허용되기 때문에 인근 부동산 소장님과 친분을 통해 정확한 명의변경이 가능한 물건은 투자해서 수익 및 주거를 해결한다면 아주 좋은 아웃소싱 도구가 될 것이다. 지축지구의 점포택지 건폐율과 용적률은 60%/180%로 4층 5가구가 가능하다. 1층은 대부분 상가로 짓고 2층에서 4층까지는 주거로 지어 월세 수익을 창출할 수 있다. 지축지구의 점포택지는 대부분 지축역 주변에 몰려있다. 상가주택은 1층 상가에서 나오는 수익에 따라 매매가가 크게 영향을 받는다.

수색 축과 맞물려 있는 향동지구도 약 8천여 가구로 계획되어 있으며, 이미 절반은 분양을 완판하여 억대의 프리미엄으로 올라와있다. 일부 단지상가도 분양을 했으나 상업지 토지나 이주자택지는 추첨을 하기 전이기 때문에 관심을 가져볼 만하다. 덕은지구는 고양시에서 중대형 급 아파트를 분양하는 곳으로 한강 조망권을 볼 수 있으며 상암 DMC와 어깨를 나란히 할 수 있는 지역이라 고양시 신도시 중 최고의 입지라고 생각한다. 제2의 상암지구라 불리는 이 지역의 공급 세대수는 약 4천 7백여 세대의 작은 도시로 개발이 되지만 상암과 연계해서 그림을 그려야 하는 지역이다. 또한 일자리 창출이 보장이 되는 자족시설 부지가 많이 확보되었을 뿐만 아니라 상암DMC 배후도시로의 기능 또한 한몫을 할 것이다. 강변북로, 가양대로, 자유로를 끼고 있어 자동차 이동이 편리하고 노들공원, 하늘공원 등 녹지도 풍부해 쾌적한 환경도 보장 받을 수 있는 곳이다. 덕은지구 옆에 있는 국방대학교도 이전 후 개발을 앞두고 있으며 향후 미디어복합타운이 들어설 예정이라 분양 시 엄청난 경쟁률이 예상된다. 어느 곳이든 한강 조망권을 가진 아파트는 프리미엄 가치가 엄청나다. 일례로 미사강변신도시 아파트 분양권의 프리미엄은 조망 하나로 억대 이상 차이가 난다. 입주 후에는 훨씬 더 오르지 않겠는가? 덕은지구의 프리미엄은 시간이 갈수록 가파르게 상승할 것이다. 내 집 장만 하나로 월 500만 원을 받는 시스템에 접근하기 가장 좋은 종잣돈 편집의 예가 될 것이다. 조감도를 미리 책상머리에 붙여놓고 지역 공인중개사들과 친분을 쌓으며 준비하라.

셋째, '하남 감일' 지구

하남 감일지구는 위례신도시-거여마천 뉴타운과 연계하여 서울 강남권 주택수요를 충족시키기 위해 만들어진 보금자리 지구이다. 1만 2천여 세대로 3만 3천 명을 수용하는 중소도시 급 신도시이며, 오랫동안 그린벨트로 묶여있던 곳으로 분양가 상한제 적용으로 가격 경쟁력이 좋다. 하남이지만 서울 강남권과 맞닿은 서울 동남권의 신주거 벨트권이라고 보면 된다. 2016년 공공분양으로 최근 분양이 본격적으로 시작이 되었으며 부동산 규제에도 위례신도시의 가격이 고공행진을 하고 있듯 감일지구 역시 가격 상승이 이어질 것으로 보인다.

하남 감일지구 도시계획도

228

2016년 가장 핫한 신도시는 위례신도시 미사강변신도시였다. 이 지역은 믿고 투자하는 안정권 투자처였으며 강남권 강동권 재건축이주 수요로 인한 가격 상승뿐만 아니라 서울 인접권에 대규모 신도시 개발의 제한이라는 공급한계로 인한 가격 상승도 당분간 이어질 것으로 보인다. 이 벨트 안에 있는 알짜 신도시가 바로 감일지구라 보면 된다. 상업지역 역시 아파트를 끼고 있는 항아리 상권으로 투자 수요가 많이 몰릴 것으로 예상이 된다. 교통의 경우 외곽도로 서하남 IC 인근이며, 2022년 고속도로 개통 예정, 2023년에는 양평고속도로까지 개통이 되어 교통 호재 지역에 해당한다. 전철은 다소 멀어 보이나 입지적 요인이 강해 단점으로 부각되지는 않는다. 각종 규제로 부동산 투자에 대한 심리는 위축이 되지만 이럴 때일수록 핵심 지역을 기준으로 압축투자를 해서 자산을 키워야 한다.

2019년 입주를 시작으로 2022년 완공을 목표로 하고 있으며 이주자택지 필지 수는 대략 160개 정도이며 이 중 조합원 물량은 약 130개 내외이다. 나머지는 일반분양을 하게 될 것이며 올해부터 점포 겸용 토지는 경쟁입찰을 통해 시장에 보급이 된다. 감일지구 점포택지는 하남 미사지구와 동일하게 건폐율 60% 용적률 200%로 총 4층에 6가구가 건축이 가능하다

넷째, 경기 서남부의 핵 '가온신도시'(장현지구)

그동안 우리나라 경제 성장의 주 개발축은 경부선축이었다. 울산, 창

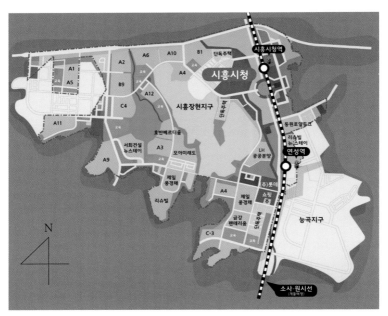

가온신도시 장현지구 도시계획도

원, 마산으로부터 수도권의 1기 신도시 분당, 2기 신도시 위례, 판교, 광교, 동탄 등이 모두 경부선축에 있는 곳들이다. 다른 축에 있는 신도시 대비 가격 상승은 비교할 수 없게 되었고 지금도 이들 지역의 가격은 계속 상승 중이다. 경부선의 마지막 신도시가 평택 고덕신도시가 될 것이다. 평택을 제외한 이들 지역은 지금 진입하기에 늦었거나, 투자를 한다고 해도 많은 자금이 필요하기 때문에 사실상 무엇이든 결정하기가 어려운 상태다. 하지만 이젠 우리나라도 중국과 인도의 무서운 성장과 국토균형개발 계획에 의해 서해축이 개발되면서 이축경제체제로 바

230

꿰고 있다. 예를 들어 황해 자유구역으로 평택, 아산, 당진을 포함시켜 개발 중이며 평택 삼성전자, LG전자 및 협력업체 기업들이 대거 서해축으로 몰리고 있다. 인천 송도, 영종도 국제도시나 시화 산업단지 개발, 송산그린시티 개발, 제2 서해안 고속도로 개통, 서해안 복선전철, 소사, 원시 복선전철, 신안산선 등 모든 개발축이 서해축이라는 것을 알 수가 있다.

투자는 일반적으로 한발 앞서게 되면 수요자가 따라오지 못해 실패를 하고 한발 늦으면 수익이 나지 않는다. 그래서 개발축을 먼저 공부한 후 딱 반 발짝만 앞서가야 싸게 사서 시장가격에 매도할 수 있다. 장현지구는 서해축의 대장주이자 시흥의 마지막 택지지구로 희소가치를 지니는 신도시다. 시흥시청을 보유한 행정중심 복합도시이며 향후 소사 원시선, 신안산선, 월곶-판교선 등 트리플 역세권으로 서울 접근성을 높일 철도 교통의 중심신도시인 것이다. 1만 8천 세대에 인구 약 5만 명을 수용하는 공공택지 지구이며 시흥시청역에 버스, 택시, 지하철 등의 종합환승센터를 건립하여 쇼핑(현대백화점 입점 예정)과 문화 업무까지 아우르는 신도시가 될 것이다. 계룡리슈빌을 비롯해 제일풍경채 등 아파트 분양 시마다 시흥에서는 예외적으로 완판 행진을 이어가고 있으며 상당한 프리미엄 또한 형성이 되어가고 있다. 아파트뿐만 아니라 점포택지, 협의자택지, 근생, 상업지 토지 단지상가 등 투자의 시야를 확대해서 공부하길 바란다.

다섯째, '소판교 대장지구(성남도시개발공사 주최)

누구나 다 아는 판교신도시와 인접해 미니판교라 불리는 대장지구
는 5,900여 세대에 1만 5천 명을 수용하는 미니신도시이다. 750개 기

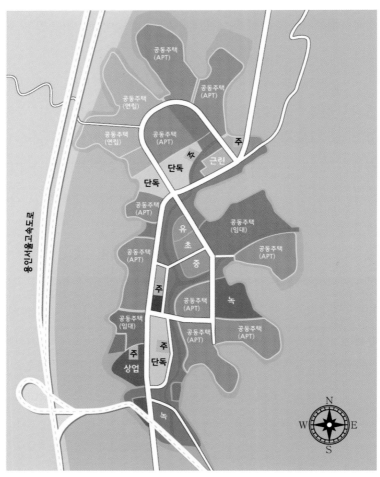

판교 대장지구 도시계획도

업, 4만 명의 일자리가 창출되는 판교창조경제밸리의 배후지로 각광받을 지역이기도 하다. 판교창조경제밸리, 판교테크노밸리와 직선거리 3~4Km에 불과하며 2019년 서판교 터널이 개통되면 판교신도시까지 차로 5분이면 이동할 수 있게 되어 사실상 판교라고 보면 된다. 현재 판교는 서울 웬만한 지역보다 높은 프리미엄을 자랑하고 있으며 주거밀집도가 포화상태다. 이 수요를 흡수하는 지역이 대장지구인데, 바로 옆에는 최고의 부촌인 남서울파크힐이 자리 잡고 있고, 청계산으로 둘러싸여 있어 쾌적성이 높은 지역이다. 올해부터 본격적으로 토지 공급을 할 계획에 있으며 필자도 이 지역에 타운하우스를 짓고 싶을 만큼 욕심나는 지역이다. 이 지역은 지구 단위 안에 있는 곳도 좋지만 바로 앞 전원마을이 많은 고등지구와 연계한 토지 투자도 아주 매력적이라 보면 된다. 물론 3~4년 전보다는 올랐지만 대장지구가 본격적으로 개발되는 시기부터 입주가 마무리되는 약 5년 이내 주변 토지 가격은 계속 상승세를 타게 될 것이다. 현재는 조합원의 단독택지를 추첨 받을 수 있는 권리들을 많이 컨설팅하는 단계이다.

여섯째, '과천지식정보타운'(과천시와 경기도시공사 추진)

우수한 교육 여건과 서울 접근성이 높아서 '준 강남'으로 불리는 경기도 과천시에 8천 세대의 아파트와 함께 자족기능을 높여줄 정보기술, 연구개발 및 제조업을 위한 산업단지로 구성되는 미니신도시급 자족형 공공택지지구이다. 여기에 지하철 4호선 지식정보타운역이 신설 예정

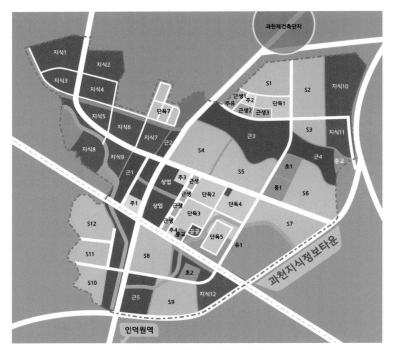

과천지식정보타운 도시계획도

(2020년 개통)이며 바로 위로는 12개 단지의 과천 재건축과 어우러지며 서울-판교-광교로 이어지는 지식산업벨트의 중심으로 역할을 하게 될 것이다. 여기에 공공택지의 프리미엄인 분양가 상한제가 적용되어 주변시세에 비해 가격 경쟁력을 갖춘 지역으로 수도권 택지지구 가운데 최고의 주거지로 투자자들에게 주목 받는 지역이 될 것이다. 또한 자족기능을 하는 지역의 프리미엄으로 인한 상업지의 인기 역시 높을 것으로 전망이 되며 점포 겸용 단독택지는 평생 연금을 주는 부동산이 될

것이다. 입주자 공고일 기준 1년 이상 과천에 거주하고 있는 무주택자에게 30% 우선공급되는 것을 눈여겨보고, 평가이익이 높은 내 집 장만에 집중을 해야 하는 지역이다.

일곱째, '부산에코델타시티'(한국수자원공사와 부산도시공사 시행)

부산 신도시 하면 부산 진해 경제자유구역인 명지지구가 떠오를 것이다. 처음 필자가 명지지구를 많은 분들에게 소개할 때는 정말 힘들었던 기억이 난다. 거품을 물어 가며 컨설팅을 했지만 허허벌판 현장에 가면 한여름 아스팔트 위에 올려놓은 아이스크림처럼 기대가 녹아내리고 말았기 때문이다. 그러나 부동산 투자의 경험이 있었거나 필자를 믿은 분들은 지금 삶이 많이 달라져 있으며 최근 3년 사이에 그들이 원하는 목표에까지 다가선 분들도 역시 많다. 이렇듯 신도시 초기 현장에는 아무 것도 없었다. 그저 신도시 계획이 들어가 있는 조감도가 전부였고 그 조감도를 보며 신들린 듯 컨설팅을 하는 누군가가 있을 뿐이다. 부동산은 소비재가 아니라 투자재다. 투자는 남들보다 먼저 들어가 진을 치고 있다. 많은 사람들의 입소문에 의해 바람을 타면 그때 그들이 원하는 가격으로 팔아 수익을 남길 수 있는 것이다. 이 타이밍을 잡으려면 기본으로 부동산의 빅픽처인 도시기본 계획을 알아야 하는 것이고, 그 개발축이 어디인지 확인 후 임장을 통해 감을 익혀 나가야 하는 것이다.

부산 지역은 부동산 투자의 바람이 분 지 3년 정도밖에 되지 않았다. 참고로 필자의 모친은 부산 북구 화명지구에 입주한 지 7년 만에

부산 에코델타시티 도시계획도

아파트 가격이 오르기 시작했을 정도로 부동산 프리미엄은 낮았던 곳
이다. 서울 다음으로 인구가 많은 광역도시임에도 투자에는 보수적인
곳이었지만 명지지구의 아파트는 억대 이상을 넘겼고 점포 겸용 단독

주택지는 수억의 프리미엄을 자랑한다. 이곳의 학습 효과로 부산 동부산 개발축 선상에 있는 일광지구도 분위기는 뜨겁다. 이 지역 역시 복선전철 개통과 동시에 해운대 상승기류의 바람을 타고 있다. 위로는 울산산업단지와 아래로는 동부산 관광벨트로 이어지는 핫한 곳이며 바다의 조망권을 자랑하는 프리미엄 입지다. 우리 회원들에게 일광지구는 보배 지역이다.

이들 지역을 학습 삼아 꼭 봐야 할 지역이 바로 한국수자원공사가 야심차게 준비한 에코델타시티이다. 이곳 역시 명지지구와 더불어 부산 도시기본계획의 강서지구 개발축 선상에 있다. 또한 정부의 포트비즈니스밸리 계획과 부산 국제산업물류도시 계획을 반영한 복합물류, 산업중심 글로벌 거점도시로 육성될 신도시다. 약 3만 세대의 주거와 첨단산업, 국제물류, R&D기능이 복합된 자족도시로 부산 시민이라면 눈여겨보아야 할 지역이다. 부산 신항만, 김해국제공항, 신항 배후철도, 남해고속도로 등 우수한 광역교통망 체계와 국내 최대 수변 중심의 주거, 업무, 상업시설을 개발함으로써 4만 명 이상의 고용을 일으켜 직주접근의 도시로 발전을 하게 될 것이다. 그러니 지금부터 조감도를 보면서 해당 지역 부동산을 통해 아파트뿐만 아니라 상업지나 점포택지, 오피스텔, 지식산업센터 등 공부를 체계적으로 하며 기회를 잡길 바란다.

이곳의 정보는 한국수자원공사 온라인 청약시스템에 분양정보 알리미를 통해 자세히 알 수 있고, 이미 공동택지 분양을 건설사들에게 하고 있으며 경쟁률은 수백 대 일로 완판 진행 중이다. 얼마 전 명지지구

포스코더샵퍼스트월드 청약 평균경쟁률이 139:1로 1순위 마감이 될 정도로 분위기가 핫하다. 물론 아파트 청약제도의 변화나 부동산 정책상 규제로 인한 풍선효과도 있겠지만 지역 개발에 대한 기대 심리도 큰 것으로 보인다. 핫한 곳은 항상 시장이 부동산 규제를 이긴다. 공급 대책이 빠진 상황에서 수요억제책만을 강화하고 있는 현 시점에서 서울 강남의 부동산 가격이 규제를 비웃으며 상승하는 것처럼 말이다.

작년 연말부터 올해 연이어 33개 블록 주택공급용지가 분양이 되고 있으며, 아파트 분양은 2019년부터 순차적으로 할 것으로 보인다. 필자도 관심 있게 보고 있으며 부산에 갈 때마다 필히 들러 현장을 보는 지역이다. 갈 때마다 첫사랑을 만난 것처럼 심장이 쿵쾅거린다. 3년 후의 모습이 기대되는 곳이다. 에코델타시티 7만 5천 명 수용 인구 중에 당신도 들어가길 바란다.

여덟째, 인천 '아라신도시'(검단신도시-인천도시공사와 LH 공동 시행)

검단신도시는 서울에서 가장 가까운 수도권 서북부의 마지막 신도시이다. 복합산업단지, 수변 상업시설과 공공 주택단지 등으로 구성되어 약 7만 5천 세대 20만 명의 인구를 수용하는 신도시로 3단계로 개발된다. 인천지하철 1호선 검단 연장으로 서울 및 인천국제공항이 30분대로 접근이 가능해졌으며 2020년 공항철도 검암역, 계양역과 서울지하철 9호선이 직결 운행될 시 환승 없이 서울 강남권으로 진입할 수 있어 입주 시점으로 갈수록 프리미엄 가치가 높아진다고 볼 수 있다. 또한 2017년

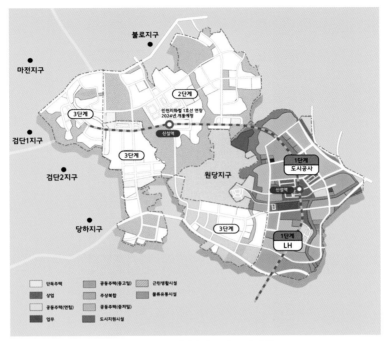

인천 아라신도시(검단신도시) 도시계획도

도에 공동택지 분양이 엄청난 경쟁률을 기록하며 완판이 되어 올해부터 분양하는 검단 1단계 아파트 분양에도 긍정적 영향을 줄 것으로 보인다. 3만 세대 9만 명을 수용하는 청라 국제신도시의 2.5배에 달하는 엄청난 규모로 개발이 되는 신도시이다. 리먼사태 이후 험난한 과정을 거쳐 현재 이주민들을 위한 생활 대책 수립과 보상 등을 마무리 짓고 있으며 지금부터 약 10년간 투자자들에게 빠르게 부를 소유할 수 있게 만들어줄 저평가 지역이다. 1단계 아파트 주요브랜드로는 금호, 호반,

대우, 우미, 모아, 대광, 대방 등이며 대부분 인천 도시공사에서 추진하는 블록으로 약 1만 세대가 올해 하반기부터 시작이 될 것이다. 1단계 지역은 현재 김포에서 가장 핫한 풍무지구와 인접해 있는 곳으로 내 집 마련 아파트는 물론이고 가장 눈여겨볼 투자 물건은 2만 가구로 둘러싸인 항아리 역세권의 상업지와 수변으로 위치해 있는 점포 겸용 단독주택지다. 점포 겸용 단독주택이 수변으로 위치해 있기 때문에 쾌적한 주거환경은 물론이고, 판교 광교의 카페거리 등 특화된 상권으로 개발하기에 아주 좋은 입지를 가졌다.

검단신도시의 단독주택지는 일반형과 점포형 2개로 나누어져 있다. 일반형은 단독주택으로 최고 층수 2층, 2가구 이하로 짓는 것으로 조감도에서 해당 블록은 E1~E7 블록이 될 가능성이 크며 점포형은 건폐율 60% 용적률 180%로 4층 5가구 이하로 결정이 났다. 이주자택지 추첨 시기는 2019년 정도로 예상을 하며 조감도 F1~F17 구역까지이다. 이제 시작단계이므로 지역 부동산과 연계해서 좋은 물건을 매입한다면 꼬마 빌딩 소유자의 꿈은 먼 미래가 아닌 가까운 내일이 될 수도 있다. 검단 신도시는 정기적인 임장을 통해 가격 변동 추이나 개발 기간 등을 꼼꼼히 공부하며 투자해도 늦지 않은 지역이다.

아홉째, '당수' 지구

수원 서쪽 끝자락에 안산과 접한 당수, 금곡동 일대 3만 세대에 이르는 수원 호매실지구와 더불어 서수원 최대 주거벨트이다. 약 7,900세대 1

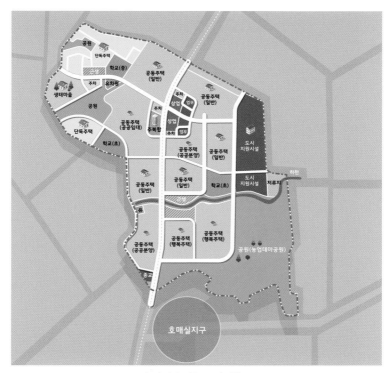

수원 당수지구 도시계획도

만 8천 명을 수용할 계획의 미니 신도시로 공동주택 10개 블록 중 5개 블록에서 일반분양 계획이 잡혀있다. 호매실 수변공원과 연계한 대규모 중앙공원을 품은 당수지구는 과천 의왕 간 고속도로 광명고속도로의 중심에 있는 신흥주거벨트로 자족기능이 가능한 실거주 중심 도시로 형성이 될 것이다. 항아리상업지와 구도심과 연결된 지역에 들어서는 점포택지에도 여유를 두고 관심을 가져볼 만하다.

열째, '의정부 고산' 지구

경기북부의 마지막 신도시이며 약 1만 가구에 2만 5천여 명을 수용하는 공공주택지구다. 또한 인근에 의정부시와 민간 사업자가 합작해 조성하는 뽀로로 테마파크, 케이팝클러스터, 신세계아울렛 등이 들어오는 복합문화단지와 어우러져 일자리 창출이 가능하며, GTX급행철도와 지하철 7호선 연장 계획, 구리-포천 간 고속도로 개통으로 서울 접근성

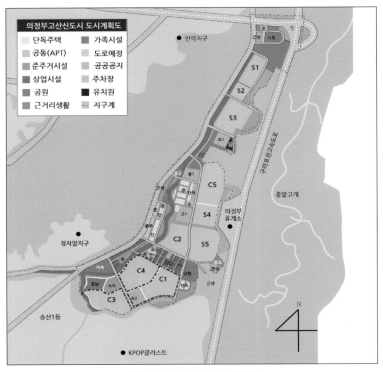

의정부 고산신도시 도시계획도

이 높아져 향후 프리미엄이 계속 올라갈 지역이다. 얼마 전 대광로제비앙의 경우 1순위 완판 기록을 냈으며 순차적으로 낮은 가격으로 내 집 장만하기에 좋은 지역이다. 상권 역시 항아리상권이라 좋은 수익형 투자처가 될 것이다.

열한째, 청라와 어우러지는 행정타운 '루원시티'

인천 원도심재생사업의 일환으로 서인천의 3대축인 청라지구, 가정지구와 나란히 있는 신흥주거벨트이다. 인천시와 LH가 공동으로 추진하

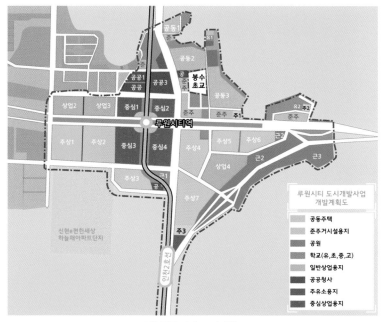

인천 루원시티 도시계획도

고 있으며 약 1만 가구에 2만 5천 명을 수용할 지역이다. 인천 제2청사 건립 예정과 함께 인천 발전연구원을 포함한 인천 산하 8개 기관이 함께 이전할 지역이며 지하철 2호선 가정역 개통으로 개발 호재를 품고 있는 인천 도심재생 축의 신도시다. 바로 옆 가정지구 및 청라지구와 어우러져 커다란 서구주거벨트로 프리미엄 가치 또한 높아질 지역이다. 주거 프리미엄과 수익형 부동산의 수익률 또한 안정적으로 형성이 될 지역이라 오피스텔 등도 프리미엄이 있을 것으로 보인다.

이외 송도신도시, 세종신도시, 송산그린시티, 양주 회천지구, 광석지구, 수원 스마트폴리스 그리고 금번 40여 곳의 공공택지지구 등을 평소에 꾸준히 선 공부하여 투자에 임하시길 바란다.

03

임장을 통한 현장 공부 및 부동산 정책과 파도타기

"행복은 우리가 처한 처지보다,
우리가 우리 삶에 어느 정도의 통제력이 있다고 느끼는지에 달려 있다."
- 로리 서덜랜드 Rory Sutherland

우리 직장인들이 해야 할 부동산 투자 단계 중 설계에 해당되는 첫 번째 단계에서는 투자해야 할 도시기본계획과 교통망 그리고 핵심 투자 지역을 알아보았다. 물론 평범한 초보 투자자라면 다소 어려울 수도 있고 방대한 양에 질릴 수도 있지만 핵심만 정리하고 또 정리하였으니 이 정도는 무조건 알아야 한다. 이렇게 첫 번째 단계가 끝나면 건축에 해당이 되는 두 번째 단계에 대해 알아야 한다. 바로 설계 단계에서 배운 것을 토대로 현장에 나가서 디테일하게 물건도 보고 지역 부동산과 탄탄한 네트워크를 통해 수시로 업데이트되는 정보를 얻어야 한다.

부동산 투자에서 중요한 부분이 바로 임장이다. 그런데 임장을 하기 전에 선행되어야 할 것이 손품팔기이다. 핵심 지역의 개발 방향을 알았다면 이 지역 중 자신에게 필요한 지역을 선정하고 어떤 부동산을 집중적으로 공부하여 매수할지에 대한 자료를 현장에서 구해야 한다. 현장을 나가기 전 방문해야 할 부동산 몇 곳을 인터넷으로 검색해서 정하고 사무실 위치를 확인해두어야 한다. 자신에게 귀한 정보나 상담을 해 줄 부동산 후보를 2~3개는 찾아서 방문 예약 통화까지 해놓고 임장에 나서야 엉뚱한 곳에서 헤매며 시간을 낭비하는 일이 없다. 투자 핵심이론과 지역들을 아무리 열심히 공부했더라도 임장을 가지 않으면 실제적으로 와 닿지 않고 구체적으로 무엇을 어떻게 해야 할지 알 수가 없다. 향후 매입이나 매도타이밍, 단기간의 수급이나 장기간의 가격 변동 등을 알기 위해서라도 현장 임장은 필수다. 임장은 지역 분석과 물건 분석을 모두 포함한다. 이를 통해 핵심 이론과 인터넷으로 조사해 손품으로 알 수 없었던 내용까지도 확인할 수가 있고 물건을 봤을 때 가격 결정과 협상에도 많은 도움을 받을 수 있다.

여기서는 신도시 임장 그리고 구도심 임장을 구분하여 설명해 보겠다. 일단 신도시는 개발 시기와 투자 시기가 언제냐에 따라 부동산 선택 방법이나 임장지 물건의 종류가 나누어진다. 먼저 신도시 개발 발표 직후는 신도시 주변의 토지가 주 투자 대상이 된다. 이런 투자는 대체로 장기적 접근으로 해야 한다. 투자의 불확실성으로 나는 거의 하지 않는 편이다. 신도시의 투자는 확정 발표가 나고 보상이 끝나고 시행처에서 아파트 토지나 상업지 토지 분양을 하기 시작할 때부터 투자를 하는 것이 불확실성을 어느 정도 줄일 수 있기 때문에 반 발짝 앞서가는 투자가 될 수 있다. 이 정도가 되면 그 도시를 다루는 부동산들은 대부분 신도시 조감도를 가지고 있다. 하지만 이 중 어떤 부동산은 한 지역에서 짧게 영업을 하고 다른 곳으로 이동을 하고 또 어떤 부동산은 도시 형성 이후에도 그 지역에서 계속 남아 영업을 한다. 따라서 부동산을 선택할 때는 단순 중개를 통해 소득을 얻고자 하는 부동산보다는 중장기적으로 그 지역에 남아서 영업을 하는 부동산이 책임 부분에서 고객에게 훨씬 더 구속력을 가진다. 이러하기에 공인중개사 사무실 선택도 상당히 중요한 부분이 될 수 있다.

신도시의 조감도는 도시기본계획처럼 도로가 어디에 생기고, 학교는 어디에 위치하며, 편의시설은 어디에 들어서는지 등 신도시 안에서 입지를 알 수 있게 해주는 작은 로드맵이다. 내 집 마련을 하고픈 사람들의 경우에는 블록별 아파트가 가지는 장점을 보면 되고, 상가나 꼬마빌딩을 원하는 사람들은 구입 방법이나 적정 가격 등을 보고 타이밍이 언제가 좋을지 지역부동산과 좋은 인간관계를 맺어 매수하면 된다. 이 외에도 상가 선분양이나 대물부동산 투자는 아파트 입주 시기와 거의 맞물려 들어서게 되는데 이때도 지역 부동산은 투자자의 자산 기여에 가장 큰 역할을 해줄 것이다.

구도심의 경우는 이미 도시가 형성이 되어있기 때문에 부동산 역시 한자리에서 오랫동안 하는 부동산들이 대부분이다. 특히 재건축 단지가 있는 지역은 대체로 오래된 부동산 사무실이 대부분이다. 구도심은 역세권 상권을 다루는 부동산, 재개발이나 재건축을 다루는 부동산, 가로수길처럼 상가주택을 전문적으로 다루는 부동산, 전문식당을 다루는 부동산, 아파트단지에 있어서 아파트만 다루는 부동산 등으로 나누어진다. 그래서 자신이 찾고자 하는 물건에 맞는 부동산을 선택하는 것이 중요하다. 재개발이나 재건축을 다루는 부동산일 경우 단계별 투자를 어떤 전략으로 하는지에 대해서 충분한 경험이 있는 부동산을 선택해야 한다. 이들은 투자 타이밍뿐만 아니라 대체 물건의 정보, 자신의 경험과 다양한 손님들의 사례까지 많은 이야기들을 해줄 것이다. 카페에 가서 비생산적인 수다를 떠느니 차라리 부동산에 가서 이런 이야기를 들어라. 인생을 바꿔줄 귀한 시간들이 될 것이다. 나는 지금도 현장에 가면 가슴이 떨린다. 그들과 이야기하느라 시간 가는 줄 모르고 그러는 사이 귀한 원석을 곧잘 발견한다. 그리고 원석이 다이아몬드가 될 때까지 인내하고 기다리며 그 시간 동안 또 다른 공부를 하고 임장을 다닌다. 이것이 투자의 감을 유지시키고 공부를 돈으로 바꾸는 가장 강력한 방법이다.

임장까지 마쳤다면 현재 부동산 정책과도 연결시켜 어떤 방법으로 접근을 해야 할지도 알아야 한다. 우선 현 정부의 부동산 정책은 한마디로 서울 및 과천 그리고 수도권 일부, 세종, 부산 일부 등을 투기지역, 투기과열지역, 조정지역으로 나누어 다주택자를 겨냥한 강력한 금융정책과 분양권 전매 강화, 양도세 중과세 정책 등 수요억제정책을 펼치고 있다고 보면 된다. 이들 지역의 공통점은 입지가 좋고 신규공급이 수요보다 적어 언제든 가격 상승이 될 수 있는 지역이거나 개발 이슈가 많은 지역이다. 이것이 투자자에게는 지역 선정의 힌트가 된다. 즉 부동산 정책은 큰 틀 안에서 부양책과 억제책을 번갈아 가면서 펼친다. 우린 이런 부동산 정책 안에서 파도타기를 잘하면 된다.

04

1년에 종잣돈
4배 키우기

"새우잠을 자더라도 고래 꿈을 꿔라."
- 손정의 孫正義

자본주의를 내 편으로 만드는 가장 빠른 방법은 무엇일까? 물론 다양한 방법이 있겠지만 일단 지식을 쌓아 이를 돈으로 바꾸고, 그 돈을 기반으로 더 큰돈을 만드는 방안이 먼저 떠오른다. 그런데 자본주의를 내 편으로 끌어들이기에 앞서 우선 자본주의의 명확한 의미를 짚고 넘어가 보자.

인문학계의 아이돌, 채사장 작가의 『지적대화를 위한 넓고 얕은 지식』에 보면 자본주의란 "생산수단과 잉여생산물 두 가지의 사유재산을 소유할 수 있는 체제"라고 나온다. 생산수단은 구체적으로 공장, 땅, 건물, 농장, 기계, 거대자본 등을 의미하며 개인에게 부를 가져다주는 수단이라고 언급된다. 잉여생산물은 생산수단에서 비롯되는 것들로 우리가 소비하면 사라지는 것들이라고 한다. 나는 이 책을 통해 정치, 경제, 역사 등을 체계적으로 머릿속에 채울 수 있었으며 부동산이라는 생산도구가 자본주의 구조 안에서 얼마나 중요한지에 대해 다시 깨달았다. 이후 채사장의 열렬한 팬이 되었으며 최근 그분의 신간『우리는 언젠가 만난다』의 제목 그대로 난 올해 채사장을 만나려고 준비하고 있다. 만남의 자리에서 "이런 책을 써 주셔서 감사하다."고 정성 들여 직접 말하고 나의 경험도 함께 들려주고 싶을 만큼 나에게는 큰 영향을 끼친 분이다. 아직 채사장의 저서를 안 읽은 분들이 계시다면 꼭 한 번은 읽어보고, 자신의 지적 능력에 힘을 불어넣었으면 하는 바람이다.

우선 자본주의를 내 편으로 만들려면 먼저 지식을 쌓아야 한다고 했다. 재테크를 위한 핵심 지식을 완전히 터득하고 나면 두려움은 사라지고 비로소 본격적인 투자가 시작된다. 이제는 제대로 돈의 운영능력을 키우기 위한 '적극적인 종잣돈 편집'에 대해 알아보자.

아마도 대다수의 사람들은 종잣돈이라고 하면 자신의 통장에 들어 있는 예금이나 적금의 규모 정도로만 생각할 것이다. 그렇다 보니 투자에 한계를 느끼고 아예 접근조차 못하는 경우가 많았을 것이다. 그래서 나는 종잣돈 편집 전에 미리 투자에 있어 꼭 필요하다고 생각한 핵심이론과 지역 그리고 물건 종류까지 다루어 본 것이다. 무엇이든 잘 알지 못하면 두렵기 마련이고, 그런 까닭에 부정적 사고와 시각을 가지게 된다. 이제 충분히 부동산 투자 핵심 지식을 함께 공부했으니 투자를 위한 본격적으로 종잣돈 편집을 시작해야 한다.

각자 사정이 다르겠지만 일단 1억의 종잣돈과 약간의 대출이 있고 평가이익이 적은 3억 정도의 '내 집이 있다'라고 가정을 하자. 그리고 목표는 3년 만에 평가이익이 높은 내 집 마련과 월세 받는 시스템을 완성시키기 위한 종잣돈 편집을 한다고 생각하면 좋겠다. 내가 운영하고 있는 직부연 회원들은 다 이렇게 해서 시간을 벌고 돈을 벌고 있으니 누구나 가능하리라고 생각한다. 무엇이든 전략이 있으면 좀 더 빠르게 목표한 바에 도달할 수 있고 하나씩 이루다 보면 투자를 즐기는 사람이 되어 있을 것이다. 내가 강조하는 3.3.3 법칙에 의거해서 딱 3년의 시간적 범위 안에서 하루 3시간 하루 3줄의 미션을 정해놓고 핵심 공부를 하고 자신에게 맞는 정보 편집을 통해 거기에 맞는 종잣돈을 편집하여

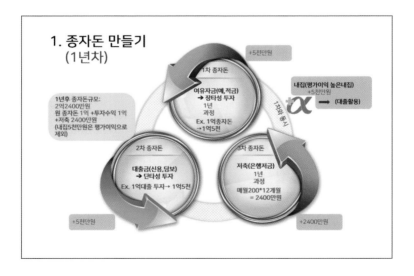

투자했을 때 그 결과를 보자. 물론 모두가 이 방법으로 똑같은 결과를 낼 수는 없다. 3년이란 기간 안에 변수가 발생할 수도 있고 시작하는 종 잣돈의 규모가 많거나 적을 수도 있기 때문에 결과 역시 다를 수 있는 것이다. 그러나 비슷한 상황이라면 거의 같은 결과를 만들 수 있을 것 이다.

결론부터 말하자면 2년 후 3년 차에는 1억이라는 종잣돈이 '4억'이 되 어 있어야 한다. 벌써부터 여기저기에서 한숨 소리가 들려오는 듯하다. '1억으로 2년 후 1억 5천만 원도 아니고, 2억도 아니고 4억이라니!' 이러 면서 고개를 절레절레 흔드는 사람도 있을 것이다. 하지만 우리는 분명 배웠다. '3년 3시간 3줄' 꼭지에서 다뤘듯, 목표가 이미 이루어져 있다고 결론을 낸 후 거꾸로 하나씩 지워나가면 분명 어렵지 않은 일이다. 종 잣돈 편집에서 1년 차가 마무리되면 1억이라는 돈은 2억 2,400만 원이 되어야 한다. 그러면 이것이 어떻게 가능할까?

먼저 종잣돈을 얘기할 때, 사람들은 무리하지 않는 한도에서 금액을 결정한다. 즉 부담이 덜하고 여유롭게 운용할 수 있는 금액을 종잣돈이 라고 판단한다. 종잣돈이 1억 정도 있다는 사람들의 얘기를 들어보면 그와는 별개로 몇 천만 원 정도의 예적금을 다들 보유하고 있으며 자가 주택을 보유한 분들도 많고 마이너스통장 개설도 가능한 분들이다. 그 리고 그 정도가 되면 연금보험을 비롯한 각종 보험은 물론이요, 나름대 로 분산투자를 한다고 여기저기 금융상품이나 주식 등에 조금씩 투자 를 하고 있는 사람들도 많다. 그게 나쁘다는 것은 아니다. 하지만 본격적으로 부동산 투자에 나서기 위해서는, 돈의 힘이 세질 수 있도록 최대한 뭉쳐서 종잣돈의 규모를 먼저 키워야 한다. 큰돈이 더 큰돈을 끌어들이는 중력의 법칙이 여기서도 통한다. 이를 위해 지금 분산되어 있는 소액의 투자 상품들은 과감하게 정리를 하고 예적금에서 최대한 자금을 끌어내 보자. 아마도 적지 않은 사람들이 5천만 원은 더 보탤 수 있을 듯하다고 말할 것이다. 그렇게 조금만 생각을 전환해 보면 1억이 안 되던 분들도 1억의 종잣돈을 만들 수 있으며 1억의 종잣돈을 가지고 있던 분들은 더 큰돈으로 종잣돈 편집이 가능하다. 이때 집이 없는 분들은 평가이익이 높아질 내 집 장만을 첫 번째로 해야 한다. 만약 집이 있더라도 수년간 상승률이 낮다면 평가이익이 낮은 것이므로 이런 분들은 더 높아질 내 집 장만을 위해 갈아타기를 해야 한다. 똑똑한 우량의 내 집 한 채는 월세 받는 시스템으로 빠르게 갈 수 있는 종잣돈의 원천을 제공해준다. 바로 담보대출이나 시세차익으로 말이다. 적금 저축으로는 꿈도 꿀 수 없는 수억도 벌게 해주는 경우를 자주 봤을 것이다. 우리는 앞서 어디에, 무엇에, 어떻게 투자를 해야 하는지 방법과 전략을 배웠다.

이제 종잣돈을 굴려보자. 집이 한 채 있는 분들은 집이 벌어주는 것까지 계산을 해 보았고 집이 없으면 1차에서 3차까지만 굴려주면 된다. 먼저 1차 여윳돈을 종잣돈으로 투자를 하여 약 5천만 원을 벌고, 2차 대출가용금 1억으로 이자를 공제하고 약 5천만 원을 벌고, 3차는 자신의 급여에서 적금의 비율을 높여 월 200만 원의 적금을 한다고 가정했다.

여기서 2차 대출금 편집을 한다고 하면 일단 사람들은 벌벌 떨곤 한다. 빚만 평생 갚다가 죽을지도 모른다는 불안감에 어떻게 해서든 대출은 피하려고 한다. 하지만 대한민국에서 부동산 투자를 하려면 대출은 '선택'이 아니라 '필수'다. 어쩌면 레버리지를 가장 잘 이용할 수 있는 투자가 바로 부동산 아닐까 싶다. 아무도 내 돈만 들어서 집을 사지 않는다. 부동산으로 돈을 많이 버는 사람이라면 더욱 그렇다. 부자들도 그렇게 하는데, 평범한 직장인들이라면 더욱 그렇게 해야 하지 않을까? 간혹 "이자가 무서워서 어떻게 하죠?"라고 묻는 사람들도 있다. 우리가 3년 후에 더 벌어들일 종잣돈이 3억이 아닌 3천만 원이라면 이자가 무서울 수도 있다. 하지만 지금의 종잣돈 편집은 그 이자를 얼마든지 상쇄하고도 차고 넘칠 만큼의 종잣돈을 마련하는 방법이다. 구더기 무섭다고 장을 안 담글 수는 없지 않은가? 당신이 1억 종잣돈이 있고 작지만 내 집이 있다면 충분히 5천만 원에서 1억 정도의 대출금을 마련할 수 있다. 이것이 바로 2차 종잣돈 편집이며 이 종잣돈으로 이자를 내고도 몇 배는 이익이 될 수 있는 곳과 물건에 투자를 해야 한다. 여기서 1년이란 기간을 두었지만 그 기간은 2년이 될 수도 있다. 그만큼 가격이 상승하면 되니까 말이다.

마지막은 종잣돈 모으기의 기본, 직장인들의 월급이다. 종잣돈 편집 기간에는 요즘 유행하는 미니멀라이프를 추구해야 한다. 목적이 있는 미니멀라이프는 아주 좋은 경험이라 생각한다. 당연히 쓰임새를 줄여야 하고 때에 따라서는 허리띠를 졸라매야 한다. 자신의 월급으로 매월

2백만 원을 모으기 힘들다면 알바라도 뛰어 그만큼의 돈을 마련해야 한다. 그 정도의 의지와 실행력도 없는 사람이라면 한 달에 2백만 원은 커녕 몇 십만 원조차 모으지 못할 것이다. 사정이 정 안 되면 알바를 뛰어서라도 한 달에 2백만 원씩 종잣돈에 보태야 한다.

이렇게 1년이 지나고 나면 불가능할 것만 같은 종잣돈 편집이 완성되어 있을 것이다. 내 집에서 비롯되는 5천만 원의 평가이익은 말 그대로 평가이익이므로 우선 제외해 두기로 한다. 그래도 종잣돈이 1억에서 2억 2,400만 원이 됐음은 변함이 없다.

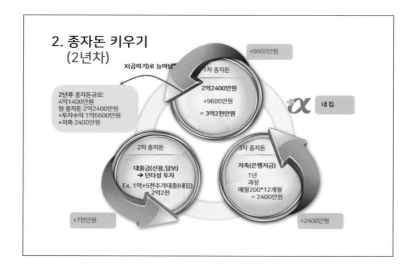

앞서 1년 차의 종잣돈 편집을 순조롭게 마무리 짓는다면 2년 차에는 더 수월해진다. 경험이 쌓인 만큼 자신감도 붙고 요령도 생기기 때문이

다. 아마도 이쯤 되면 눈치 빠른 사람들은 2년 차 완료 후 종잣돈의 규모를 대충 파악할 수 있을 것이다. 바로 4억이 좀 넘는 돈이다. 애초에 1억과 2억 2,400만 원으로 시작하는 종잣돈 편집은 그 규모 자체가 다르기 때문이다.

우선 2년 차의 1차 종잣돈 편집을 보자. 처음에만 해도 우리는 갖은 노력 끝에 여유 자금을 끌어 모았지만 이제는 그럴 필요가 없다. 버젓이 2억 넘는 종잣돈이 생겼기 때문이다. 1차 종잣돈의 규모가 커진 만큼 수익도 높아진다. 2차 종잣돈 역시 1년 전 내 집의 평가이익분 대출을 사용하지 않아도 투자할 수 있다. 하지만 3년 내에 자립을 위한 기초를 튼튼히 하기 위해 5천만 원을 더 당겨 와서 투자를 한다고 가정하면 1년 전보다 더 큰 수익을 낼 수 있게 된다. 그와 동시에 매월 200만 원씩의 가장 기본적인 종잣돈 모으기 역시 병행하면 된다. 불과 2년 만에 1억이 4억의 종잣돈으로 변신하는 것이다.

지금까지 이야기한 것들이 단지 내 머릿속에서 나온 하나의 가설에 불과할까? 하지만 나는 실제로 이렇게 해서 종잣돈을 불렸다. 그리고 나의 노하우를 전수받은 멘티들이 이러한 방식으로 종잣돈 편집을 하고 똑똑한 내 집 마련과 월세 500만 원 받기 시스템을 실현해 나가고 있다.

3년 차부터는 본인의 선택에 달렸다. 4억이 넘는 종잣돈을 1년간 더 종잣돈 편집을 통해 몸집을 불릴 수도 있다. 이때부터 내 집 장만을 위한 자금 투자 외에 '월세 500만 원 받는 시스템' 구축을 본격적으로 시작할 수도 있다. 앞서 배웠던 여러 방법들, 즉 공동구매 형태라든가 급매

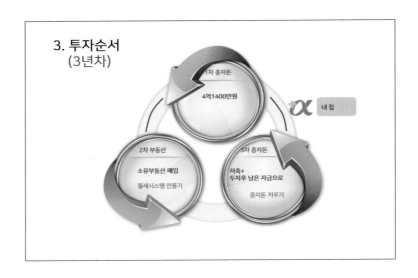

3. 투자순서
(3년차)

1차 종자돈
4억1400만원

＋α 내집

2차 부동산
소유부동산 매입
월세시스템 만들기

3차 종자돈
저축+
투자후 남은 자금으로
종자돈 키우기

나 시행사를 통한 수익형 잔량 구매 등을 통해 수익률이 높은 월세 구조의 부동산을 하나씩 그리고 꾸준히 매입해 나가는 것이다. 그렇게 부동산이라는 생산도구를 직접 소유함으로써 자본주의를 내 편으로 만들면, 본격적으로 돈을 벌어들일 수 있게 된다.

위의 방법이 어려운 분들은 평가이익이 높은 내 집 장만을 두어 번 함으로써 충분한 종잣돈 마련이 가능하다. 가장 쉬운 방법이지만 똑똑한 내 집 마련을 한 후 이 집이 시장가격에 도달했을 때 두 번째로 옮겨갈 집의 타이밍을 잡고 미리 평가이익이 높을 지역의 아파트를 분양받는다. 그 아파트에 입주할 무렵 기존 주택을 일시적 1가구 2주택으로 만들어 양도세도 면제받으면 된다. 물론 이 방법으로는 3년보다 조금 더 걸릴 수도 있다. 보통 약 5년 정도의 시간이 걸리며 이 또한 선택을 어디에 했냐가 중요하며 매매 타이밍을 잘 잡았느냐에 따라 결과는 다르지만 어쨌든 요즘 많은 사람들이 종잣돈의 규모를 늘려가는 방법이다.

우리는 눈에 보이지 않는 것을 믿지 않는 경향이 너무 강하다. 하지만 부동산이야말로 눈에 보이지 않는 것에 투자할 줄 아는 지혜와 용기가 필요하다. 지금의 1억이 2년 후 4억이 넘는 종잣돈이 되리라고 생각하기는 쉽지 않다. 왜냐하면 우리는 매일 통장에 찍힌 잔고만 들여다보고 있기 때문이다. 하지만 우리가 봐야 할 것은 당장의 1억이 아닌, 2년 후의 4억이라는 목표와 희망이다. 이를 달성함은 물론 월세 500만 원을 받아 진정으로 삶을 아웃소싱해야 하지 않을까? 내가 그랬고, 내가 아는 많은 사람들이 그랬고, 그렇게 되기 위해 오늘도 수많은 나의 멘티들이 매일매일 열심히 종잣돈 편집을 하고 있다. 우리는 특별한 사람들이 아니다. 이 책을 읽는 모든 독자처럼 평범하다. 다만 눈앞의 통장잔고보다는 그 안에 담긴 몇 배의 가치를 들여다보았을 뿐이다. 내가 할 수 있는 일은 전부 나의 멘티들이 똑같이 하고 있으며 여러분들도 똑같이 할 수 있다. 다만 시작하는 시기에서 차이가 조금 난다고 볼 수 있다. 지금 부동산 가격이 어떻든, 관련 정책이 어떻든 투자에 있어 빠르고 늦음은 없다. 오직 부동산으로 인생을 아웃소싱하겠다는 여러분의 의지만이 투자의 성공 여부를 결정할 것이다.

05

월세 받는 시스템 구축하기

⋮

"미래를 창조하기에 꿈만큼 좋은 것은 없다.
오늘의 유토피아가 내일 현실이 될 수 있다."
- 빅토르 위고 *Victor Hugo*

자, 이제 종잣돈을 편집해서 평가이익이 높은, 똑똑한 내 집 장만도 끝냈다. 부동산을 매각하여 얻은 이익을 매매양도차익이라 한다면 집의 프리미엄이 계속 올라가고 있으나 매각은 하지 않은 것을 평가이익이 높은 부동산이라 표현을 했다. 평가이익이 높지 않은데 단순히 살기 위한 내 집을 보유하신 분들이 의외로 많다. 직장인들이 종잣돈을 적금으로 모으려면 상당한 시간을 필요로 하는데 그 사이 당신이 사려고 하는 부동산은 훨씬 더 많이 오른다. 그러니 평가이익이 높은 내 집 장만을 함으로써 종잣돈을 활용하는 것이 현명한 것이다. 당신이 평가이익이 높은 집으로 종잣돈을 더 많이 벌고 싶고 월세 받는 삶을 살고 싶다면 그런 길을 간 사람을 따라하는 것도 좋다. 10억을 벌고 싶은데 1억을 번 사람과 함께 할 수 없지 않은가?

나를 만나 3년 만에 똑똑한 내 집 마련에 성공했고, 종잣돈을 편집하여 소형아파트 및 오피스텔, 단지 내 상가 등 6개의 수익형 부동산에서 매월 약 400만 원을 벌고 있는 후배 이야기를 해 보겠다. 2014년 나를 만났을 때 후배는 양재동에 보증금 2억, 월세 45만 원의 투룸 오피스텔 반전세에 거주하고 있었다. 36세의 싱글남으로 약 5천만 원 정도의 종잣돈을 보유했으며 급여는 세금공제 후 370만 원 정도였다. 적금은 150만 원 정도를 하고 있었고 청약저축통장을 보유하고 있었으나 내 집 장만에 별 관심이 없었다. 게다가 후배는 통장 사용법조차 모르고 있었으며 당시 통장이 있는 사실조차 까마득한 기억 저편에 있었던 사람이었다.

나는 먼저 2개월간 핵심 이론을 공부하게 했으며 지역 공부와 임장을 병행하게 도와주었다. 그 정보를 토대로 후배에게 맞게 편집을 하니 먼저 해야 할 일은 내 집 장만이었다. 오피스텔의 임대차 조건을 보증금 2천만 원에 월세 110만 원으로 옮기고 가용 자금을 2억 3천만 원으로 편집한 후 34평 이내의 아파트 분양에 적극적으로 도전을 했다. 당첨 자격이 미흡하여 좋은 지역의 가점제에 미치지 못했던 후배에게 하남 미사지구 아파트 분양권을 초기 프리미엄을 주고 사게 했다. 내 집 장만을 하는데 초기 계약금은 약 6천만 원이 들어갔다. 그리고 남은 금액 1억 7천만 원을 가지고 2년 계획으로 4억을 만드는 전략으로 투자를 시작했다. 왜냐하면 미사 분양권의 입주가 2016년 9월이었기 때문에 3

년이 아닌 2년으로 했고 대출을 받아도 기본적으로 잔금을 마련해야 했기 때문에 조금 서둘렀다. 아파트를 사고 난 후 꾸준히 가격 상승이 이어졌다. 그리고 남은 1차 종잣돈과 대기업에서 근무했기에 마련할 수 있었던 마이너스대출을 가지고 2차 종잣돈 5천만 원을 만들 수 있었다. 적금은 월세 비중이 높았던 탓에 그대로 150만 원을 유지했다. 이렇게 1차부터 3차까지 철저하게 자금을 굴렸고 2년이 되기 전에 4억을 만들었다. 아파트 입주 시기가 될 때까지 솔로였던 후배가 혼자 거주하기에 34평이 넓다고 판단하여 미사지구는 자기자본 최소로 들어 전세로 돌리고 월세를 받는 시스템에 자금을 총동원시켰다. 앞에서 열거한 시장가격보다 낮은 가격으로 접근을 했던 산업단지 배후의 1.5룸 오피스텔 3개와 평택 소형 아파트 2개를 대출을 끼고 매입하였고 인천 가정지구의 1층 단지 내 상가를 입찰로 받아왔다. 그래서 현재 이자를 공제하고도 약 400만 원의 월세를 받고 있으며 보유하고 있는 하남 미사지구 집과 수익형부동산의 가치가 상승하여 종잣돈이 대출로 편집이 되어 지금도 꾸준히 월세의 파이를 키우고 있다.

똑똑한 내 집 장만 하나가 이렇게 단시간에 월급 받는 사람에서 월세 받는 사람으로 변화시킨 것이다. 종잣돈 편집 역시 핵심 투자 지역과 물건을 알게 되고 전략적인 방법을 알게 되면 이처럼 많은 시간을 벌 수 있는 것이다. 그럼 약 400만 원의 월세 받는 시스템을 만들기까지 이 후배는 얼마의 종잣돈이 들어갔을까? 레버리지를 활용하여 시장가격보다 낮게 매입한 것을 유념해야 한다. 바로 약 3억 정도가 들어갔다.

일반적으로 약 400만 원의 월세는 9억 이상의 부동산 가치가 되어야 받을 수 있는 월세의 규모다. 만일 지금껏 우리가 배웠던 과정으로 종잣돈을 10억 가까이 불리기만 한다면 월세는 1천만 원이 넘어서게 된다. 그토록 꿈에 그리던 인생의 이웃소싱이 완성되는 것이다.

현대인들이 가장 자주 하는 소리 중 하나가 '무기력하다'라는 것이다. 그저 세상이 제시하는 틀에 따라 인생의 모양을 맞추고 시간의 흐름에 무작정 몸을 맡긴다. 부자들을 부러워하지만 그저 부러움에 그칠 뿐 무언가 인생을 바꾸려 노력하지는 않는다. 지금 하는 일도 피곤한데 무언가 더 하기에 지친다는 말이다. 하지만 인간은 그런 존재가 아니다. 끊임없이 도전을 하고 역경을 이겨내며 원하는 바를 기어코 성취하는 게 바로 인간이다.

무기력하고 피곤하다는 말은 자신의 의지와 열정이 그 정도밖에 되지 않는다는 고백이다. 그것도 아주 부끄러운 고백이다. 하지만 이 책을 읽고 있는 모든 독자들은 이번 기회에 지루한 삶의 방향을 조금이라도 바꿔 보려 무언가 하겠다는 의지를 가지고 이 책을 집어든 것이다. 나는 그 기대에 부응하기 위해 지금껏 나의 삶을 행복으로 이끌어 준, 모든 부동산 노하우를 소개했다. 이제는 여러분이 나의 기대에 부응해 주기를 바란다. 어떻게? 나와 나의 멘티들이 부동산 투자로 삶을 아웃소싱하듯, 여러분도 그렇게 똑같이 하기만 하면 되는 것이다. 향후 3년 내에 적어도 돈 때문에 힘들어하지 않는 삶을 완성하라! 그렇게 부자가 되어 진정으로 행복한 삶을 시작하자. 주사위는 던져졌다. 거기에는 반드시 '성공'이라는 단어가 새겨져 있을 것이다!

PART 5

월세 500만 원으로
당신의 시간을 아웃소싱해라

행복한 삶을 위한, 인생을 아웃소싱하기 위한 구체적인 목표가 제시되었다. 바로 3년 안에 3억, 4억의 종잣돈으로 매월 500만 원의 월세를 받는 것. 그렇게 우리는 모두 부자가 되어야 한다. 그리고 부자가 된다는 것은 인생 전반에 걸쳐 가장 어렵게 달성해야 할 목표가 아니라, 행복한 삶을 위해 최소한은 달성해야 하는 목표다. 최소 월세 500만 원은 나올 수 있게 현재를 세팅하고 꿈 너머 꿈을 꾸어 보는 건 어떨까? 그 목표를 향해 지금 바로 움직여야 한다.

01

부동산 여왕이 되기까지 13년

"계속 갈망하라, 계속 무모하라!"
- 스티브 잡스 *Steve Jobs*

나와 오랫동안 함께했던 지인들이 나에게 자주 하는 말이 하나 있다. "너는 예전부터 좀 달랐어."라는 말이다. 그런데 다르다는 말은 참 묘하다. 우리는 원래부터가 그 누구와도 같지 않다. 생김이 다르고 성격이 다르고 기호와 성향이 다르다. 아마도 그들은 내게 일반적이지 않다는 말을 하고 싶었던 것 같다.

일반적인 삶. 말 그대로 평범한 삶. 여기서 의문이 하나 생긴다. 대부분의 사람들은 부자가 되는 것을 삶의 목표로 삼는다. 그런데 평범한 사고방식과 열정으로 어떻게 부자가 될 수 있겠는가. 그래서 부자가 되고 싶다는 소망은 그저 한낱 꿈으로 그치고 만다. 그런 이들은 스스로의 한계를 명확히 설정하고 억지로 현재의 삶에 만족한다. 때로는 자신보다 형편이 어려운 이들과 비교하며 '그래, 그래도 나는 이만큼은 먹고 살잖아. 그거면 된 거야.'라고 스스로를 위안한다.

2017년 연말, 영화 〈신과 함께〉라는 영화가 상영관을 뜨겁게 달구었다. 천만 관객은 우습게 돌파했고, 한국영화 역사상 최다 관객도 기대해 볼 수 있다는 말도 나왔다. 그런데 개인적으로 영화보다는 원작 웹툰이 더 재미가 있었고 배울 점도 많았다. 원작 중에서 이런 대사가 하나 나온다.

"나보다 불행한 사람이 있다고 해서 내가 행복한 건 아니니까요."

정말 마음에 와 닿는 말이다. 나보다 아무리 불행한 사람이 많아도, 그들과 비교했을 때 처지가 조금 더 나을 뿐이지 스스로가 행복한 삶을 살아가는 것은 절대 아니다. 우리는 아래를 내려다보는 것이 아니라 항상 위를 바라봐야 한다. 뒤를 돌아보지 말고 목표를 이루기 위해 앞을 보고 전진해야 한다. 꿈을 현실로 이루려면 남들이 가지 않는 길, 특별한 삶의 방식을 선택해야 한다. 미국을 대표하는 시인 프로스트의 시 〈가지 않은 길〉에는 이런 글귀가 나온다.

숲 속에 두 갈래 길이 있었고, 나는—

사람들이 적게 간 길을 택했다고

그리고 그것이 내 모든 것을 바꾸어 놓았다고

나 역시 그랬다. 지난 13년의 시간 동안 남들이 가지 않은 길을 걷기 위해 늘 노력했고, 그 선택은 내 삶 자체를 뒤바꿔 놓았다. 남들에게는 늘 웃고, 당차게 행동하는 모습만 보였지만 사실 부침도 많았다. 수많은 실패와 성공의 반복, 부침의 연속이었다. 특히 2008년은 힘든 시기였다. 미국에서 시작된 서브프라임 모기지 사태와 리먼 사태는 전 세계 부동산 시장과 금융시장에 커다란 충격을 주었고 나 역시 직격탄을 맞게 되었다. 그동안 쌓아 왔던 재산은 반 토막이 났고, 살고 있는 집마저 팔아야 했다. 일도 잃고 자산도 잃고 사람마저 잃어야 했다. 신경쇠약에 걸려 모든 것을 다 포기하고 싶고 이제는 두 번 다시 일어설 수 없을 거라고 낙담을 했다. 그리고 2014년에는 지방신문에 기사가 날 만큼 또한 번 커다란 위기를 겪었고, 죽음에 다다를 정도의 심각한 병으로 누구보다 힘든 시기를 보냈다.

결국 평범한 길을 가지 않은 나의 선택에 따른 결과였지만 그랬기에 나는 더욱 그 길로 달렸다. 내가 정한 결정에 후회를 남기고 싶지 않아서였다. 실패한 자신을 되돌아보니 자신감이라는 무기는 자만심이라는 독이 되어 있었고, 부유함이라는 성과물은 안일함이라는 결과물을 낳고 있었다. 처음부터 다시 시작해야 했다. 손에서 성공에 관련된 책을 놓지 않았고, 더더욱 공부에 매진했다. 그 결과 13년이 지난 지금, 부동산으로 인생 아웃소싱에 성공했고 행복한 삶을 누리고 있다.

그렇다면 이 책을 읽는 독자들도 13년이 걸려야 원하는 바를 이루고 행복한 삶을 갈 수 있다는 말일까? 절대 그렇지 않다. 나는 13년이 걸렸지만 여러분은 3년이면 가능하다. 앞서 말했듯이 3년이면 집을 제외한 종잣돈 3억을 모을 수 있고, 그 돈으로 다시 월세 500만 원을 받을 수 있고, 더 많은 돈을 벌 수 있다. 그 전에 우리가 반드시 갖춰야 할 것들이 있다. 바로 부자들의 성공 습관이다. 자신이 평범한 사람, 즉 대한민국 1천만 직장인 중 하나라면 부자가 되기 위해 그들이 평소 어떠한 삶의 길을 걷는지 유심히 살펴볼 필요가 있다. 성공하는 사람들이 갖추고 있는 성공습관을 연구하여 자신의 노하우로 만드는 것이 재테크를 준비하는 사람의 기본자세이다. 모든 성공은 준비된 자에게만 기회를 열어주기 때문이다. 하나씩 살펴보면 다음과 같다.

첫째, 긍정 마인드다. 이는 아무리 강조하고 강조해도 모자람이 없다. 예를 들어 일정 목표의 종잣돈을 모으고 있다고 가정해보자. 그 금액의 절반 정도를 달성했을 때 우리는 두 가지 자세를 취할 수 있다. 하나는 '벌써 절반이나 모았구나.'라는 마음이고, 다른 하나는 '겨우 절반밖에 못 모았네.'라는 마음이다. 이후 어떠한 마음을 가진 사람이 더 성공적으로 목표한 종잣돈을 빨리 모으게 될까? 이것밖에 못 모았다고 하는 사람은 그 과정을 고통스럽게 여긴 나머지 목표를 하향 조정할 가능성이 많다. 이는 결국 목표 달성을 어렵게 할 뿐만 아니라, 아예 목표 자체를 다른 방향으로 돌리게 할지 모른다. 하지만 긍정의 마인드를 갖추고 있다면 힘든 일도 기꺼이 받아들이게 되어 어떻게 해서든지 목표에 다다르게 하는 힘을 부여한다.

둘째, 경청이다. 요즘 세상에 자기 능력만으로 커다란 성공을 거두기란 어렵다. 늘 다른 사람의 이야기에 귀를 기울이고 이를 받아들이려는 열린 태도를 갖춰야 한다. 혹여 자신의 힘만으로 성공을 이루어낸다

하더라도 그에 따르는 아집과 독선은 성과물을 금방 무용지물로 만들어 버린다. 경청을 생활화한다면 상대방은 존중받고 있다고 느끼게 될 것이고 이것이 나에 대한 믿음으로 이어질 수 있다. 사람이 재산이라는 말도 있듯이, 나이와 직업을 불문하고 조금이라도 배울 점이 있다면 한 마디라도 더 이야기를 들어보려는 자세가 필요하다. 이는 곧 사고의 스펙트럼을 넓히고 독특한 아이디어를 구성하는 데 도움이 된다. 나의 경우에는 사람만이 아니라 책에서 흘러나오는 목소리에도 늘 귀를 기울였다. 한 권의 책은 한 사람의 인생을 전부 집약하여 담고 있는 만큼 배울 것이 많다. 내가 1일 1독을 하는 이유이다.

셋째, 실행력이다. 아무리 뛰어난 계획과 아이디어를 가지고 있다 해도, 이를 실천하지 않으면 쓸모가 없다. 무언가 해야 할 일이 생겼다면 내일이 아닌, 오늘 실행해야 한다. 모든 성과는 모든 행동의 부산물이다. 행동하지 않으면 아무런 성과도 없다. 어떤 이들은 실패 가능성 때문에 차라리 가만히 있는 게 낫다고 이야기한다. 여기서 누구나 알고 있는 속담 하나. 구더기 무서워서 장 못 담글까? 실패가 두려워 아무것도 못하는 사람들에게 들려주고 싶은 이야기가 있다.

발명왕 에디슨은 축전지를 만들 당시 실험만 무려 2만 5천 번 넘게 했다. 이를 지켜봐 온 사람들은 에디슨에게 위로의 말을 건넸다.

"2만 5천 번이나 실패를 했으니, 많이 속상하겠어요."

하지만 에디슨은 아무렇지 않게 대답했다.

"나는 실패한 적이 없습니다. 나는 2만 5천 번을 실패한 것이 아니라,

건전지가 작동하지 않은 방법을 2만 5천 가지 알게 됐을 뿐입니다. 그러니 이것을 실패라 할 수 없습니다."

그렇게 실패를 두려워하지 않고 끊임없이 실행하고 도전했기에 그는 인류 역사를 뒤바꾸는 발명가가 될 수 있었다.

나는 이 자리에 오기 위해 늘 긍정적으로 상황을 바라봤고 수많은 이들의 조언에 귀를 기울였고 실패에 대한 두려움 없이 내게 맡겨진 모든 일에 충실했으며 나의 성공을 단 한순간도 의심하지 않았다. 이 세 가지 중 여러분이 할 수 없는 일이 있는가? 마음만 먹으면 얼마든지 가능한 일이다. 그리고 이를 습관화할 수 있다면 부자가 되는 길은 생각보다 가까이에 있을 것이다.

〈부동산 여왕 이나금이 삶의 주인공으로 살아가는 비법 다섯 가지!〉

1. 나는 '현장'에서 잡초의 정신을 배웠다. 사람에게 또는 실패에게 밟혔을 때 그 자리에서 일어섰다. 잡초처럼.

2. 나는 '역경'에서 역전을 노리는 법을 배웠다. 그 역경의 시간들은 결코 그냥 지나가지 않았으며, 나에게 있어 최고의 투자는 어쩌면 역경, 실패 그 자체였다고 생각한다.

3. 나는 '경험'에서 대체 불가의 노하우를 배웠다. 모든 성공은 경험이라는 선불을 대가로 요구한다. 대가를 지불하지 않고 성공을 바라지 말아야 한다.

4. '책'에서 불타는 열정과 꿈을 키웠다. 실패로 인해 많은 사람들

이 내 곁을 떠났을 때 유일하게 남은 건 바로 책이었다.

5. '멘토'에게서 실시간 네비게이션 코치를 받아서 안목을 높였다. 특히 부동산은 도시기본계획, 교통축, 트렌드, 정책을 기본으로 인지하고 있어야 한다. 모든 것은 계획대로 이루어진다. 이런 계획을 제대로 인지시켜 줄 멘토가 있다면 투자는 쉽고 재밌어진다.

02

인생을 바꾸는
3가지 방법

.
.

"변화가 필요하기 전에 변화하라."
- 잭 웰치 Jack Welch

1994년, 어느 날 월스트리트에 위치한 헤지펀드에서 부사장으로 근무
하던 이립(而立)의 한 젊은이는 변화를 꿈꾸기 시작한다. 지금 하고 있
는 일만 잘해도 엄청난 성공이 보장될 테지만 그는 과감하게 사표를 던
지고 새로운 사업을 준비한다. 그의 재능을 익히 알고 있던 회사의 사
장이 뜯어말렸지만 "나에게는 80살까지의 인생 계획이 있다."라며 뿌리
친다. 어떻게 보면 무모하기만 한 이 도전의 결과는 어떻게 되었을까?
2018년 현재, 그는 마이크로소프트의 빌 게이츠를 제치고 세계 최고의
갑부가 되었다. 바로 아마존의 창립자이자 현 CEO인 제프 베조스Jeffrey
Preston Bezos이다.

사실 제프 베조스의 성공 이면에는 든든한 배경이 있었다. 이미 대기업 엑손Exxon에서 근무 중이었던 부모에게 전폭적인 지원을 받으며 자기가 하고 싶은 공부를 마음껏 할 수 있었다. 한때는 물리학 분야의 대학교수를 꿈꿨지만 이내 진로를 공학 쪽으로 변경한다. 졸업 이후 인텔을 비롯한 유수의 대기업들에게서 취업 제의를 받지만, 엉뚱하게도 월스트리트로 눈을 돌려 투자자로 활약한다. 그리고는 불과 26살에 잘나가던 헤지펀드의 부사장 자리에 오른다.

만일 그가 처음 계획대로 물리학에 매진했다면? 인텔의 제의를 받아들여 평범하게 직장인으로 남았다면? 30살에 헤지펀드 부사장 자리를 박차고 나오지 않았다면? 아마 아마존이라는 기업은 존재하지 않았을 것이고, 세계 경제사의 흐름 역시 완전히 뒤바뀌었을 것이다. 현재의 자리에 안주하지 않는 그의 도전정신과 실행력이 세계 최고의 기업 아마존을 만들었고, 그를 세계 최고의 부자로 만들어 주었다.

이 책을 읽는 우리 모두가 제프 베조스처럼 될 필요는 없다. 그보다 배경이 탄탄한 것도 아니고, 한국 사회는 태생적으로 미국보다 기업인으로 성공하기에는 훨씬 열악하다. 그는 "실패에서 많은 것을 배운다."고 강조하지만(나 역시 실패에서 많은 것을 배웠지만), 우리에게는 그럴 여유가 없다. 하지만 늘 변화를 꿈꾸고 바로 실행에 옮기고 기대 이상의 성과를 창출해 내는 그의 행보는 눈여겨봐야 한다. 제프 베조스처럼 대기업의 회장이 될 수는 없지만, 적어도 만족할 만큼 부를 쌓아 인생을 아웃소싱하고 현재는 물론 은퇴 이후, 그리고 죽을 때까지 행복한 삶을 만끽해야 하지 않겠는가?

이를 위해서는 당장 변해야 한다. 지금 하는 일을 바로 그만둘 수는 없더라도 변하기 위해 늘 노력해야 한다. 그러한 과정 속에서 인생의 전반적인 방향이 긍정적인 쪽으로 향하고 계획은 구체화되고 통장에 돈이 쌓이게 된다. 인생을 바꾸기 위해, 우리가 반드시 해야 할 노력들이 있다. 하나씩 소개하면 다음과 같다.

첫째, 부자로 가는 도구를 바꿔라.

당신은 부자가 되고 싶은가? 그런 당신이 부자가 되기 위해 어떤 도구를 활용하고 있는가? 직장인이라면 직장이 도구일 것이고, 자영업자라면 자신의 사업체가 도구일 것이다. 그런데 이 도구들은 끊임없이 나의 시간과 노력을 쏟아 부어야 그에 상응한 월급 또는 사업소득이라는 대가를 준다. 그중 월급은 딱 한 달짜리 인생을 살게 한다. 전 세계가 정해놓은 업무 시간 즉 9시 출근하여 6시 퇴근하는 그 시스템에서 나오는 돈이 바로 월급이다. 전 세계가 정해놓은 이 시스템이 마치 정석이라도 되는 것처럼, 우리는 이런 생활을 아주 자연스럽게 그러나 아주 힘들게 유지한다. 부자가 되고 싶다면서 정작 부자로 만들어줄 가장 중요한 도구에 대해 고민하는 사람은 거의 없다. 지금의 도구를 바꿔야겠다고 생각하는 사람들도 거의 없을 것이다. 하지만 나는 부자가 되고 싶어 그 도구로 부동산을 택했다. 어느 순간 계속 일해야 하는 것에서 자유를 찾기 위해 선택한 도구가 바로 부동산 투자였다. 어느 순간 내가 일하지 않고도 생활을 하는 데 문제가 없는, 그런 도구를 찾은 것이다.

둘째, 속해 있는 환경을 바꿔라.

부산, 강원도, 충청도, 전라도, 수도권에서 서울까지 전국구에서 KTX, SRT, 버스 그리고 승용차로 나를 만나기 위해 찾아온다. 나는 이들에게 묻는 가장 첫 번째 질문이 "집이 있냐."는 것이다. 그것도 평가이익이 높은 내 집이 있냐고 묻는다. 이때 지방에서 집을 보유한 사람과 서울에서 집을 보유한 사람의 반응을 살펴본다. 당당하게 약 3억의 시세가 되는 집이 있다고 말하는 충청도 사람과 약 12억의 소형 아파트 한 채 겨우 장만했다는 서울 사람을 보게 된다. 왜 12억이나 하는 집을 두고도 겨우 소형아파트 한 채라 말할까? 바로 환경의 차이다. 강남에선 소형아파트 한 채로 부를 이루었다고 할 수가 없는 상황이고 지방에선 집 한 채를 소유한다는 것은 나름 부를 이루었다고 생각하는 것이다. 소형아파트 겨우 한 채가 있기 때문에 더 열심히 투자하고 저축해서 월세 나오는 시스템을 만들고 싶은 사람과 집 한 채 정도면 그래도 살 만하다고 생각하는 사람의 미래는 하늘과 땅 차이일 것이다. 부동산하면 학군을 빼놓을 수가 없는 이유도 유명강사를 비롯해서 즐비한 학원가들이 아이들을 더 치열하게 공부시키기 때문이다. 부모는 정보 하나라도 더 알아내기 위해 동분서주 바쁘다. 이런 곳에서는 당연히 특목고도 많이 가고 일류 대학 진학률도 높은 것이다.

셋째, 만나는 사람을 바꿔라.

나는 매일 일어나자마자 나폴레온 힐을 만나고 팀 페리스를 만나고 롭 무어를 만나며 잠자리에 들 때는 채사장을 만나고 기욤 뮈소를 만나고 최진석을 만나고 김정운을 만난다. 나의 독자들은 나를 만나기 위해 수개월 전부터 예약을 하고 거금을 내고 하루 휴가를 내서 만나러 온다. 이들은 왜 그럴까? 자신의 미래는 타고난 DNA와 살아가면서 만나는 사람들에 의해 결정이 되기 때문이다.

이따금 나는 원래부터 능력이 부족하기 때문에 아무리 해도 안 된다고 미리 포기하는 사람들이 있다. 어쩌면 맞는 말일지 모른다. 사람마다 역량이 다르고 능력을 펼칠 수 있는 분야가 다르지 않은가? 하지만 그 부족한 부분을 다양한 사람들을 만나서 채워나갈 수 있다. 채우는 게 다가 아니다. 자신의 노력과 열정에 따라 부족한 부분을 채우고도 남을 만큼의 새로운 능력을 얻게 된다.

가난하던 사람이 부유한 사람들과 어울리며 부자가 되고 싶은 꿈이 생기고, 술에 절어 살던 사람이 자기계발을 열정적으로 하는 사람들을 만나면서 술을 끊고 가치관이 변해 성공을 하고, 한때 노숙자였던 사람이 훌륭한 멘토를 만나 성공한 기업인이 되었다는 사례들은 얼마든지 있다. 지금 이 글을 쓰고 있는 필자만 봐도 그렇지 않은가. 분유값을 걱정하던 평범한 아줌마가 나폴레온 힐의『놓치고 싶지 않은 나의 꿈 나의 인생』을 읽고 부자를 꿈꾸고 결국 그 꿈을 이룬 것처럼 말이다.

우리는 누구나 변화를 꿈꾼다. 하지만 아주 작은 변화조차 말처럼 쉽지 않다. 자신을 둘러싼 환경과 우리를 나태하게 만드는 일상의 힘이 무척 세기 때문이다. 하지만 부자가 되기로 마음먹었다면 당장 변화를 시도해야 한다. 지금의 대한민국 사회에서 행복한 삶의 전제조건이 바로 '부자'이기 때문이다. 부동산이라는 도구를 믿고, 내가 사는 환경과 만나는 사람들을 긍정적인 면으로 바꾸어 나간다면 그 누구나 얼마든지 부자가 될 수 있다. 바로 부동산 여왕 이나금이 그랬던 것처럼!

03

부동산은 움직이는 자산이다

"교육의 목적은 비어 있는 머리를 열려 있는 머리로 바꾸는 것이다."
- 말콤 포브스 *Malcolm Forbes*

영국 출신의 위대한 철학자 프란시스 베이컨의 유명한 명언 "아는 것이 힘이다."라는 명제는 지금까지도 각광을 받고 있다. 하지만 그가 죽은 지 이미 수백 년이 지났다. 이 구시대의 명제 때문에 아직도 수많은 이들이 스펙에 목숨을 걸고 공부만 하며 살고 있다.

2018년 1월, 통계청 발표에 따르면 2017년 실업자 수가 1,028,000명으로 역대 가장 많았다고 한다. 2016년에 이어 2년째 백만 명을 넘어선 것이다. 15~29세의 청년층 실업률은 17년 만에 가장 높은 수준이라는데, 따져 보면 IMF 외환위기 때문에 온 국민이 신음하던 시기 이후 최악의 상황에 직면한 것이다.

머리의 무게를 몸이 더 이상 지탱할 수가 없는 사람들이 바로 많이 배우기만 한 사람들이다. 스펙을 쌓기 위해 이것저것 머리에 지식은 잔뜩 집어넣는데 거기에 들어간 시간과 노력에 비해 취업은 힘들고 간신히 회사에 들어간다 해도 연봉은 기대에 미치지 못하니 상대적으로 박탈감은 심해진다. 더 이상 아는 것은 힘이 아니다. 솔직하게 얘기하자면 '돈을 버는 기술'이 힘인 세상이다.

나를 만나러 오는 꿈맥들에게 내가 꼭 묻는 게 있다.

"부동산이란 무엇인가요?"

이 질문에 대한 답변은 대체로 비슷하다. "그야 당연히 움직이지 않는 자산이죠." 또는 "나에게는 희망입니다. 부동산은 부자로 갈 수 있는 돈나무입니다." 등등 틀에 박힌 대답이 대부분이다. 내가 투자자 입장일 때와 단순한 방관자 입장일 때 이 질문에 대한 대답은 전혀 다르다. 나는 "부동산은 움직이는 자산입니다."라고 단언한다. 그러면 "왜, 무엇이 움직일까요? 그렇게 배우지 않았는데요." 등등 반문을 내놓으며 실망하는 표정을 짓는다.

결론은 부동산은 움직인다. 무엇이? 환경이! 그럼 어떤 환경이 부동산을 움직일까? 재건축이나 재개발을 했을 경우 주변이 어떻게 변하는가? 교통이 불편했던 곳에 전철이 생기면 또 어떻게 변하는가? 환경이 쾌적하고 편리하게 변화되면 그 지역에 수요가 몰리게 되고 수요가 몰리니 부동산 가격 또한 자연스레 올라가게 된다. 이제 알겠는가? 투자자의 입장에서 부동산은 움직이는 것이다. 환경의 변화에 따라 입지가 바뀌고 가치도 올라가니 가격도 알아서 따라 올라간다. 당신이 투자자라면, 이제는 '부동산은 움직인다.'라고 생각하며 접근해야 한다.

하지만 사람들은 이러한 방식으로 사물에 접근하는 데 익숙하지 않다. 평생 주입식 교육만 받아 왔기에 시야가 좁고 변화를 두려워하기 때문이다. 부동산은 움직이지 않는 자산이라는 편견을 깨는 것부터 진정한 투자는 시작된다. 비단 부동산 투자만이겠는가? 하루하루가 다르게 급변하는 현대사회에서 경쟁을 이겨내고 승리를 쟁취하려면 늘 참신한 아이디어를 찾아내야 하고 변화에 익숙해야 한다.

생물이란 무엇인가? 말 그대로 생물은 살아있는 것을 뜻한다. 생물은 숨을 쉬고, 영양분을 섭취하며, 자손을 퍼뜨릴 수 있다. 하지만 이는 사전적 의미일 뿐이다. 애정을 가지고 대할 수만 있다면 무생물에도 얼마든지 생명력을 불어넣을 수 있다. 부동산 투자에 도전하기로 마음먹었다면 우리는 부동산을 애정을 가지고 대해야 한다. 그러면 부동산에 피가 돌고 살이 붙어 무럭무럭 자라나고 나중에는 또 다른 자본을 창출해낸다. 하지만 단순히 투자의 대상으로만 부동산을 바라본다면 사고는 좁아지고, 지금 수많은 이들이 단순한 지식에만 매달리면서 인생을 낭비하는 것처럼 실패할 확률이 높아진다.

애초 부동산 투자를 시작할 때부터 부동산을 내 자식처럼 애정을 가지고 접근해야 한다. 실제로 부동산 투자는 아이를 낳고 키우는 과정과 같다. 요즘 출산율이 바닥을 쳐서 커다란 사회적 문제가 되고 있다. 그만큼 아이를 낳아 키우는 게 쉬운 일 아니다. 보통의 애정과 노력 없이는 불가능한 일이다. 아이를 낳기 전에 우리는 어떠한 준비를 하는가? 출산에 적합한 몸을 만들어야 하고, 임신 이후에는 하나부터 열까지 모든 행동과 먹는 것, 자는 것, 입는 것 등 전부 조심해야 한다. 산달이 다가올수록 몸은 무거워져 가고 커다란 아픔 끝에 출산에 이른다. 하지만 이 모든 과정이 숭고하고, 애정이 있기에 가능한 일이다.

부동산도 마찬가지다. 아이를 가지기 전 몸을 만들 듯, 종잣돈을 마련하여 투자 준비를 한다. 임신 이후 모든 행동에 조심하듯, 투자에 나선 이후에는 매사에 신중해야 한다. 함부로 남의 이야기나 광고에 휘둘리지 않아야 한다. 아이가 배 속에서 건강하게 자라도록 좋은 것만 먹고 태교에 매진하듯이, 부동산 공부에 집중하고 자신을 도와줄 전문가를 찾아 나서고 열심히 발품을 팔아야 한다. 그렇게 갖은 노력 끝에 아이가 세상에 태어나듯, 자신의 명의로 된 부동산이 탄생하게 되는 것이다. 그러니 어떻게 부동산에 애정을 가지지 않을 수 있겠는가?

이것으로 끝이 아니다. 아이를 키울 때 많은 부모들이 하는 소리가 있다. "자식 키우는 건 내 맘대로 안 돼!"라는 말이다. 그만큼 맘만으로 되지 않는 게 육아와 교육이다. 왜냐하면 아이의 성장은 부모의 의지보다는 환경에 더욱 큰 영향을 받기 때문이다. 부동산도 주변 환경이 성장을 좌우한다. 위치가 신도시인가 구도심인가, 구도심이라면 뉴타운이나 재건축과 같은 호재가 있는가, 주변의 교통축은 어떻게 되어 있는가, 정부의 부동산 정책은 어떠한가 등등에 따라 더 크게 성장할 수도 있고 제자리에 머물러 있을 수도 있다. 사정이 이러하니 어찌 부동산을 움직이지 않는 자산으로 부를 수 있겠는가? 부동산은 살아 숨 쉬는 하나의 생명이며, 환경에 따라 스스로 움직이는 자산이다.

오로지 지식만 머리에 집어넣는 공부는 오히려 머리를 굳게 한다. 고정관념을 깨트리고 열린 사고와 시각을 가져야만 돈을 벌 수 있는 길이 열린다. 그리고 부동산을 투자 대상으로 삼고자 한다면 부동산을 하나의 생명체로 바라보고 애정을 가지고 투자에 뛰어들어야 한다. 나는 지난 13년간을 부동산과 울고 웃으며 보냈다. 커다란 돈을 벌어다 주어 행복하게 만들 때도 있었지만, 인생의 가장 밑바닥까지 나를 끌어내린 것도 부동산이었다. 수많은 부침이 있었고 고비도 많았지만 그렇다고 해서 부동산이 싫어진 적은 단 한 번도 없다. 나에게는 부동산이 단순한 투자 대상이 아닌, 나와 우리 가족의 행복한 삶을 위해 새로 맞이한 또 하나의 가족이었기 때문이다.

내 삶 안으로 새로운 가족을 들인다는 일은 인생 전체를 따져보아도 손에 꼽힐 만큼 중요한 지점이다. 이 세상에 누군가의 자녀로 태어나 부모와 처음으로 얼굴을 마주하고, 사랑하는 사람과 결혼을 하고, 그 사이에서 그토록 소중한 자녀를 얻는다는 것. 그보다 더한 기쁨은 없으며, 가족보다 소중한 존재는 없다. 부동산에 애정을 쏟을 수만 있다면 부동산 역시 얼마든지 가족이 되어 줄 수 있다. 경제적으로나 심리적으로나 안정과 행복을 가져다주는 또 하나의 가족이 바로 '부동산'이다.

중간정산
은퇴수업

"일이 발생하기 전에 미리 그 일을 생각하고,
우환이 생기기 전에 대비하라(先事慮事 先患慮患)."
- 순자 荀子

요즘 시대에 정년을 보장하는 기업을 찾기는 힘들다. 자신의 뜻과는 다르게 언제라도 회사에서 쫓겨나 타의로 은퇴해야 할 순간이 올지 모른다. 그래서 우리는 미리미리 은퇴 이후를 생각하고, 이에 대비하여 공부해야 한다. 적어도 부동산 투자를 통해 미리 은퇴수업을 해야 한다. 회사에 다닐 때 이미 1인사업자가 되는 것이다. 그런데 이 정도 준비도 안 하고 아무 생각 없이 회사에 다니거나, 심지어는 충동적으로 회사를 그만두는 사람들이 있다.

이따금 한창 직장에 다니는 이들에게 묻곤 한다.

"은퇴 준비는 잘하고 계신가요?"

그러면 열에 아홉은 펄쩍 뛰며 다음과 같이 대답한다.

"아니, 아직 팔팔한 나이인데 은퇴라니요? 저 아직 직장 잘 다니고 있습니다."

이런 경우 나는 대책이 없다고 생각한다. 대책이란 세울 수 있는 여력이 있을 때 세우는 것이다. 막상 문제가 생기고 위기가 생겼을 때 세우는 대책은 허술하기 짝이 없고, 허망하게 곤경에 휩쓸리게 된다.

다들 불황이다, 상황이 어렵다 할 때 나 홀로 호황인 분야가 있다. 바로 공무원 학원이다. 9급 공무원조차 경쟁률이 대기업 입사 수준이 되었다. 노량진에 가면 거리를 가득 메운 청년들. 갓 스무 살이 된 학생들부터, 30대 많게는 4, 50대까지 공무원이 되고자 학원가로 모여든다. 이유는 단 하나다. 정년을 보장받을 수 있는, 거의 유일한 직업이 공무원이기 때문이다. 벌이는 만족스럽지 못할지라도 정년이 보장되고 연금 또한 나쁘지 않으니 차라리 일반 회사에 다니는 것보다 공무원이 되는 게 낫다는 이야기다. 그들이 처음부터 공무원이 되고자 했을까? 아마 나름대로는 각자 좋아하는 분야가 있고, 꿈도 천차만별 다 달랐을 것이다. 하지만 먹고사는 일이 팍팍해지고, 미래가 불투명하니 꿈을 포기하고 인생에서 가장 좋은 시기 '청춘'을 닭장과 같은 학원과 독서실 안에서 흘려보내고 만다.

이것이 우리 시대의 현주소다. 이제 평생직장은 없다. 세계에서 명성을 떨치는 대기업조차도 정년을 보장하지 않는다. 위기가 닥치면 언제든지 구조조정 먼저 들어간다. 중소기업들의 환경은 더욱 나쁘다. 열악한 근무 조건 때문에 이직은 잦을 수밖에 없고 간신히 자리를 잡은 회사도 언제 문을 닫을지 모를 일이다. 그뿐만 아니다. 우리는 100세 시대를 살아가야 한다. 말이 좋아 100세 시대지, 노후 대비가 잘돼 있지 않으면 100세 시대는 축복이 아니라 지옥에 가깝다. 앞으로 2, 30년 정도 일을 할 수 있는 상황인데 은퇴 이후에도 2, 30년을 더 살아가야 한다. 은퇴 이후 딱히 대비책이 없다면 노후 자금이라도 든든하게 쌓아놔야 하는데 지금 받는 월급으로 대체 얼마를 모을 수 있다는 말인가?

나름대로 차근차근 잘 모으고 있다고 해도 변수는 얼마든지 있다. 구조조정 때문에 느닷없이 퇴직을 하는 경우 말고도, 가족이나 나 자신이 사고나 병으로 인해 일을 못하게 될 수도 있다. 내 경우에도 얼마 전에 그런 일을 겪었다. 첫 책을 집필하던 당시, 너무 무리를 했던 탓인지 건강에 이상이 왔다. 극심한 피로감에 시달렸고 얼굴은 병든 사람처럼 점점 노랗게 변해 갔다. 신경도 무척 예민해져 냄새에 굉장히 민감해지고 뭘 먹어도 속이 불편했다.

어느 날 일을 마치고 사무실로 돌아오니 사람들이 무척 걱정을 하며 당장 병원에 가야 할 것 같다고 안달을 냈다. 지인에게 끌려가다시피 하여 병원에 가서 검사를 받았다. 병원에서는 당장 더 큰 병원으로 옮겨 입원을 하고 정밀 검사를 받아야 한다고 으름장을 놓았다. 이후 나는 대학병원에서 3개월 동안이나 누워만 있어야 했다.

이렇듯 일을 하고 싶어도 할 수 없는 상황은 얼마든지 찾아온다. 당장 재테크 계획이 순조롭게 이루어지더라도 각종 변수에 따라 얼마든지 중단될 수 있다. 그래서 우리는 미리미리 은퇴수업에 임해야 한다. 그렇다면 무엇을 배워야 하나? 은퇴 이후 무엇을 할 것인지 명확히 목표부터 짜야 한다. 지금 이 책을 읽는 독자들에게 은퇴 이후 아무 일도 하지 않을 거냐고 묻는다면 뭐라고 대답할까? 아마 대다수는 절대 그렇지 않다고 답할 것이다. 은퇴를 해도 그 나이에 할 수 있는 새로운 일을 찾거나 아니면 종잣돈을 이용해 자신만의 사업을 벌이겠다는 사람이 다수를 차지한다. 특히 자영업을 시작하겠다는 사람들이 적지 않다.

먼 미래의 이야기가 아니다. 지금도 수많은 은퇴자들이 종잣돈과 퇴직금을 기반으로 자영업에 뛰어든다. 그런데 성공확률은? 우리나라에서 가장 인기 있는 술안주이자 간식이 하나 있다. 바로 치킨이다. 치킨 공화국이라는 말까지 나온다. 그만큼 인기가 많고 치킨을 파는 가게도 많다. 거리 하나 지나가다 보면 치킨집이 적어도 서너 개는 눈에 띌 정도다. 그런데 한 가게가 몇 년 이상 롱런하는 모습을 보기 힘들다. 경쟁률이 높은 만큼 실패할 확률이 높다. 평생을 아끼고 아껴서 모은 여윳돈이 한순간에 공중에서 사라지는 것이다. 사업을 위한 사전 지식도, 실패와 이를 이겨내는 경험도 없기에 한번 주저앉으면 다시 일어서기가 여간 어려운 일이 아니다.

그래서 우리는 지금부터 은퇴수업을 시작해야 한다. 무엇으로? 바로 부동산으로! 부동산으로 은퇴수업을 하면 좋은 점이 있다. 지금 다니는 직장을 그만두지 않아도 된다는 사실이다. 회사에 다니면서 이미 1인사업자가 되는 것이다. 몰래 회사 눈치를 보며 사업을 하자는 것이 아니다. 합법적으로, 당당하게 월급 못지않은 또 하나의 수입원을 만들 수 있다.

한 조사에 의하면 직장인 중 열에 아홉이 재테크를 하고 있으며 그중 절반 이상이 노후 자금 마련이 목적이라고 한다. 그런데 은퇴 이후 30년간 아무 일도 안 하며 돈을 모을 수는 없는 노릇이고, 아마도 대부분의 직장인들은 어떤 분야가 되었든 모아 놓은 돈으로 자신만의 사업을 펼치려 할 것이다. 앞서 이야기했듯, 그때 가서 사업에 익숙해지려 해도 잘되지 않는다. 아직은 머리가 잘 돌아가고 몸에 활력이 넘칠 때, 부동산을 통해 사업이 무엇인지 체득하고 나아가 거기서 얻어지는 수입원으로 더 큰 미래를 꿈꾸어야 한다.

해법은 '월세 수익'이다. 한번 잘 사놓은 부동산은 자신에게 월급 이외에 월세라는 또 하나의 월급을 가져다준다. 그리고 시세차익이라는 커다란 보너스도 안겨준다. 자신의 자본이 고스란히 투입되고, 세입자를 관리하고, 고정적인 수입이 있고, 부동산 보는 눈을 키워야 하고, 세금 등을 처리해야 한다는 측면에서 아무리 작은 부동산이라도 월세를 받는 순간 하나의 사업이나 다름없다. 그리고 이를 제대로 수행해 낼 수만 있다면 월세 받는 부동산을 얼마든지 하나씩 늘려갈 수 있다. 노후대비는 물론이거니와 현재의 삶까지 행복해지는 것이다.

1층이 아닌 10층으로 올라가기 위해 누구는 계단으로 오르고 누구는 에스컬레이터에 오르고 누구는 엘리베이터에 오른다. 하지만 엘리베이터의 공간은 좁고 그 안에 탈 수 있는 사람은 한정되어 있다. 과연 어떤 선택을 할 것인가. 땀을 삐질삐질 흘리며 계단으로 오를 것인가. 에스컬레이터도 편하긴 하지만 느릿느릿 언제 꼭대기에 오를 텐가. 그래서 우리는 어찌되었든 엘리베이터에 탑승해야 한다. 그 엘리베이터가 바로 나를 단숨에 10층으로 올려 보낸다.

05

직장인이 부동산 재테크를 하기에 가장 좋다

"사람은 자신이 하는 일에 신념을 가져야 한다."
- 괴테 Johann Wolfgang von Goethe

우리나라는 세계에서도 손에 꼽힐 만큼 부동산 열기가 뜨거운 곳이다. 서민들의 평생 목표는 내 집 마련이며, 조금이라도 여력이 되면 누구든 부동산 투자에 관심을 기울인다. 근데 주변을 살펴보면 실제로 부동산 투자에 나서서 자신이 원하는 만큼 돈을 벌었다는 사람을 만나기는 쉽지 않다. 그리고 생각만 많지 실제로 부동산 재테크는 엄두조차 못 내는 사람이 적지 않다. 이유는 다양하다. 부동산 공부할 시간이 없다, 종잣돈이 없다, 실패할까 봐 두렵다, 나는 그저 적당히 먹고살 만큼만 벌고 싶다 등등. 하지만 핑계 없는 무덤 없다고, 만일 여건이 된다면 도전하지 않을 사람이 과연 몇이나 될까? 그리고 정말로 여건이 안 되는 게 맞는 것일까?

근래 우리 사회에 불어 닥친 가상화폐 열풍은 참 많은 생각을 들게 한다. 몇 개월도 안 되어 가상화폐 지갑을 만든 사람이 300만이 넘는다는데, 그중 적지 않은 비율이 직장인이라 한다. 거래소에 회원등록을 하고 차트만 들여다보며 손가락으로 매수, 매도 버튼을 클릭만 하면 돈을 벌 수 있는 구조라 하니 참여가 제법 쉬운 편이다. 늘 회사에 매달려야 하는 직장인들에게는 구미가 당길 수밖에 없고 천정부지로 가치가 치솟는 가상화폐 시장을 완전히 모른 척하기란 어려웠을 것이다.

올해 1월 중순만 해도, 가상화폐 시장에 뛰어든 직장인들은 장밋빛 미래에 부풀었다. 다들 "가즈아!"를 외치며 하루에 몇 십 퍼센트의 수익을 손에 쥐기도 했다. 누군가는 몇 백만 원으로 몇 십억을 벌었다는 이야기가 실제처럼 퍼져 나갔다. 그런데 불과 한 달도 안 되어 반 토막, 심지어는 고점 대비 1/3까지 가치가 폭락했다고 한다. 여기저기서 우는 소리가 들려온다. 누구는 정부를 탓하기도 하고 누구는 자책하기도 한다. 심지어는 가상화폐 때문에 이혼 문의가 늘어나고 자살을 하는 사람도 생겨나고 있다.

직장인 여러분은 왜 회사에 다니는가? 안정적으로 월급을 받기 위해서다. 그런데 리스크가 너무도 큰 가상화폐 시장에는 왜 뛰어든 것인가? 돈을 벌고 싶어서이다. 정년도 노후도 보장되지 않은 직장생활에 대한 염증, 연봉은 쥐꼬리만큼 오르고 삶은 나아질 기미가 안 보이고, 더 좋은 데로 회사는 옮기고 싶은데 경쟁률은 치열하고, 막상 내 사업이라도 하나 해 보자고 하니 그건 회사 다니는 것보다 더 어렵다고 하고…. 가상화폐 시장보다는 공부를 더 많이 해야 하고 시간과 노력도 들여야 하지만, 여러분이 가상화폐로 벌고 싶었던 금액만큼 벌 수 있는 가능성이 확실히 존재하고 반면 리스크는 훨씬 적은 재테크 시장이 있다면 여러분은 어떻게 할 것인가. 그곳이 바로 부동산 시장이다. 단지 오래된 고정관념과 잘못된 정보와 조금의 귀찮음 때문에 여러분이 시도하지 못하고, 혹은 시도하지 않고 있을 뿐이다.

당신이 지금 당장 생활비 걱정이 없는 직장인이라면 지금 수중에 있는 돈이 불과 몇 백이어도 좋다. 직장에 다니고만 있다면 부동산 재테크는 종잣돈의 유무와 상관없이 빠르게 뛰어들수록 유리하다. 핵심 공부를 하고 평가이익이 높을 내 집 장만을 하고 작게나마 투자를 시작할 수 있는 여건이 되며 설사 종잣돈이 없을지라도 돈을 모을 목표라도 생기기 때문에 직장인일 때가 가장 좋은 때라는 것이다. 영어학원을 다니는 것보다 부동산 핵심 공부를 하고 그 정보를 이용해 종잣돈 불리기를 통해 새로이 투자에 나설 여건을 갖출 수 있는 때가 당신이 직장인일 때다. 그 전에 해야 할 일이 하나 있다. 바로 우리 사회에 오랫동안 뿌리박힌 고정관념, 잘못된 정보를 진실인 양 전하는 일부 미디어와 지인들, 부동산은커녕 그 어떤 투자도 못하게 만드는 게으름과의 싸움에서 승리하는 일이다.

"부동산은 부자만 한다", "정직하게 부동산을 해서는 돈 못 번다", "부동산 시장에는 사기꾼이 판을 친다" 등등의 말을 한 번쯤은 다들 들어

봤을 것이다. 아예 틀린 말이라고는 할 수 없다. 하지만 일부의 모습 때문에 전부가 매도당하기에 부동산 시장은 직장인들에게 너무 매력적인 곳이다. 이미 직부연을 거쳐 간 수많은 회원들은 물론이요 오늘도 내일도 직부연을 찾는 수많은 직장인과 주부들이 들으면 화를 낼지도 모른다. 정당하게 그리고 당당하게 회사 다닐 거 다 다니면서 3년 안에 내 집을 마련하고, 거기서 나온 수익으로 다시 월급을 넘어서는 월세 수익을 내는 직장인들이 내 곁에는 너무도 많다.

신문이나 TV에서 전하는 부동산 정보, 혹은 지인들이 속삭이는 부동산 정보 때문에 투자에 두려움을 가지는 이들도 많다. 아니 전문가는 따로 있는데 왜 검증도 안 된 이들의 이야기에 귀를 기울이고 그것을 진실로 받아들이는 까닭은 무얼까? 뉴스를 보거나 지인과 수다를 떠는 데는 돈이 들지 않는다. 하지만 진정한 전문가나 멘토를 만나려면 거기에 합당한 대가를 지불해야 한다. 바로 여기에서 차이가 온다. 돈을 들여 정확한 정보를 얻어내려는 의지가 부족해 공짜지만 틀린 정보에 의존하는 것이다.

그리고 무엇보다 중요한 것은 게으름을 이겨내는 것이다. 의지가 있다면 공부를 통해 위의 두 가지 사항은 얼마든지 극복할 수 있다. 하지만 그러한 의지조차 없기에 아무런 변화가 없는 것이다. 부동산 업계에서만 13년을 종사해 온 사람으로서 이 책에서 요구하는 정도의 노력도 못한다면 사실 지금 우리 사회에서는 그 무엇을 해도 성공하기 어렵다고 생각한다. 해가 다르게 경쟁은 치열해지고, 기하급수적으로 돈을 벌어들이는 사람들 때문에 나머지 사람들의 파이는 점점 작아져 간다. 지금 멍하니 있다가는 나중에 손가락만 쪽쪽 빠는 것도 모자라 정말 쪽박 인생이 될지 모를 일이다. 그나마 부동산 시장이야말로 우리나라에서는 여전히 가능성이 풍부하고 우상향이 보장된 분야다. 그것을 잘 알기에 돈이 조금이라도 있는 사람들은 부동산 시장을 먼저 두드린다. 그러니 직장인 여러분도 당연히 부동산을 넘봐야 하지 않겠는가?

이제부터 "가즈아!"를 외쳐라. 어디로? 바로 부동산 시장으로! 직부연 회원들과 오늘도 하루에 수백 통씩 감사 문자를 보내는 나의 멘티들이, 직장인이라면 누구든지 부동산으로 성공할 수 있음을 보증하고 있다. 안 되는 건 없다. 안 된다고 생각하기에 가능성이 제로일 뿐, 된다고 생각하면 가능성은 열리기 시작한다. 대한민국 1천만 직장인들 모두 진정으로 행복하게 웃으며 "가즈아!"를 외치는 그날까지, 도전은 계속되어야 한다!

06

부동산 투자, 지금이 기회다

"모두가 비슷한 생각을 한다는 것은, 아무도 생각하고 있지 않다는 말이다."
- 알버트 아인슈타인 Albert Einstein

직장생활 6년을 포함하여 부동산 사업 13년까지, 20년 가까이 사회에서 일을 해 오면서 주변으로부터 경기가 좋아서 행복하다란 이야기를 들은 적은 단 한 번도 없다. 늘 경기는 안 좋다고 하고, 지금 무엇을 하기에는 너무 늦었다고 하고, 지금 꿈을 꾸기엔 나이가 너무 많다고들 한다. 그러나 나 자신은 물론이거니와 내 주변의 경기는 늘 좋았고 부자가 될 기회도 늘 많았다.

어디에서 이런 차이들이 발생하는 것일까? 우선 꼽을 수 있는 점은 하나의 동일한 대상을 바라보는 태도의 문제다. 늘 강조하듯이 어떠한 사안이든 긍정적으로 바라보려는 의지가 필요하다. 현재의 부정적인 환경이나 부족한 기반 등은 나만의 문제가 아니다. 내가 그러한 점 때문에 고민을 겪고 있다면 대다수의 다른 사람들 역시 비슷한 고민을 겪고 있다는 말이다. 대다수의 사람들은 문제가 생기면 이를 있는 그대로 받아들이려 하기보다는 회피하려 한다. 우선은 몸도, 마음도 조금 편하고 보자는 심산이다. 하지만 그 문제를 있는 그대로 받아들인 후 긍정적인 시각으로 바라본다면 분명 해결책이 뚜렷하게 드러난다. 모든 답은 이미 그 문제에 있는 것이다.

아무리 경제가 나쁘고 불황이 지속되더라도 성공하는 사람은 반드시 나오지 않는가? 더군다나 부동산 시장은 언제나 말도 많고 탈도 많았고 정부의 정책 압박 역시 가장 극심한 분야다. 지금 시작하면 너무 늦었다, 상투 잡는다는 얘기는 예나 지금이나 끊이지 않고 들려 왔다. 하지만 부동산 투자를 통해 돈을 벌고 인생을 아웃소싱하는 사람들은 늘 존재했고 그들 중 적지 않은 이들이 성공을 거두었다. 단지 그들은 문제 앞에서 고개를 돌리지 않고 똑바로 바라봤을 뿐이다. 그리고 만반의 준비를 하여 투자에 몰입한 것이다.

다음으로 눈여겨볼 것은 고정관념의 타파이다. 우리나라는 세계에서 손에 꼽히는 IT강국이지만, 사회 전반의 분위기는 보수적인 성향에서 벗어나지 못한다. 여전히 급속한 경제성장을 이루었던 시기에 대한 환상이 사회 곳곳에 자리하고 있으며, 당시 만들어진 고정관념은 지금도 대중 사이에서 통용된다.

부동산 투자는 일부 부유층만이 할 수 있는 돈놀음이며, 그들은 대부분 투기를 비롯한 좋지 못한 방법으로 더 많은 돈을 벌어들이고, 서민들이 괜히 그곳에 발을 들였다가는 본전도 못 찾는다는 생각을 하는 사람들이 여전히 많다. 이러한 부정적인 시각은 일반 대중의 심리적 진입 장벽을 높이고, 오히려 부동산이 그들만의 리그가 되어 가는 데 일조한다. 이러한 악순환의 반복으로 결국 부동산은 서민에게 꿈도 못 꿔 볼 투자 영역으로 변하고 만다.

그러나 부동산은 우리 삶 그 자체라는 점을 잊어서는 안 된다. 우리는 많은 것을 부동산을 통해 누리고 살고 있기 때문이다. 집이 그렇고 사무실이 그렇고 호텔이 그렇고 커피숍이 그렇고 식당이 그렇고 공원이 그렇고 도로가 그렇다. 하루 종일 우리는 부동산과 함께 숨 쉬고 함께 먹고 잔다. 즉 부동산 자체가 '생활필수품'인 것이다. 그런 의미에서 부동산 투자 역시 '쇼핑'과 다름없다. 조금의 열정과 시간만 투자할 수 있다면, 부동산 투자가 쇼핑만큼 쉽고 재밌는 분야라는 사실을 알 수 있다. 다만 우리가 모든 쇼핑에서 최상의 만족을 할 수 없듯이, 부동산 투자가 늘 최상의 성과를 가져오지는 않는다. 왜 그럴까?

A라는 생필품이 있다고 하자. 이 생필품은 어느 지역에서는 수요가 많고 어느 지역에서는 수요가 적다. 그곳에 거주하는 사람들의 연령대나 직업군에 따라 지역적으로 생필품에 대한 수요는 다르게 나타난다. 경제학적으로 따져본다면 공급보다 수요가 많은 곳은 가격 경쟁력이 있을 것이고, 공급이 수요보다 많으면 가격 경쟁력은 없거나 마이너스일 것이다. 이는 사회 전반의 경제적 분위기가 호황이냐 불황이냐는 상

관이 없다. 바로 생필품이기 때문이다. 부동산도 마찬가지다. 생필품만큼이나 우리 삶에 밀접하게 관련되어 있으며, (물론 아주 영향이 없다고는 할 수 없지만) 호황과 불황의 영역을 벗어나, 지리적 차이에서 오는 수요와 공급의 영향을 크게 받는다.

그래서 부동산 투자는 어느 먼 미래가 아닌 바로 '지금' 해야 한다. 오늘도 우리 회원 한 분이 내가 준 정보로 신도시 단독주택에 당첨이 되었다는 소식을 전했다. 현재 그곳에서 부르는 프리미엄 호가는 수천만 원 이상이다. 3, 4년을 적금해야 벌 수 있는 돈 이상을 부동산 투자를 통해 하루 만에 벌었다는 이야기가 된다. 하지만 오늘 아침 뉴스에서는 부동산 시장에 대해 무척 비관적으로 전하고 있었다. 참으로 아이러니한 상황이지만, 부동산이 수요와 공급의 논리 안에서 움직이는 생필품이라는 점을 감안하면 당연한 이치이다.

호황이든 불황이든 부동산을 통해 돈을 벌어들이는 사람은 늘 존재한다. 많은 이들은 그러한 사람들을 손가락만 빨면서 쳐다본다. 누가 내게 "왜 나는 부동산 부자가 되지 못했을까요?"라고 묻는다면 이렇게 답하고 싶다. "되지 못한 게 아니라, 몰라서 안 했을 뿐입니다." 그러니 이제 시작하면 된다. 지금껏 우리는 어떻게 하면 부동산으로 3년 만에 집을 제외한 3~4억을 벌고 월세 500만 원을 받을 수 있는지 살펴보았다. 이제 남은 것은 본인의 의지이자 이를 즉시 행동으로 옮기는 실행력뿐이다.

07

월세 500만 원으로
당신의 시간을 아웃소싱해라

"작은 기회로부터 종종 위대한 업적이 시작된다."
- 데모스테네스 Demosthenes

대한민국에는 1천만 명의 직장인들이 있다. 그들에게 월세 500만 원은 꿈에 가까운 숫자이다. 특히 막 사회에 진입해 자리를 잡은 3040에게는 더욱 그렇다. 그런데 월세 500만 원이 현실이 되면 어떨까? 내가 일하는 시간을 아웃소싱하여 실질적으로 일하는 시간은 줄어들고 자유롭게 쓸 수 있는 시간은 늘어나게 된다. 그동안 마음은 있었지만 돈 때문에 시간 때문에 배우지 못했던 것을 맘껏 배우고 언제든지 세계여행을 떠날 수 있다. 회사에서 못하게 하면 얼마든지 그만둘 수도 있다.

또 하나 중요한 게 있다. 사랑하는 사람들과 함께할 수 있는 시간이 몇 배로 늘어난다는 점이다. 늘 곁에만 있을 것 같은 사랑하는 나의 가족. 나의 부모, 나의 배우자, 나의 자녀들. 하지만 죽을 때까지 그들과 얼굴을 맞대고 함께 보낼 수 있는 시간을 따져보면 채 몇 년이 되지 않는다고 한다. 불과 2, 3년 정도밖에 안 된다고도 한다. 어느 시인이 말하지 않았는가. "사랑할 시간이 많지 않다."라고. 인생을 아웃소싱하면 내가 사랑하는 사람들과 맘껏 함께 시간을 보낼 수 있다. 우리 삶에서 이보다 더 행복한 일이 또 있겠는가?

우리가 월세 500만 원을 목표로 해야 할 이유는 명확해졌다. 이제는 실질적으로 따져보자. 지금 월세 500만 원을 받으려면 부동산 현재 가치, 즉 가격은 얼마나 할까? 약 12억 정도의 부동산 자산을 소유한다면 월 500만 원은 받을 수 있다. 물론 부동산의 종류와 지역에 따라 차이는 있지만 대체적으로 수익형 건물이든 점포든 그 정도 계산이 나온다.

그렇다면 집 한 채 겨우 장만한 직장인이 대체 또 얼마를 저축하고 투자해야 12억이라는 거금을 만들 수 있을까? 물론 그 자금을 만드는 기간이 10년 정도 걸린다고 가정할 때, 가격의 변동이 없어야 한다는 전제는 기본이다. 그런데 어디 현실이 따라주나? 2017년의 부동산 가격은 2020년에는 오지 않는다. 기본 물가 상승률에 의한 계산만 해도 그렇다. 그러니 직장인들에게 월세 500만 원은 꿈의 숫자에 불과한 것이다.

하지만 내가 12억의 절반도 안 되는 자금으로도 월세 500만 원을 받게 해준 케이스는 너무도 많다. 이 작은 책에 모든 것을 실을 수는 없지만 그래도 많은 부분을 알려줬다. 결론부터 말하겠다. 나는 월세 500만 원을 받는 시스템을 3억에서 4억이면 완성시켜 준다. 독자들이나 컨설팅 의뢰자들과 미팅을 할 때 자주 하는 질문이 있다.

"당신은 얼마의 월세가 들어오면 은퇴에서 자유로울까요?"

열이면 열은 현재 자신이 받고 있는 월급 정도의 월세라고 한다. 그 월급의 평균이 약 300만 원이었다. 물론 그 이하도 많다. 과연 그 정도로 인생을 아웃소싱하여 시간의 자유를 누릴 수 있을까? 월세란 놈이 꾸준히, 연체 없이 들어온다는 보장도 없고 때에 따라 세입자의 횡포도 있는데 말이다. 최소 월 500만 원은 들어와야 불확실성, 즉 공실이나 세입자의 횡포로부터 오는 리스크에서 조금은 자유로워질 수 있다. 그래야만 진짜 받고 싶은 월 300만 원 이상을 보장할 수 있다. 이제는 월세 500만 원을 어떻게 하면 받을 수 있을까 궁리할 차례다.

부동산 투자는 '싸게 사서 시장가격에 파는 것'이란 가장 기초적인 원리에 의거하여, 일단 시장가격보다 낮게 접근을 해야 한다. 이 원리는 시세차익과 높은 수익률을 동시에 만족시켜 준다. 그러니까 수익률이 높다는 것은 시장 수익률(약 5%) 이상의 수익률, 바로 시세차익이란 이야기가 된다.

예를 들어 시장가격이 1억(임대가 보증금 500만 원에 월세 45만 원에 임대된 상황이며, 담보대출은 5천 5백만 원을 받을 수 있는 상황 - 실제 회원들이 투자한 파주금촌 도시형 생활주택)인 도시형 생활주택을 공동구매 형식으로 채당 7천 5백만 원에 샀다고 가정해보자. 일단 채당 2천 5백만 원의 시세 차이는 바로 볼 수 있음과 동시에 채당 2천만 원의 투자로 매달 누리는 실제 수익률은 15%나 나온다. 이런 부동산을 10채 보유한다 했을 때 실제 투자자금은 2억 정도 들어가며 월세는 이미 300만 원을 넘어선다. 여기에 자금 마련을 더해서 5채를 더 보유한다면 월세 500만 원을 받는 미래는 지금 당장이라도 가능하다는 이야기가 된다. 자금이 부족하니 이런 행동을 10번이나 15번 반복하여 시스템을 갖추면 된다.

"얼마 정도 있어야 부자라고 생각하세요?"

개개인마다 생각은 다르겠지만 이 질문에 대한 답으로 자주 등장하는 금액이 있다. 바로 '10억'이다. 그렇다면 10억을 모으려면 시간이 얼마나 걸릴까? "1억 모으기도 힘든데 10억을 언제 모아요."라고 푸념하는 이들이 태반일 것이다. 그렇다고 '부자'라는 꿈을 포기할 텐가. 그럼 우린 낮은 가격의 부동산을 매입하는 방식으로 월세 500만 원을 받으면 되니까 3년 안에 3억 만들기를 하면 된다. 자! 어떤가? 이제 조금은 할 만해지는가? 왜 부자가 되고 싶은 사람은 많은데 실제 이루는 사람은 적을까? 바로 대부분의 사람들은 누군가가 이룬 '성공'에만 관심이 있을 뿐 자신의 목표를 구체적으로 이루어 나갈 방법에 무지하기 때문이다. 나는 부동산이라는 도구를 어떻게 활용해서 돈이 나오게 만드는지에 대해 앞에서 전부 설명했다. 이젠 성공한 누군가를 질투하지만 말고, 여러분도 그들이 간 길을 따라 최소한의 노고와 헌신 그리고 방법 등을 공부하여 부자의 꿈을 이루기만 하면 된다.

우리가 부자가 되려는 이유는 단 하나다. 행복한 삶을 살고 싶어서이다. 하지만 수십 년이 걸려야 그 꿈이 이루어진다면 얼마나 허망한 일인가. 내가 생각하는 최고의 사기는 30년 이상을 일해야 어느 정도 노후를 보장받는다고 가르치며 평생 일만 하게 하는, 고정관념만 심어 주는 교육이 아닐까 생각한다. 과연 그 30년 안에 우리의 인생에 변수가 없을까? 우린 유한한 인생이라는 시간 앞에 부자라는 목표를 단기간에 이루어내고 더욱 행복한 삶을 영위해야 한다. 이를 위해 구체적인 목표가 있어야 하며 나는 많은 사람들이 부자의 기준으로 생각하는 3년 안에 월세 500만 원을 받는 기틀을 만들어야 한다고 강조한다.

전 세계 시가 총액 최상위 10위권 내에 아시아 기업이 딱 하나 있다. 바로 중국의 '텐센트Tencent'다. 구글, 애플, 마이크로소프트, 아마존, 페이스북 등과 어깨를 나란히 하며 끊임없이 성장 중인 인터넷 및 게임 서비스 기업이다. 텐센트의 성공 비결은 다양하지만, 그중에서도 창업자 마화텅马化腾, Pony Ma 회장의 뛰어난 안목과 능력이 빛을 발했다. 그는 기업의 가치를 높인 것은 물론이고 본인 역시 부자가 그렇게 많다는 중국에서 세 손가락 안에 꼽히는 갑부가 되었다. 창업을 준비 중인 젊은이들을 모아놓고 마 회장이 한 말이 있다.

"계획을 너무 멀리 잡을 필요가 없다. 장기적으로 어떤 일이 일어날지 예측하는 것은 쉽지 않다. 시장에는 많은 사람이 참여하고 있기 때문에 미리 계획을 세운다고 성공을 보장 받는 건 아니다. 현재의 일을 충실히 하면서 기회를 보는 게 현명하다. 평소 맥락을 파악하고 있다면 무엇을 해야 하는지 보이게 마련이다."

부자가 되는 것 또한 마찬가지다. 아무리 거창한 계획이라도 너무 장기적으로 잡혀 있다면 다양한 변수에 의해 성공 가능성은 떨어지기 마련이다. 현재 자신의 본업에 충실하면서 타이밍을 살펴 기회를 자신의 것으로 만들어 내야 한다. 우리에게는 그 기회가 바로 '부동산'이다. 그리고 이 책에서 강조하는 -인생을 아웃소싱하는 법이라는 '맥락'만 잘 파악하고 있다면 3년 만에 10억을 버는 일도, 그 이상의 돈을 버는 일도 가능해진다.

이 책에서 계속 돈돈하니까 누군가는 물질만능주의라 비난할지 모르지만, 그렇다고 해서 행복한 삶을 포기할 수는 없지 않은가. 대부분의 사람들이 10억이 있어야 부자라고 느끼고 또 그래야만 삶이 행복해질 수 있다면 그렇게 되기 위해 노력해야 한다. 아무리 복지가 발달하고 사회 전반의 수준이 향상된다고 해도, 나의 행복한 삶과는 상관이 없다. 개개인이 느끼는 행복은 돈을 벌면 벌수록 올라가기 때문이다.

월수입이 올라가면 올라갈수록 행복도가 높아진다는 실제 연구도 있다. 그런데 수입이 높아질수록 행복도가 높아지는 건 맞지만, 어느 일정 금액 이상이 되면 행복도가 그 선에서 머물게 된다. 그 금액이 대략 월 600만 원이라고 한다. 그렇다. 적어도 500만 원 이상의 월수입이 보장되어야만 우리는 높은 수준의 삶을 누리고 행복을 자신의 것으로 만들 수 있다. 또 다른 시각으로 살펴보자면, 그 정도의 월수입을 유지할 경우 매월 1천, 1억을 버는 사람도 부럽지 않다는 이야기가 될 수 있다. 이를 위해 우리는 마화텅 회장이 이야기한 기회, 즉 부동산이라는 기회를 잘 활용해야 한다.

부동산이 기회일 수밖에 없는 이유는, 본업에 충실할 수 있으면서도 또 다른 수익원으로서의 역할을 충분히 해낼 수 있기 때문이다. 월세 수익 500만 원만 보장되어 있다면 우리는 회사에 다녀도 되고 안 다녀도 된다. 훌쩍 세계 여행을 떠나고 싶다는 꿈이 현실로 이루어질 수 있다. 나 자신만이 아니라 사랑하는 가족들도 행복해진다. 만약 종잣돈 3억으로도 월세 500만 원을 받을 수 있는 콘텐츠들이 있다면 믿을 텐가? 누구는 10억 이상이 있어야 월 500만 원 월세를 받고 또 누구는 3억 정도로도 월세 500만 원을 받는다. 당신이 직장인이라면 3억을 모으는 게 빠른가, 10억을 모으는 것이 빠른가? 필자의 강의를 듣고 투자를 하는 멘티들은 모두 이 방법으로 월세 500만 원 받기 계획을 하고 있고 종잣돈을 모으고 있고 아직 3년이 채 되지 않았어도 그 절반 이상을 이룬 분들도 많이 있다. 무엇이든 고정관념이 문제다. 정말로 다른 삶을 살고 싶다면 시대에 맞는 사고, 콘텐츠와 전략으로 투자에 임해야 한다.

21세기에 접어든 지 벌써 18년이라는 시간이 흘렀다. 시대가 이토록 변했음에도 불구하고 여전히 20세기 속에서 살아가는 사람들이 적지 않다. 평생 한 달에 한 번 월급만 받으며 어떻게 꿈을 이룰 수 있겠는가. 한 달에 한 번 받는 월급으로는 내 집 마련, 여유로운 노후 생활, 만족스러운 수준의 생활환경과 자녀 교육은 불가능하다. 21세기에 살고 있다면, 현대인답게 아날로그적인 사고방식에서 벗어나 디지털적인 사고방식을 갖춰야 한다. 기존의 고정관념에서 탈피하여 한 달에 한 번의 월급이 아닌, 한 달에 여러 번의 월급을 꿈꿔야 하고 그 이상의 수입을 새로운 목표로 갖춰야 한다.

월급쟁이란 말이 있다. 월급을 받고 살아가는 직장인들을 낮잡아 이르는 말이다. 그런데 회사에서 받는 월급 말고도 한 달에 여러 번 월세를 받는다면 어떻게 될까? 그 월세가 여러 번의 월급이 되어 주는 것이다. 분명 나는 회사를 한 군데만 다니고 있지만 월급은 여러 번 받는, 상상만으로도 행복한 순간이 현실이 되지 말란 법은 없다. 대한민국 1천만 직장인 그 누구나 월급쟁이가 아닌, 월급 달인(達人)이 될 수 있다는 말이다.

행복한 삶을 위한, 인생을 아웃소싱하기 위한 구체적인 목표가 제시되었다. 바로 3년 안에 3억, 4억의 종잣돈으로 매월 500만 원의 월세를 받는 것. 그렇게 우리는 모두 부자가 되어야 한다. 그리고 부자가 된다는 것은 인생 전반에 걸쳐 가장 어렵게 달성해야 할 목표가 아니라, 행복한 삶을 위해 최소한은 달성해야 하는 목표다. 최소 월세 500만 원은 나올 수 있게 현재를 세팅하고 꿈 너머 꿈을 꾸어 보는 건 어떨까? 그 목표를 향해 지금 바로 움직여야 한다.

자신의 모습을 월 500만 원 받는 미래에 미리 갖다놓고 현재를 살면 마침내 꿈을 이루는 삶을 살게 된다. 그리고 당신이 읽고 있는 이 책이 그 목표를 향해 가는 길에 튼튼한 사다리가 되길 간절히 바란다.